Johann Lamprecht

Historisch-topographische Matrikel

Geschichtliches Ortsverzeichnis ob der Ens

Johann Lamprecht

Historisch-topographische Matrikel
Geschichtliches Ortsverzeichnis ob der Ens

ISBN/EAN: 9783743484979

Hergestellt in Europa, USA, Kanada, Australien, Japan

Cover: Foto ©ninafisch / pixelio.de

Johann Lamprecht

Historisch-topographische Matrikel

Historisch-
Topographische Matrikel

oder

Geschichtliches Ortsverzeichniss

des

Landes ob der Ens

als Erläuterung

zur Charte des Landes ob der Ens

in seiner Gestalt und Eintheilung vom VIII. bis XIV. Jahrhunderte.

Bearbeitet und zusammengestellt

von

Johann Lamprecht,

Secularpriester

und

vom christlichen Kunstvereine der Diöcese Linz herausgegeben.

Wien.

Aus der kaiserlich-königlichen Hof- und Staatsdruckerei.

1863.

Empfehlendes Vorwort

zur

Charte und hist.-topograph. Matrikel

des Landes ob der Ens

in seiner Eintheilung und Gestalt

vom VIII.—XIV. Jahrhundert.

————

„Mit Vergnügen entspreche ich der an mich ergangenen Aufforderung der Ankündigung der „Charte des Landes o. d. Ens in seiner Gestalt und Eintheilung vom VIII. — XIV. Jahrhunderte" und der damit in Verbindung stehenden „historisch-topographischen Matrikel, oder geschichtliches Ortsverzeichniss" ein Wort der Anempfehlung beizufügen. Das mühsame, saubere und gründliche Unternehmen verdient dieses Wort in jeder Beziehung. Es ist ganz auf dem festen Grunde urkundlicher Mittheilungen aufgebaut, vollkommen verlässlich und wird jedem Forscher auf dem Felde der Geschichte und Topographie unseres Vaterlandes ein nicht zu entbehrendes Hilfsmittel bleiben. Was Herr Pfarrer Lamprecht für das Bisthum Linz geleistet hat, wird, wir zweifeln nicht im geringsten daran, Gegenstand des Neides und der Nachahmung für andere Diözesen sein und bleiben."

Jodok Stülz.

Feichtinger'sche Buchdruckerei in Linz.

VORREDE.

„Amore patriae".

Den vom Verwaltungs-Ausschusse des obderensischen Museums, Francisco-
Carolinums, in den Jahren 1852 und 1856 herausgegebenen *Urkundenbüchern
des Landes ob der Ens* sind am Schlusse reichhaltige Orts- und Namens-Verzeich-
nisse — Indices — mit den auf die Original-Urkunden sich beziehenden Jahreszahlen, beigegeben, mit denen mich die Bearbeitung der Geschichte von Schärding
in innige Vertrautheit gebracht hatte. Bald gerieth ich auf die etwas eigenthümliche Idee, aus diesen Ortsverzeichnissen schöpfend, über das Land ob der Ens
eine *Charte* zu entwerfen, um über den Stand und Fortschritt der Cultur und des
kirchlichen Lebens, über die Gestalt und politische Eintheilung unseres Landes
während der ersteren Hälfte des Mittelalters ein Anschauungsbild, mit einem
Worte, ein aufgerolltes diplomatarisches Verzeichniss somit zu gewinnen. Hiebei
war es aber nicht meine Absicht, jene Ortsverzeichnisse gänzlich auszubeuten,
sondern ein bequemes Handformat wählend, begnügte ich mich, nur die wichtigeren
Landesorte, Städte, Flecken, Klöster, Pfarren und Kirchen, Vesten und Burgen,
Edelsitze und Landgüter herauszuheben, und bei diesem Vorgehen brachte ich
mehr als 1000 Orts-, Fluss-, Berg- und Gau-Namen in die Charte, während bei
der Wahl eines extensiveren Charten-Massstabes nahezu 7000 Benennungen zu
Gebote gestanden wären.

Um über den Kirchen- und Profan-Baustyl damaliger Zeit ein, wenn auch
schwaches, Anschauungsbild zu geben, hielt ich es nicht für unpassend, die beiden
Eckräume der Charte mit einigen Ansichten, und zwar von den Landesburgen:
Schauenberg bei Eferding, *Falkenstein* an der Ranna, und *Spielberg* in der Donau,
die ihre primitive Bauart bis zu ihrem Verfalle bewahrt hatten, dann der *Stadtpfarrkirche zum heiligen Johannes in Wels* in ihrem Basilica-Style, mit ihrem
merkwürdigen Portale aus romanischer Zeit, und *deren Innerem*, zuletzt der
St. Laurenzikirche zu Lorch, der historischen Cathedrale des einstigen Bisthums

a

Lauriacum, auszufüllen, überdiess als ornamentale Ausschmückung und Umrahmung des Tableau's einen Cyclus von Wappen der Städte, Klöster und vorzüglicheren Adelsgeschlechter, die bis zum Beginne des vierzehnten Jahrhunderts blühten und landsässig waren, beizugeben.

Solchergestalt ausgearbeitet wurde die Charte, nicht sowohl als ein Curiosum, sondern als ein Beitrag zur Landeskunde, selbst von Fachmännern, willkommen geheissen, vom christlichen Kunstvereine der Diöcese Linz in Obhut genommen, ja von diesem beschlossen, dieselbe durch Veröffentlichung zu einem Gemeingute für alle Freunde der vaterländischen Geschichte zu machen.

Nun aber drängte sich das unabweisbare Bedürfniss auf, um diese Charte auch verständlicher, fruchtbringender, darum interessanter zu machen, damit eine *historisch-topographische Matrikel des Landes ob der Ens* in Verbindung zu bringen, d. i. ein geschichtliches Ortsverzeichniss, in welchem, wie in einem Repertorium alle in der Charte verzeichneten Gaue, deren Abgränzung und Abtheilung, Berge, Flüsse und Thäler, insonderheit die Orte, Pfarren und Kirchen, Klöster und Burgen nach ihrer Lage, ihrem Entstehen, Aufblühen, ihren weiteren Wechselschicksalen, und nach ihrer heutigen Gestaltung die nöthige Erläuterung fänden, kurz, eine Land- und Orts-Beschreibung eigener Art — nicht nach statistischen Normen — in kurzen Umrissen geboten würde, auf dass jeder die Charte Besichtigende und Bewandernde das Alter und die geschichtliche Wichtigkeit des gesuchten und gefundenen Objektes ersähe und würdige, sich geographisch, topographisch und historisch orientiren könne, und damit zugleich eine Sammlung historischer Denkwürdigkeiten des Landes, wie nicht minder die nöthigen Bausteine und Grundzüge zum Aufbaue von Monographien für Pfarren und kirchliche Stiftungen, und zur Fortsetzung der kirchlichen Topographie in Oesterreich geliefert wären.

Aber die Zustandebringung einer solchen, den kritischen Anforderungen nur einigermassen begegnenden Matrikel ist kein so leichtes Werk, und setzt gründliche geographisch-topographische, historische und genealogische, selbst diplomatische Kenntnisse des Landes voraus, und fordert, um die Lage und Identität gleichlautender Orte und Geschlechter richtig zu bestimmen, ein kritisches Vorgehen, überhaupt eigenthümliche Hilfsmittel, eine Bürgschaft von Autoritäten und Mitteln, die sich nicht in Gefolge und Bereiche eines, wenn auch noch so thätigen Dilettantismus vorfinden, sondern nur gelehrten Corporationen und Landesarchiven zu Gebote stehen. Darum fühlte ich in meiner isolirten Stellung und bei der Beschränktheit der Hilfsmittel das Schwierige der mir gewordenen Aufgabe doppelt; indessen benützte ich gewissenhaft die mir erreichbaren Hilfsquellen, und brachte endlich die Matrikel, die der gefeierte Gewährsmann auf dem Gebiete der vaterländischen

Geschichte, Genealogie und Diplomatik, der Hochwürdige Herr Stiftsprobst von St. Florian, Jod. Stülz, durchlas und zurechtsetzte, folgender Art zu Stande:

Sowie auf der Charte selbst als Eckstück das *Noricum der Römer*, d. i. das Land ob der Ens zur Römerzeit, mit seinen Donaufestungen, Heerstrassen und den an selben gelegenen Standorten, verzeichnet wurde, ebenso ist der topographischen Matrikel als Einleitung eine kurze Beschreibung des Landes ob der Ens aus der Zeit der Römer, dann ein Verzeichniss der Fundorte, wie der aufgefundenen römischen Alterthümer, vorausgeschickt, um hienach unsere Provinz insgesammt, wie die einzelnen Gegenden und Orte klassisch würdigen zu können.

Die Matrikel selbst führt in geographischer Aneinanderreihung alle Gau-, Berg-, Fluss- und Orts-Namen in der aus ächten Urkunden genommenen, freilich nach den verschiedenen Epochen und Documenten variirenden Sprach- und Schreibweise, auch mit den entsprechenden, urkundlichen Epitheten, vor. Es ist dieses in soferne wichtig, weil eben in der urkundlichen Schreibart die Grundlage, die Richtschnur für die richtigere Sprach- und Schreibweise unserer vielfach deform gewordenen Berg-, Fluss- und Orts-Namen gegeben ist, wie nicht minder der Fingerzeig, die vielen, bereits zur officiellen Geltung gekommenen Auswüchse allmählich wieder zu beseitigen, besonders dort, wo die Deutung keiner Schwierigkeit unterliegt, die Etymologie nicht zweifelhaft ist.

Die am linken Rande vorgesetzten urkundlichen Jahreszahlen beziehen sich nicht sowohl auf das Jahr der Entstehung eines Ortes, als vielmehr des Erscheinens in den Blättern der urkundlichen Geschichte, auf die wichtigeren Momente und Lebensschicksale desselben; selbstverständlich kann darum mancher Ort, Pfarre, Kirche, Veste oder Adelsgeschlecht ein viel höheres Alter haben, als eben die vorgesetzte Jahreszahl weiset; ebenso darf kaum erinnert werden, dass manche Orte und Kirchen, wenn sie auch in dieser Matrikel nicht verzeichnet stehen, desshalb doch ihren Ursprung weit über das dreizehnte Jahrhundert zurückdatiren; es mangelt nur über deren Alter die urkundliche Nachweisung, darum konnten sie hier nicht immatriculirt werden. Bei manchen Kirchen lässt sich oft indirect aus dem Namen des Schutzheiligen, dem diese oder jene Kirche geweiht ist, das Alter, freilich nur annäherungsweise, angeben; denn es kann nicht geläugnet werden, dass die Verehrung dieses oder jenes Heiligen bei dem Gesammtvolke, wie bei den einzelnen, eingewanderten Stämmen, bei religiösen Corporationen und Adelsfamilien, darum auch die Zuwidmung kirchlicher Gebäude und Institute ihre Anlässe, desshalb auch ihre Blüthenperioden gehabt habe, und dass auch aus den Schutzheiligen der Kirchen sich vielfach deren Gründer und Erbauer erkennen lassen.

a*

Es mag etwa auffallen, dass vielfach Gegenstände, insbesondere kirchliche Gebäude und Institute, Schlösser und Edelgeschlechter, die erst nach dem Beginne des vierzehnten Jahrhunderts auftauchten, aber, weil wieder verfallen und erloschen, aus der Geschichte, und dem Andenken jüngerer Generationen entschwunden sind, hier eine, wenn auch vorübergehende, Erwähnung finden; der Grund hiefür ist lediglich der, das einstige Dasein derselben wenigstens in der geschichtlichen Erinnerung fortleben zu lassen.

Es darf auch nicht befremden, dass, wie auf der Charte, so weit es dort der Raum gestattete, so auch in der Matrikel unter der Aufschrift: „*Confinia*" die Beschreibung von Gauen und Orten u. dgl. aufgenommen wurde, die wohl ausser der Markung des Landes ob der Ens gelegen, aber in der Charte sich verzeichnet finden. Diese Gränzverletzung möge darin ihre Entschuldigung finden, weil die angränzenden Territorien, besonders der jenseits des Inn's gelegene Theil von Baiern, die dortigen Adelsgeschlechter, Stifter und Kirchen mit unserem Lande in nahen Beziehungen, politisch, kirchlich und commerziell, gestanden sind; namentlich waren die Hochkirchen Passau und Salzburg, die Stifter: Niedernburg, St. Nicola, Formbach, Aspach, Raitenhaslach, Michelbeuern und St. Peter zu Salzburg, ferners die Grafen und Herren von Formbach-Neuburg, Hals, Burghausen, Haunsberg, Rosenberg etc. in der obderensischen Mark begütert, walteten und schufen Vieles, und waren Factoren der Cultur unseres Landes, darum auch die Geschichte mancher Landes- Orte- Kirchen und Stiftungen hiedurch näher beleuchtet wird; anderseits wohnen denn doch an den Gränzen unseres Landes Freunde mittelalterlicher Geschichte, die sich lebhaft für die Kunde unserer herrlichen, geschichtreichen Provinz interessiren.

Am Rande rechts ist die Colonne für das Quellen-Citat, d. i. mit kurzer Bezeichnung des Titels, Bandes, Seitenzahl, steht das Quellenwerk angegeben, woraus für jeden einzelnen Gegenstand das Wichtigere herausgehoben ist, und worin zugleich für jenen, der über den einen oder andern Punkt nähere, tiefer eingehende Aufschlüsse sich erholen will, das Weitläufigere aufzufinden ist.

Für die vorliegende Matrikel wurden folgende authentische Quellenwerke benützt:

A. **Albert v. Muchar's Norikum** I. und II. Bd. und die demselben Werke beigebundene Charte des Norikums.

B. **J. Gaisberger's** verschiedene Abhandlungen über aufgefundene römische Alterthümer, in den Beiträgen zur Landeskunde, a. 1840, 1853, 1857, 1858.

C. Urkundenbücher des Landes ob der Ens, herausgegeben vom Verwaltungs-Ausschusse des Museums Francisco-Carolinums in Linz, Bd. I. 1852, Bd. II. 1856. Wien. (Abgekürzte Bezeichnung: U. B. I. Seitenzahl; U. B. II. Seitenzahl.)

D. Monumenta Boica, Tom. III. IV. V. XXVIII und XXIX.

E. Topographische Matrikel, geschöpft aus dem diplomatischen Codex der Juvavia, und aus dem Codex des Chronicon lunaelacense vom sechsten bis eilften Jahrhundert, mit einer Einleitung über die Unentbehrlichkeit historischer Indices und topographischer Matrikeln u. s. w. von J. E. Ritter von Koch-Sternfeld, k. bayr. Legationsrath etc. etc. München, 1841. (Abgekürzte Bezeichnung: Juv. I. Seitenzahl; Juv. II. Seitenzahl; Chron. Lunaelac. Seitenzahl.)

F. Geschichte des Landes ob der Ens, von der ältesten bis zur neuesten Zeit von Fr. Pritz, I. und II. Bd. Linz, 1846.

G. Theilweise: Geschichte, Geographie und Statistik des Erzherzogthums Oesterreich ob der Ens und Herzogthums Salzburg, V Bände, Linz von B. Pillwein.

H. Urkundenbuch für die Geschichte des Benedictiner-Stiftes Kremsmünster, seiner Pfarreien und Besitzungen vom Jahre 777 bis 1400, von Theodorich Hagn. Wien, 1852.

I. Geschichte des Stiftes St. Florian, dann des Stiftes Wilhering von Jodok Stülz; und Jod. Stülz Abhandlung: zur Geschichte der Pfarre und Stadt Vöcklabruck, 1857.

K. Mich. Filz Geschichte des Stiftes Michelbeuern, 1829.

L. Geschichte des Augustiner-Chorherren-Stiftes Reichersberg, von Bernh. Appel. Linz, 1857.

M. Geschichte von Bayern, aus archivalischen und anderen handschriftlichen Quellen bearbeitet von Dr. Andr. Buchner, 10 Th.; insbesondere: Dokumente zu Buchner's Geschichte von Bayern, I. und II. Bd. München, 1832.

N. J. N. Buchinger's Geschichte des Fürstenthums Passau, I. und II. Bd. 1824.

O. Dr. K. Erhard's Geschichte der Stadt Passau, I. Thl. 1862; und J. Schöllers Bischöfe von Passau, 1844.

P. J. Strnadt's Versuch einer Geschichte des Landgerichtes Velden u. s. w. 1860; so wie desselben Geschichte der Herrschaft Windeck und Schwertberg, 1861.

Q. J. G. A. Freiherrn von Hoheneck's Genealogie der Stände des Erzherzogthums Oesterreich ob der Ens, I. II. III. Th. 1727; und Bairisch-Stammenbuch von Dr. Wlg. Hundius, I. II. 1598.

R. **Churbaierischer geistlicher Kalender** auf das Jahr 1755, III. Bd. Rentamt Landshut, IV. Bd. Rentamt Burghausen, von J. A. Zimmermann.

S. Für den dialektischen Zweck: **Altdeutsches Namenbuch von Dr. Ernest Förstemann**, gräflich-stolbergischen Bibliothekar und Lehrer am Lyceum zu Wernigerode, I. und II. Bd. Nordhausen, 1856.

Zum leichteren Auffinden jedes in der Matrikel angeführten Ortes ist am Schlusse ein *Index alphabeticus locorum*, d. i. ein Inhaltsverzeichniss aller Orts- . namen in neuerer Schreibweise, beigefügt.

„**Nichts vollkommen unter der Sonne!**" Dieses gilt auch von der vorliegenden Arbeit, ungeachtet des redlichen Strebens nach Vollständigkeit; indessen wolle sie immerhin als ein eigenthümlicher Beitrag zur topographischen und geschichtlichen Kenntniss unseres Landes, als eine Art Nachschlagebuches mit Wohlwollen entgegengenommen, mit Nachsicht beurtheilt werden, wie sie denn auch in warmer Vaterlandsliebe geboten wird vom

Verfasser.

Schloss Siegharting den letzten Hornung 1863.

Das Land ob der Ens

zur Zeit der Römer.

(Norici ripensis pars superior.)

Als Erläuterung zur Randcharte, und als Einleitung zur topographischen Matrikel.

Anno vel circa annum ante & post Christum natum.

Quellen-Citat.

Die ältesten Bewohner des Landes ob der Ens, d. i. jenes Landstriches, der nordwärts von der Wasserscheide der Donau und Moldau, ostwärts von der Ens, südlich von dem Hochgebirge, so wie es sich von der Traun bis zur Ens hinüberzieht, im Westen aber vom Inn und der Salzach begränzt ist, waren die Kelten, und zwar nach den einzelnen Volksstämmen die Taurisker und Bojer, die ungefähr 590 Jahre vor Christus, aus Gallien kommend, die Landschaften längs der Donau hinab in Besitz genommen hatten, und sich ein eigenes Reich, Norikum, gründeten, von dem eben das Land ob der Ens ein Theil, und zwar der nordwestliche, war.

Nach Plinius ist Taurisker der älteste Name der Bewohner jenes Landstriches, der gewöhnlich Norikum hiess; vorzüglich aber bewohnten sie den gebirgigen Theil des Norikum's, daher der Name: Bergbewohner [1]). Nordwärts von der Donau, über den hercynischen Wald hin, hatten sich die Bojer niedergesiedelt, bis sie von den Markomannen überwunden, und verdrängt, an den Ufern der Donau, und südwärts davon, neben den Tauriskern sich neue Wohnplätze suchen mussten.

Plinius hist. nat. III. 20.

[1]) Noch heutzutage heissen hohe Berge in Steiermark, Salzburg, Tirol etc. Tauern.

Westwärts vom Inn, bis zum Lech und zur Iller hinaus, hatten die Vindeliker ihre Wohnsitze genommen. Es sind zwar keine Denkmale, ja nicht einmal Sagen mit geschichtlicher Grundlage aus jener keltischen Vorzeit übrig, aber doch liegen hinlängliche Beweise von hier wohnenden keltischen Stämmen vor; schon Ptolomäus spricht von den Sevacern (Seebewohnern) und Alaunen (in den salzreichen Bergen und bei Hallein) als den Bewohnern des westlichen Norikums. Aber noch mehr auf keltische Bewohner in unseren Gegenden deuten manche uralte Namen unserer Berge, Flüsse und Orte hin, die theils jetzt noch so lauten, theils wenig verändert, und mit neueren zusammengesetzt sind; z. B.: Pyrhn, Pyrgas, Berge an der Gränze gegen Steiermark; Stir, Steyer-Fluss; Oenus, Aenus, αινος (orient. ain, Wasser) Inn-Fluss; ihna, Inn-Bach; Truna, Traun-Fluss; Albina, Albia, Alben-See und Fluss; Ater [1]), Ater-See; Agar, Ager-Fluss; Aber vel Abria, Aber-See; Iscila, Ischel-Fluss; Donau, Donau-Strom; Dratinah, Tratnach-Flüsschen; Traten-Bach; Rubinich, Raming-Fluss; Sabinich, Sarming-Bach; Aschach [2]), Aschach-Fluss; Chrems, Krems-Flüsschen; Rotah, Rot-Fluss; Rotula, Rotel-Flüsschen; Rotenbach, Retenbach, Rötelbach [3]); Antesin, Antessen-Flüsschen; Prama, Pram-Flüsschen; Vindobona, Wien; Lentia, Linz; Ernolatia, etwa Spital am Pyrhn; Stiriate, Strechau; selbst Bojodurum, Innstadt — Passau [4]); etc.

Bereits unter Octavian (43 Jahre vor Christus) war Norikum von Provinzen und Völkern, die den Römern unterwürfig gemacht worden waren, grösstentheils umgeben.

15 Jahre vor Christus führten die Römer, die ihre Reichsgränze bis an den Ister vorschieben wollten, den Hauptschlag gegen die Rhätier, Vindelicier und Noriker, bezwangen sie in mehreren Gefechten, und unterwarfen sich deren Länder bis zur Donau; nun trat eine grosse Umgestaltung des Landes, und des Lebens der Bewohner ein.

[1]) Ater, Wasser oder Sumpf.
[2]) Aach, Alsch, Sumpf.
[3]) Rot, Rat, schneller Bach.
[4]) Priz in seiner Geschichte des Landes ob der Ens I. Theil pag. 15 sagt, dass die keltischen Ortsnamen gewöhnlich auf: scum, dunum, durum, magus, briga, ape, ste, snia u. s. f. endigen; wie z. B. Lauriacum, Laciscum, Brunodunum, Bojodurum, Gabromagus, Artobriga, Tergolape, Stiriate, Veloninnis etc.

„Wo der Römer siegt, dort wohnt er auch", war ein altes Sprichwort der Vorzeit; d. h. um diese neue Gränze gegen die Einfälle der germanischen Völker, der Thuringii, Marcomanni, Quadi, zu decken, legten die Römer mit Umsicht und militärischer Klugheit eine ununterbrochene Linie von Befestigungen und Standlagern an [1]), führten Colonisten in schon bestehende grössere Orte, und erbauten auch neue, die Anlass gaben, dass in der Folgezeit nicht unberühmte Städte und Standorte daraus sich bildeten. So entstanden an den Ufern des Lechs und der Donau jene Castelle und Municipien, von deren Vorhandensein theils sichtbare Ueberreste, theils bewährte Aufschreibungen noch zeugen.

Sowie die Römer das an der Nordseite der Donau gegenübergelegene Land Germanien's Stirne *(frons Germaniae)* hiessen, ebenso nannten sie die Gränzburgen an der Donau die Augenbrauen des Isters *(supercilia Istri).*

In gleicher Weise legten sie auch eine zweite Linie von Befestigungen an, und machten überhaupt Norikum zu einer Vormauer ihres Reiches.

Ausserdem brachten die Römer, um ihre Eroberungen gegen die besiegten Völker zu sichern, und jede Eigenthümlichkeit derselben zu unterdrücken, überallhin ihr tiefdurchdachtes Colonialsystem in Ausübung; sie legten planmässig zur Verbindung der Besatzungen, zur wechselseitigen Hilfe, zu schnellen Hin- und Herzügen die kunstvollen Heerstrassen, und an diesen wieder die Civitates, vicos, mansiones, mutationes (Nachtlagerstätten), castra stativa, castra aestiva, cursus publicos etc. für die durchziehenden Truppen an.

2. Procop. de aedif. IV. 5.

Die Römer nannten das südseits der Donau, vom Lech bis an den Inn gelegene Land, vorher Vindelicien, nun *Rhaetia secunda,* und das vom Inn bis an den Mons Cetius (Kahlen-Berg) reichende Noricum theilten sie in das *Noricum ripense* (Ufer-Norikum), und *Noricum mediterraneum* (Mittel - Norikum), welches nämlich südlich vom Ufer-Norikum bis in die julischen Hochalpen hineinreichte.

---

[1]) Nach Erforderniss des Terrains wurden fortlaufende Wälle aus Erde, Mauern, Verhaue, Pfahlwerke, Gräben errichtet, an verschiedenen, gut gelegenen Punkten befestigte Burgen mit Thürmen erbaut, und diese mit Kriegern besetzt; besonders entstanden diese Burgen am Donaulimes unter dem Imperator Marcus Aurelius.

Nach den vorhandenen römischen Itinerarien (Reise-Verzeichnissen [1]) mochte sich die Heerstrasse von dem heutigen Regensburg längs des Donaulimes an folgenden Städten und Standorten vorübergezogen haben:

Von *Regino* (Reginis castris), Regensburg, nach .

Castra vetera, Pfatter, ... }
Serviodurum, Altstadt Straubing [3]), . . . } XXVIII röm. Meilen [4]);

Castra Vicellina, Wischelburg (?), ... }
Pisonium, Stephans-Posching (?), ... }
Pontes Isarenses, Brücken über die Isar bei Plattling und Isarhofen, ... } XXVII Mille passus.
Castra Quintana (Quintiana), Künzing, . . }

Castra Batava, Passau, und . . . . . . }
Bojodurum, Innstadt-Passau, ... } XVIII M. P.

Stanacum, bei Engelhartszell, ... } XX M. P.

Joviacum, Schlögen bei Haibach, . . . } XVIII M. P.

---

[1]) Ueber den Zug der Heerstrassen, der an ihnen gelegenen Städte, Burgen, Dörfer, derselben Entfernungen von einander nach römischem Meilenmasse, bestehen drei Verzeichnisse: *a)* Das *Itinerarium Antonini*, die Antoninische Reisekarte im dritten Jahrhunderte nach Christus verfasst; *b)* die *Tabula Peutingeriana*, ein Itinerarium pictum, eine Art römischer Postkarte, nach einigen im dritten, nach anderen zu Ende des vierten Jahrhunderts unter K. Theodosius I. verfasst, darum auch *tabula Theodosiana* genannt, jedoch nicht immer genau; *c)* die *Notitia dignitatum imperii utriusque*, welche ausser den Städten und Dörfern des Reiches auch die Namen der Legionen und Geschwader, und deren Befehlshaber enthält, verfasst nach der Theilung des römischen Reiches a. 406 — 421.

[2]) Eine römische Meile (Stadium) zählte 1000 Schritte (mille passus), jeder Schritt zählte 2 Tritte zu 2½ Fuss, somit hielt die römische Meile 5000 Fuss; das römische Stadium ist demnach der fünfte Theil einer deutschen oder geographischen Meile, oder 5 römische Meilen geben 1 geographische Meile.

Dokumente zu A. Buchners Gesch. v. Baiern, I. 23.

[3]) Das in der Altstadt Straubing befindliche Nonnenkloster soll der Tradition zufolge die Azelburg gewesen sein; Aventin und Apian schreiben: castra Acilia; die Lage des Nonnenklosters, Wall-Ueberreste, und starke Grundmauern aus behauenem Granit bezeichnen die Stelle des einstigen Römer-Castells. Wischelburg und Stephansposching, beide an der Donau, zeigen sich von Erdwällen römischen Ursprunges umgeben; auch in der Nähe des Marktes Plattling liegen Römer-Wälle zu Tage. Künzing hat ausser römischen Ueberresten noch die Sagen vom heiligen Severin. Die Lage von Vilshofen, an der Landzunge zwischen der Donau und der Vils, kann das Dasein eines Römer-Castells nicht läugnen, und eine Stunde unterhalb, zu Hanzbach, steht die in Kreisform gebaute Magdalenenkirche in einem Kranze von römischen Befestigungsmauern.

Vita S. Severini von Eugippius, sect. 19.

Marinianium, bei Eferding, ...
Lentia, Linz, und . . . .
Ovilatus, bei Kleinmünchen, ... } XLIII M. P.
Lauriacum (Lauoriacum, Blaboriacum), Lorch
    bei Ens . . . .

Elegium, bei Erlakloster . . . .
Locus felicis, Nieder-Walsee oder Artacker } XX M. P.
(Ad) *Pontes Isidis*, Ybbs . . . .

Arelape (Arelate), am Einflusse der Erlaph } XXVI M. P.
    in die Donau bei Gross-Pechlarn . . .

Namare, Mölk . . . .
Nach einigen: *Cannabiacum*, Schönpüchel (?) . } XXII M. P.
Pirum tortum, etwa auf dem Berge von
    Götweih . . . .

Trigisamum, Traismauer . . . . } XXIIII M. P.
Comagena, Tulln . . . .

Cetium, Klosterneuburg . . . .
Vindobona, Wien und nach Pannonien hin- } XXIIII M. P.
    unter [1]) . . . .

Dokumente zu A.
Buchners Gesch.
von Baiern, I.
27, 28, 45 — 49.

Sonach betrug die Entfernung von Regino bis Vindobona
270 römische, also 54 deutsche Meilen, welche Berechnung
ziemlich genau auf die Distanz beider Städte passt.

Von *Regino* zweigte auch südwärts eine nach Juvavum, und
in das Noricum mediterraneum geleitete Strasse ab, und zwar
über:

    Castra Augustana, bei Geiselhöring [2]);

    Jovisara (Jovisura), bei Dunting unweit Dingolfing [3]); über
        die *Isar, Isara flur.*;

---

[1]) In dem Itinerarium Antoninum ist *Cetium* als oberhalb Comagena gelegen,
also mit einer Entfernung von 48 römischen Meilen von Vindobona ange-
setzt, was offenbar irrig ist, indem Cetium gewiss am Fusse des Kahlen-
berges (Mons Cetius) liegend gesucht werden musste. Mehrere Orte
werden in den beiden Reisetafeln nicht angeführt, auch welchen die beider-
seitigen Entfernungs-Angaben manchmal von einander ab.

[2]) Die *Castra Augustana*, eine der vorzüglichsten Festungen der Provinz
Rhätien, XXIIII m. p. von Regino, und XX m. p. von Quintanis, zeigen
sich heute noch als eine fortlaufende Reihe von Schanzen an den beiden
Laber-Flüssen, südwestlich von Straubing.

[3]) Bei Dunting, nördlich von der Isar, zeigen sich noch mächtige Schanzen
römischen Ursprunges. Einige leiten den Namen dieses Ortes von Duner,
Donnerer, Jupiter, her, darum : Jovis ara.

Dokumente zu A.
Buchners Gesch.
v. Baiern, l. 44.

c. l. l. 72.

Turum, bei Altötting [1]);

Bedaium Bidaium), Bidenbart oder Seon;

Artobriga, etwa Waging oder Laufen an der Salzach;

nach *Ivacum*, Salzburg.

Von *Jueavo* ging die Strasse Salzach aufwärts in das Gebirge nach
Cucullas, Kuchel, } XIIII M. P., durch den Pass Lueg nach
Vocarium, Hüttau, } XVII M. P.

In Ani, Uebergang über die Ens bei Radstadt, } XVII M. P.

In Alpe, auf dem Radstädter-Tauern, } XVI M. P.

In murio (Inimurio), bei St. Michael an der Mur, } XIIII M. P.

Graviaca, etwa Gmünd in Kärnten, } XVII M. P.

Tumasiccas (Tarnasica), Spital in Kärnten } XIIII M. P.

Beliandrum, Villach an der Drau, *Dravus fluv.* } XIIII M. P.

In *Beliandro* scheinen sich die Strassen nach *Aquileja* hinein,
dann die Drau abwärts nach *Varunum*, *Cileja* (Cilly) und *Pettavium*
(Pettau, oppidum noricum), aber auch die Drau aufwärts nach
Loncium (Lienz), *Tiburnia*, der Metropole des Mittel-Norikums,
und *Aguntum* (Innichen) gekreuzt zu haben.

Von *Jueavo* leitete aber auch eine Strasse über *Tarnanto*
(Thalgau oder Mondsee) *Laciacum* (Seewalchen), *Tergolape*
(Schwanenstadt), *Ovilaba* (Wels), gegen *Lauriacum*, und zweigte
bei Ovilatus in jene von Bojoduro nach Vindobona hinabführende
Strasse ein.

Von *Ovilabis* ästete eine zweite, nach dem Noricum mediterraneum hineinführende Strasse ab, und zwar zog sich diese über:

Vetoniana (Vetomauae), Petenbach   . . } XI M. P.

Tutatio, Bergschloss Klaus an der Steyer   . } XII M. P.

Ernolatia (Ernolana), Spital am Pyrhn [2]) . . } XXX M. P.

Gabromagus, Liezen im Ensthale   . . . . }

Stiriate, Strechau bei Rotenmann [3])   . . }

---

[1]) Zweifelsohne rührt das heutige Altötting, einer der ältesten Orte in
Baiern, aus der Römerzeit; die Tradition lässt die dortige Gnadencapelle
als Ueberreste eines heidnischen Tempels gelten. Einige Geschichts-
schreiber nennen diesen Ort *Pons ocni*, welche Benennung jedoch für
das 43 Stadien weiter aufwärts am Inn gelegene Pfünzen bei Rosenheim,
Pontena, Pons ocni, mehr passen dürfte.

[2]) Zu Spital am Pyrhn, wo schon zur Keltenzeit ein Uebergangspunkt war,
zeigt man noch den Platz, wo einst zur Zeit der Römer ein Heiden-
tempel stand.

[3]) Dem Wortlaute nach würde Stiriate mehr für eine Gegend an der Steyer,
Stira, und Ernolatia für Liezen passen.

Surontium, bei Gaishorn . . . . ⎫
Tartusana, am St. Johanns-Tauern . . . ⎬
Viscella ad pontem, Unterwölz an der Mur . ⎬
Noreja, bei Neumarkt oder Friesach . . . ⎬ XCVIII M. P.
Matucaium, St. Veit . . . . ⎬
nach *Varunum* (Vironum), am Zollfelde bei ⎬
Klagenfurt . . . . ⎭

Diese Heerestrasse diente, wie jene von Iuvavo nach Beliandrum, zur Verbindung des oberen Ufer-Norikums und des unteren Rhätiens mit dem Mittel-Norikum und Illyrien, für die Heereszüge aus Italien nach den Donaufestungen, und von da zurück; das Ufer-Norikum ward durch solche planmässige Strassen-Verzweigung mit Pannonien und auch mit den beiden Rhätien in Verbindung gebracht [1].

Die Römer fanden bei dem Vordringen ihrer siegreichen Adler, in dem eroberten Lande, an der Ausmündung des Inn's in die Donau, an der Stelle, wo die heutige Innstadt der Stadt Passau gegenüberliegt, die keltische, von den Bojern nach ihrem Uebergange über die Donau erbaute Stadt *Bojodurum*, nach der Tab. Peuting. *Bolodurum* [2]). Sie befestigten dieselbe durch Erbauung eines Castells, und legten sodann eine Cohorte mit einem Tribun als Besatzung hinein. Somit ist Bojodurum einer der ältesten Orte Norikums, und wird schon von A. Ptolomäus genannt. Dem Scharfblicke der Römer konnte die feste Lage der, Bojodurum gegenüber, zwischen zwei mächtigen Strömen liegenden, von drei Seiten mit Wasser umgebenen felsigen Halbinsel, nicht leicht entgehen, und musste in diesem von der Natur geschützten Punkte eine sichere Vorhut gegen die Einfälle der nördlich von der Donau wohnenden Barbaren-Horden erkennen; sie befestigten daher die Halbinsel mit einem Castelle, und legten in selbes eine Besatzung von batavischen Kriegern; daher die Benen-

---

[1] Wahrscheinlich hatte sich von Juvavo über Höhndorf oder Altenthan, dann Strasswalchen, durch das Matichthal an den Inn hin, und diesem entlang eine Strasse nach Bojodurum gezogen; zu Wernstein, oberhalb der Pfarrkirche, wurden Spuren einer Römerstrasse, wie auch Römersteine, aufgefunden. In gleicher Weise zog sich von Unter-Weihmörting (Schärding gegenüber) längs der Rot, über Rothof, Hader durch das Neuhofer-Holz und Piestinger-Holz gegen die Wolfach bei Afham eine Römerstrasse, die sogenannte Hochstrasse, hin.

[2] In Eugippius vita St. Severini cap. 22, erscheint dieser Ort unter dem Namen: Boiiro, Bojotro.

nung: *Batava castra* [1]). Dieses geschah wahrscheinlich erst unter dem Kaiser Septimius Severus, im Anfange des dritten Jahrhunderts.

Von Bojodurum zog sich die Heerstrasse ostwärts, längs des Donaugestades nach dem nächsten Standlager: *Stanacum*, das mit 20.000 Schritten erreicht wurde, und dieser Entfernung gemäss in die Gegend von Engelhartszell, oder mit noch grösserer Bestimmtheit nach Roning, einem zwischen Kasten und Engelhartszell gelegenen Dörflein, gesetzt werden müsste [2]).

Von Stanacum gelangte man nach 18 Stadien nach *Joviacum*, in der Gegend von Schlägen, wo die Lage des Ortes an der eigenthümlichen Donaubeuge, den Strom nach auf- und abwärts beherrschend, und darum jeden feindlichen Ueberfall leicht gewahrend, die Römer veranlasste, ein Castell als eine Hochwache zu errichten; hier war auch der Befehlshaber eines Theiles der II. italischen Legion (Legio II. italica, Legio fidelis, Legio pia) und eine Abtheilung Liburnarier (Schiffsbauer aus Dalmatien). Anno 1838 veranstaltete man zu Schlägen bedeutende Nachgrabungen, und man fand Ringmauern, Ueberreste eines grossen Gebäudes, Steinpflaster, Säulen, Legionsziegel, Geräthschaften etc. und es hatte sich die Sage von einer grossen, durch Schwelgerei und Ueppigkeit verderbten, untergegangenen Stadt erhalten.

Von Joviacum zog sich die Strasse über die sogenannte Schlägenleiten in das Aschachthal hinüber, und an *Marinianio* (Marinanis), Eferding, vorüber, ging sie über Alkofen, der heutigen Ochsenstrasse entlang, nach *Ovilatus*, das etwa in der Gegend von Kleinmünchen, mehr noch in jener von Pasching, gelegen sein mochte, und wohin von Joviaco 27.000 Schritte gezählt wurden.

---

[1]) Die an der Westseite der Altstadt Passau ersichtlichen Mauern „die Römerwehr", gehörten diesem Castelle an.

[2]) Kasten, eine Ortschaft, wo auf einmal die steilen Donauufer etwas zurücktreten, und das auf der Höhe thronende Schloss Vichtenstein sichtbar werden lassen, scheint ohne Zweifel zu einer römischen Niederlassung gedient zu haben. Zu Oberranna, einer zur Pfarre Engelhartszell zuständigen Ortschaft, entdeckte man Ueberreste von Römerbauten, über deren Umfang und Inhalt man nichts Sicheres ausfindig machen konnte, weil die kaum begonnenen Aufgrabungen wieder eingestellt werden mussten; dieser römische Standort fiel fast in die Mitte zwischen Stanacum und Joviacum; einige wollen da das Stanacum suchen, was jedoch mit der angegebenen Distanz von Joviacum durchaus nicht übereinstimmt. Noch weniger ist Stanacum bei Reichersberg am Inn, an der Stelle des ehemaligen Schlosses Stein, zu suchen.

Lentia, obwohl ein Glied in der Kette der Donaufestungen, war kaum durch diesen Strassenzug berührt, sondern dahin zweigte von Ovilatus aus ein Weg ab. Dieses Lentia war nicht nur eine Niederlassung der Römer, sondern ein befestigter Platz, der Standort eines Theiles der II. italischen Legion, und einer Schaar Pfeilschützen zu Pferde. Das Castell stand zweifelsohne an der Stelle des heutigen Schlosses Linz, und in der Nähe der heutigen Martinskirche, wo schon mehrfache Ausgrabungen römischer Alterthümer stattgefunden haben. Fürwahr eine wohlgelegene Hochwache über das jenseits der Donau sich ausbreitende Gelände!

Am Berge, südlich und südöstlich war wohl die Hauptansiedlung der Bewohner; wenn auch Lentia keiner der grösseren, ausgezeichneteren Orte war, so weisen doch die Spuren immer auf einen ziemlichen Umfang des in der Ebene liegenden Ortes hin; noch weniger war es eine blosse Befestigung.

Von Ovilatus ging die Strasse über die Traun (Truna fluv.) und in die längs der Donau gelegene Ebene, wo nahe an der Ausmündung des Ens-Flusses (Anisus, Anasus fluv.) in die Donau, am Fusse des Berges, worauf die heutige Stadt Ens erbaut ist, die berühmte, glänzende Römerstadt: *Lauriacum* lag.

Diese erstand in herrlicher Lage, mit weitreichendem Fernblicke nach auf- und abwärts, und über die Donau hinüber, wahrscheinlichst durch den Kaiser Marcus Aurelius als Waffenplatz, ja vielleicht als eine Colonie desselben[1]); in der notitia imperii kömmt dieser Ort öfter vor; Seite 24 werden die Lanciarii Lauriacenses erwähnt, und Seite 99 der Praefectus legionis Lauriaco; Seite 43 Lauriacensis scutaria sub dispositione viri illustris magistri officiorum; es war also daselbst eine Fabrik von Schilden aus norischem Eisen; nach eben derselben Quelle war Lauriacum der Standort einer Abtheilung der grossen römischen Donauflotte unter einem Präfecten (praefectus classis Lauriacensis); und diese Flottenabtheilung lag in der Bucht der Donau beim heutigen Enghagen.

Lauriacum war, wenn nicht gerade die Metropole, doch die bedeutendste Stadt des Ufer-Norikums, und die Wiege des

---

[1]) Die Colonial-Eigenschaft von Lauriacum lässt sich mit Bestimmtheit nicht nachweisen; wohl scheint ein Stein, worauf unter anderen die Worte: „T. Vennonio. T. F. Stell. Aebutiano. Patrono. El. Municipl. Col. Aug. Laur. - - - - zu finden, und welche einige Colonia Augusta Lauriacum, andere Colonia Aurelia Lauriacensis lesen, dafür zu zeugen; aber dieser in ferner Gegend gefundene Denkstein möchte mehr für die Colonia Augusta Lauro-Lavinium in Italien sprechen.

Christenthums für dasselbe; von der Brücke über die Ens wurde zur Zeit der Diocletianischen Christenverfolgung der Tribun, S. Florianus in das Wasser gestürzt [1]).

Kaiser Constans gab zu Lauriacum Gesetze. Lauriacum scheint kostbare Baudenkmale, als: Statuen, Tempel, Bäder, Waffenhäuser, Portiken, und ausser den Mauern, in der Umgebung viele und schöne Villen gehabt zu haben; die ausgegrabenen Gegenstände, vielfach kostbar und künstlich gearbeitet, weisen auf den Reichthum und Luxus der Bewohner hin, die theils Römer, theils eingeborne Noriker waren. Auf dem Aichberge bei Ens scheint der Begräbnissplatz der Bewohner gewesen zu sein.

Von all dieser Herrlichkeit erübrigt nur noch das Dorf Lorch mit der Kirche des heiligen Laurenz.

Uebrigens lag Lauriacum 43 Stadien von Joviaco entfernt. Ueber der Ensbrücke zog die Römerstrasse sich in das untere Ufer-Norikum hinab, und man erreichte nach 13.000 Schritten *Elegium*, bei Erlakloster. Nach der notitia imperii lag zu *Lacufelicis* (Locusfelicis) bei Nieder-Wallsee, eine Schaar Pfeilschützen zu Pferde; zu *Arelape*, bei Pöchlarn, war der Standort der dalmatischen Reiterei, und überdiess, wie zu Comagenis, der Befehlshaber einer Flottenabtheilung; zu *Cannabiacum* (Schönbüchel) der Tribun einer Cohorte; *Comagena*, castra vallo firmissimo exstructa, (Tulln) war das Standquartier der Equites promoti; zu *Vindobona*, (Vindomana, Faviana), Wien, einer sehr alten Municipalstadt, das Standquartier des Praefectus legionis decimae — sub duce Pannoniae — dann des Praefectus classis histricae.

Es wurde oben berührt, dass die von Lauriaco nach Juvavum angelegte Heerstrasse bei Ovilatus abgezweigt habe, so dass man vom letzteren Orte aus mit 10.000 Schritten *Ovilaba, Ovilia, Colonia Aureliana*, erreichen konnte. Dieses Ovilaba, das heutige Wels an der Traun, der Entstehung nach gewiss keltischen Ursprunges, wurde wegen seiner günstigen Lage für den Verkehr und als Knotenpunkt mehrerer Strassenzüge durch den Imperator

---

[1]) Vor einiger Zeit noch wurde zu Ens eine grosse, breite Grube gezeigt, wo einst ein Kerker gewesen sein soll, in welchem der heilige Florian und 40 Christen gefangen gehalten wurden, bevor man sie zum Tode ausführte.

Marcus Aurelius zu einer Colonialstadt [1]), und darum zu einem
bedeutenden Orte gestaltet; die Aufgrabungen verschiedenartiger
Gegenstände geben Zeugniss, dass man auch hier den Erzeug-
nissen schöner Künste hold gewesen sei.

Von Ovilabis 14.000 Schritte weiter südwestlich lag *Tergolape* [2]), in der Nähe des heutigen Schwanenstadt, und nach
weiteren 18.000 Schritten erreichte man über das heutige Schöndorf hin [3]), *Laciacum;* dieser Name deutet auf einen in einer
Seegegend gelegenen Ort, darum auf Seewalchen hin [4]), umso-
mehr, als dort ein Meilenstein, dann in der Nähe verschiedene
Gebäude-Ueberreste vorgefunden wurden.

Von den Ufern des herrlichen Ater-Sees ging nun die Strasse
an den Mond-See hinüber, an dessen nördlichem Gestade das
Tarnanto der Römer nach einer Route von 14 Stadien zu
erreichen war [5]).

Andere suchen Tarnanto weiter vorwärts im Thalgau; doch
die Entfernungsangabe zeugt für Mondsee; Tarnanto lag von
Juvavo ebenfalls 14.000 Schritte entfernt, und der Weg dahin
ging durch das Thalgau, wo auch ein Meilenstein aufgefunden
worden war. Dass von Tergolape über Frankenmarkt, Neumarkt,
Höhndorf nach Juvavum die Heeresstrasse sich gezogen habe,
und dass Laciacum bei Frankenmarkt, und Tarnanto bei Neumarkt
oder Höhndorf zu suchen, beruht ganz auf irrigen Annahmen,
und doch ist es höchst wahrscheinlich, dass von Juvavo über
Alten-Than und Strasswalchen hin, nicht über Frankenmarkt,
sondern an den Inn hinaus, eine Strasse angelegt gewesen sei.

An den beiden Ufern der Salzach *(Iraro, Juvarus, fluvius)*
breitete sich die herrliche Colonialstadt: *Juvavum, Jovarum,*

[1]) In Colonialstädten waren gewöhnlich 6000 Veteranen mit Weibern,
Kindern, Dienstboten, nebst vielen Landeseingebornen.

[2]) Vielfach suchte man Tergolape zu Lambach; die herrliche Lage dieses
Ortes macht es wahrscheinlich, dass auf dem Hügel, worauf die Abtei
thront, ein Römer-Castell gewesen sei.

[3]) Der an der Kirche zu Schöndorf befindliche, unförmliche Thurm scheint
römisches Mauerwerk, etwa ein Wartthurm zum Schutze der Strasse, oder
auch eine Halle mit dem Idole einer Gottheit, gewesen zu sein.

[4]) Walhen, Walchen, Menschen von romanischer Geburt und Zunge; so
wurden die romanisirten Einwohner in Baiern und Oesterreich genannt;
daher viele Ortsnamen, die aus walchen zusammengesetzt sind; daher
Seewalchen ein Ort am See, wo Römer wohnten.

[5]) Aufgefundene Denksteine geben Zeugniss, dass zu Mondsee römische
Niederlassung war.

Zur Gesch. der
Pfarre u. Stadt
Vöcklabruck
Stülz 1837, p.7.

Juvavia, das heutige Salzburg aus; muthmasslich durch Kaiser
Hadrian zur Colonialstadt geschaffen, darum: *Colonia Aelia
Hadriana*. Der Nonnberg war das Castrum superius, Müllen etwa
das Castrum inferius, die Ebene um Maxglon war die Stadt mit
den Gebäudeanlagen [1]), und am Birgelstein (Roseneggergarten
an der Salzach) das römische Bustum; diesemnach hatte Juvavia
eine bedeutende Ausdehnung, ja Liefering, Wals, Gois scheinen
Vorwerke gewesen zu sein. — Juvavia war der Sitz der Verwal-
tungsbehörden, der Standort einer beträchtlichen Besatzung (Praefectus legionis primae Noricorum militum Liburnariorum cohortis
quintae partis ad *Juvense*), der Vermittlungspunkt zwischen dem
Mittel- und Ufer-Norikum einerseits, und zwischen Pannonien
und Ufer-Norikum nach der Rhaetia secunda et prima anderseits.
Anno 476 wird diese herrliche Stadt durch den Feldherrn Vidomar
gänzlich zerstört, wobei der heilige Maximus mit 50 seiner
Schüler unter den Felsen des Mönchsberges verbluten mussten.

Eugippius in vita St. Severini (cap. 24) sagt: „Habitatores oppidi,
quod *Joppia* vocabatur, septuaginta et amplius millibus a Batavis;
vita St. Ruperti: „esse locum juxta fluvium juuarum antiquo voca-
bulo j u u a u e n s e m vocatum, ubi antiquis temporibus multa fuerunt
mirabiliter constructa aedificia, et tunc pene dilapsa, silvisque
cooperta".

Aufgrabungen und Auffindungen von Gebäude-Ueberresten
und anderen verschiedenartigen Gegenständen, erwiesen römischen
Ursprunges, an Orten, in einer von 12.000 — 24.000 Schritten
variirenden Distanz vom Donaulimes landeinwärts gelegen, weisen
unwiderlegbar darauf hin, dass die Römer ausser der am Ister
hinab angelegten Befestigungskette, eine zweite oder Reserve-Linie
von Befestigungen und Standlagern, wohl untergeordneten Ranges,
durch Vindelicien, Noricum bis nach Pannonien errichtet hatten.
Sonach zog sich, um von unseren Donaugegenden zu reden, durch
das Vils- und Rot-Thal über Schärding her, durch das Pram-,
Tratnach- und Innbach-Thal gegen Ovilaba, über das Krems-
Thal nach Steyer, und durch das Url- und Ybbs-Thal an die
Erlaph, Bielach und Trasen hinab, eine solche Befestigungslinie

[1]) Prächtige Ruinen eines Römer-Palastes, und andere werthvolle Gegenstände wurden in den Walserfeldern zu Tage gefördert.

zweiten Ranges hin. Hader, Rothof[1]), Unter-Weihmörting
waren solche römische Standorte, die, weil am linken Ufer des Inns
gelegen, zur Rhaetia Secunda gehörten. Im letzteren Orte wurde
auch ein Votivstein gefunden, worauf die Worte: „*Norciae
sacrum*". Dieses leitete so manche auf den Gedanken, dass unter
Annahme eines doppelten Noreja, hier am Inn, das B o j i s c h e
N o r e j a gewesen sei, während das C i m b r i s c h e N o r e j a in
den Julischen Hochalpen, also in der Gegend von Friesach in
Kärnten, zu suchen gewesen sei.

Die eigenthümlich topographische, die Umgegend wie den
Strom beherrschende Lage von S c h ä r d i n g konnte den Römern
unmöglich entgangen sein, als dass sie nicht daselbst ein castellum
parvulum (Burgum) erbaut hätten. Im Innbach-Thal, unferne des
Marktes Kematen, trägt ein auf drei Seiten abschüssiger Hügel,
der durch einen tiefen Erdeinschnitt — ehemaligen Wehr-
graben — mit einem Bergrücken zusammenhängt, auf seiner
convexen Oberfläche eine kleine Ortschaft „Burgstall"; dieser
Umstand, wie zwei in der Nähe gelegene Ortschaften:
„Strass" [2]) lassen das einstige Dasein einer römischen Mansio
auf dem Wege vom Inn nach Ovilaba, und von da über K e m a t e n
(an der Krems) nach Steyer hinüber nicht verkennen; der
massive, unförmliche Thurm, und einige Hauptmauern an der
Kirche zu Kematen sollen Ueberreste einer römischen Burg sein;
der Name Kematen — Chemnaten — selbst soll auf eine Befestigung
hindeuten, und eine halbe Stunde südlich davon liegt ein Dorf:
„Burg", wo Spuren von Verschanzungen gefunden wurden.

Pritz,Gesch. des
Landes ob der
Ens, I. 51, 82.

Der über dem Einflusse der Steyer in die Ens sich erhebende,
das romantische Thal beherrschende Felshügel hatte ebenfalls die
Römer eingeladen, da eine Burg, als Befestigung in zweiter Linie,
zu erbauen, und die Sage macht den noch bestehenden massiven
Thurm am Schlosse zu Steyer zu einem Römerwerk; jedenfalls
mochte er ein Wartthurm gewesen sein; die aufgegrabenen Anticaglien machen S t e y e r zu einer römischen Niederlassung. Zwei
Stunden unterhalb Steyer befindet sich ober dem hohen und steilen

---

[1]) Im Neuhofer-Holze bei Hader, 2½ Stunden westlich von Schärding,
finden sich römische Grabhügel, auch Ueberreste eines uralten, angeblich
römischen Tempels; zu Rothof ebenfalls Grabhügel, und an der Kirche
dortselbst, wie an jener zu Kholfing, Votivsteine; Sulzbach war
keltische Niederlassung; zu Unter-Weihmörting fanden sich z. 1805
bei Abtragung der dortigen Kirche mehrere Römersteine, auch Anticaglien.

[2]) Die Namen: Strass, Hochstrass deuten vielfach auf das Dasein und die
Richtung von Römerstrassen.

Ensufer eine kleine Kirche: „Maria-Burg" genannt; der Sage
zufolge stand dort eine Burg oder ein Römerthurm, und man hat
in der That Ueberreste alter Mauern und Befestigungen dort aufgefunden. — Von Burg an der Ens zog sich die Linie über die
kleine Erla an die Url hin zu dem römischen Standorte: „ad
Mauros", heutzutage auf der Mauer, unweit des Pfarrortes
Oeling, wo viele Römer-Denkmale, Ruinen eines Castells, und
Strassen-Ueberreste aufgefunden worden sind. — Endlich war
das an der Dielach gelegene Anataria (Austuria), die heutige
Osterburg, eine solche Reserve-Befestigung; denn Spuren eines
römischen Castells sind noch vorhanden.

Nach Buchner wäre das Innere des Landes, vom cetischen
Gebirge angefangen, bis zum Lech hinaus ganz leer gestanden;
keine Stadt, kein Dorf, kein Haus nennt uns der Römer, das in
den Zwischenräumen der Isar, des Inns und der Ens gestanden
wäre. In Unterösterreich, vom Wienerwalde bis zur Ens herauf,
in Oberösterreich von Linz bis Salzburg hinauf, im Innviertel,
und in Baiern längs der Ufer der Rot und Vils, diess- und jenseits
der Isar, in den Ebenen von Regensburg bis Straubing, in den
beiden Laberthälern, weit die Ammer und die Isar hinauf, in diesen
fruchtbaren und getreidereichen Gegenden, wo dermals an dritt-
halb Millionen Menschen in herrlichen Städten, Flecken und Dörfern
leben, scheinen damals gar keine Ortschaften, oder für den
Römer so unbedeutende gewesen zu sein, dass er ihre Namen nicht
einmal der Nachkommenschaft aufbewahrte; eine weite, menschen-
leere Wüste, von Vindelicien bis Pannonien hinunter, sagt Strabo,
sind die Wohnungen der Bojer (deserta Bojorum), und in der That
mochte es im ersten Jahrhunderte nach Christus sogestalt gewesen
sein, doch gewiss nicht mehr im dritten und vierten Jahrhunderte.

Dokumente zu A.
Buchners Gesch.
v. Baiern, I. 77.

Denn die Auffindung so vielfacher römischer Alterthümer,
nicht nur, den vorbezeichneten Befestigungs- und Strassen-Linien
entlang, sondern auch weiter in das Land hinein, liefert sprechen-
den Beweis, dass die Römer die schönen und fruchtbaren Thäler
an der Ens, Steyer, Krems, Traun, Ager, Veckla, Inn, Tratnach,
besonders nach dem Inn, der Salzach, der Matich hinauf, keines-
wegs unbewohnt oder unbebaut gelassen haben; wohl weisen diese
Ueberreste uns keine Städte oder grössere Ortschaften, doch immerhin gehäbige Wohnplätze. Vierzehn Jahrhunderte sind seit
dem Sturze des Römerreiches verflossen; der Zahn der Zeit, die
Barbarei der deutschen Völker haben ihre meisten Werke vernich-

tet, und doch gibt es noch Spuren jener grossen Vergangenheit, der Ansiedlungen der Römer in unserem Lande ob der Ens, ihres Waltens und Wirkens!

Zu einiger Erläuterung des Gesagten diene nachstehendes Verzeichniss der Fundorte, und der aufgefundenen römischen Alterthümer:

Stadt Ens, Schloss Enseck, die Ortschaften: Lorch, Maria-Anger, Enghagen, Aichberg, Christein, Asten, Schiltenberg etc.	Verschiedene Denk-, Votiv- und Grabsteine, Legionsziegel, viele Consular-, Familien-, Legions- und Kaisermünzen von Gold, Silber, Erz und Bronze, Vasen, Urnen, Marmorbüsten, Ringe mit geschnittenen Steinen, Säulenstücke, Töpferschalen mit römischen und norischen Namen, Hausgeräthschaften, Trink- und Essgeschirre, Schlüssel von Bronze, Lampen, Spangen, Schreibgriffel, Hufeisen, Waffen, Pfeilspitzen, Trümmer von Mauern, Wasserleitungen, Bädern Hypocaustum, Säulen, auf dem Aichberge grosse, steinerne Särge und Grabsteine u. a. m.
Hofkirchen bei St. Florian	Erzmünze;
Ebelsberg	Silbermünze;
Ansfelden	ein Sarg aus Tufstein, auf dem Gerippe ein ovaler, goldener Ring, ein Thränenglas;
Egendorf	eine Goldmünze;
Hochhaus bei Vorchdorf .	ein Steindenkmal;
Kremsmünster	Grabdenkmal;
Steyer	ausser einem römischen Denkstein viele römische Goldmünzen;
Ternberg an der Ens . .	Mehrere Münzen;
Spital am Pyrha	Spuren eines Heidentempels;
auf dem Pötschen-Berge, an der Strasse von Ischel nach Aussee	ein Denkstein;
Hallstatt	Münzen, römische Rüstzeuge etc.; damals schon bestand der Bergbau;
Goisern	Münzen;

Ischel	Steindenkmal;
Strobel am Ausflusse der Ischel aus dem Aber-See	Messer von Bronze;
Mondsee	mehrere Denksteine;
Altenthan bei Höhndorf im Salzburgischen . . .	ein Meilenstein;
bei Oberhofen nördlich vom Irr-See	verschiedene Ruinen eines Gebäudes, Grundlagen von runden Thürmen, Bauziegel, Trümmer von Urnen und Aschenkrügen, Oeffnungen für Särge, also römischer Begräbnissplatz;
Vecklamarkt	ein Grabdenkmal;
im ehemaligen Schlosse zu Laslberg im Ater-See .	ein Denkstein;
Seewalchen am Ater-See .	ein Meilenstein;
Weyeregg am Ater-See .	Mauerüberreste, Mosaikböden;
Steinbach am Ater-See .	der Sage zufolge soll dort ein Götzentempel gestanden sein, auch Götzenbilder sollen aufgegraben worden sein;
Altmünster am Traun-See	ein Denkstein, am nahen Brennpüchel Eisenschlacken und Mauerreste von Hocheck bis Albertsberg hin, darum die Sage von einem grossen Orte aus der Heidenzeit, und dortselbst gestandenen Tempeln der Götter;
Pinsdorf, Regau und Vecklabruck	verschiedene Münzen;
Schwanenstadt	ein Merkur aus Bronze, Münzen, Trümmer von Geschirren aus Siegelerde, römische Ziegel;
Nieder-Thalheim, Aichkirchen, Gaspoltshofen, Geboltskirchen, Geiersberg	verschiedene Münzen;
am Hausruck bei Hag, in den Thalebenen der Pram, Trattnach, des Inn- und Schwaig-Baches bei Lambach	Münzen und Lampen aus Gräbern;

Anno vel circa annum.	Quellen-Cital

Pram	Grabmal eines römischen Soldaten. Ueberreste von Gebäuden, Scherben von terra sigillata, Trümmer eines Spieses;
Pachmanning	drei Lampen und Geschirrscherben;
Köppach	Leichenstein, dermals Altarstein in der dortigen Annacapelle;
Lambach	Grabstein und ein symbolischer Römerstein;
Traun in der Pfarre Wimsbach	Grabhügel, Klingen, Lanzenspitzen. Waffen, Armringe;
Wels	Ruinen eines Hypocaustums, mehrere Denksteine, ein Pferd aus Erz, eine beträchtliche Anzahl von Münzen, Schalen, Lampen, Idole, Lanzen, Kette, Thierfiguren, Gräber etc.
Welser-Heide	Anticaglien;
St. Dionysen in der Pfarre Traun	römische Nägel und Schlüssel;
Leonding	ein Grabstein;
Linz, Schlossberg und **St. Martinskirche** . .	verschiedene Denkmale mit und ohne Inschriften, Votiv- und Grabsteine mit Figuren, verschiedene Geräthschaften, Büsten, Geschirre, Töpfe, Messer, Nägel, Griffel, Pfeilspitzen, Vasen aus gebrannter Erde, Münzen etc.
Thalheim bei Schönhering	Münzen, Geschirre, Penaten;
Eferding	Münzen;
Halbach	Goldmünze von Diocletian;
Schlägen an der Donau .	ausser den zu Tage geförderten Ueberresten des einstigen Joviacum's, Münzen;
Oberhalb **Engelhartszell** .	Meilenstein;
bei **Krämpelstein** an der Donau	eine Goldmünze von Trajan;
Schärding am Inn . . .	ein symbolischer Leichenstein, auch Münzen [1];

[1] C. a. 68 nach Chr. war, in dem Kriege zwischen den Kaisern Otho und Vitellius, am rechten Innufer die Ala Auriana, nebst 8 Cohorten, sammt — Tac. hist. III. 5.

eine halbe Stunde südöstlich an den **Pramafern** . . . }	verschiedene Münzen;
Stein am Inn, Ruine bei Reichersberg . . . . }	Silbermünzen; '
Braunau am Inn, wiewohl unerwiesen, für das *Brundunum* der Römer gehalten . . . . . }	Münzen;
Weldenthal in der Pfarre Gilgenberg . . . . }	Silbermünzen;
Hochburg und **Ueberackern**	Römer-Wälle, so wie am linken Salzachufer bis zur Alz hinüber, und an deren steilen Ufern aufwärts eine Kette von römischen Verschanzungen noch ersichtbar ist;
Aufhausen an der Salzach	römische Münzen, darunter eine von Constantin dem Grossen mit dem Kreuze;
Tarsdorf	ein Grabstein;
Unter-Steinbach in der Pfarre Ostermieting . .	ein sehr ausgebreiteter, römischer Anbau, von Steinbach gegen Ostermieting, Schale von Siegelerde, Urnen, Lampen;
Riedersbach in der Pfarre Ostermieting	Ueberreste eines römischen Anbaues, Geschirre, Wärme- und Wasserröhren, terra sigillata, Musiv-Boden;
Kirchberg bei Wildshut .	Gebäude-Ueberreste, unterirdischer Gang, Musiv-Boden, Siegelerde;
Reut bei Wildshut . . .	römisches Grabmal, Topf;
Sauldorf bei Kirchberg .	unterirdische Ueberreste von Gebäuden, Geschirrscherben, Dach- und Rohrziegel, ein sonderbarer römischer Stein, wahrscheinlich mochte dort eine römische Villa gestanden haben;

der Noricorum juventute, gebildet aus dem Volksstamme der Breonen, unter der Anführung des Sextilius Felix, gegen die am jenseitigen Innufer gelagerten Vitellianischen Truppen aufgestellt.

Pritz, Gesch. d. Landes ob der Ens, I. 73. Not. 4.

Loben	Ueberreste römischer Bauten mit Treppen und Gewölben, Münzen;
Kobel in der Pfarre Kirchberg	ein Cinerarium mit Gebeinen, Urnen;
Matighofen an der ehemaligen St. Georgscapelle .	Trümmer eines römischen Leichensteines;
Schalchen bei **Matighofen**	ein Leichenstein, Standbilder; es moehte daselbst eine Villa mit Bädern gewesen sein; auch viele unterirdische Baustücke, Dachziegel;
Waldzell	Münzen;
Aurolsmünster	eine Münze der Ptolomäer.

Aus dem Donau-Strombette, bei Gelegenheit der Sprengung des Luegcanales und des Hausssteines beim Wirbel wurden aufgefunden: eine grosse Anzahl Münzen von Silber und Erz, Waffen und Geräthschaften aus Bronze, Schmucksachen und andere Anticaglien nicht nur römischen, sondern auch keltischen Ursprunges [1]. Aber in den nördlich von der Donau gelegenen Gegenden wurde bis jetzt keine Spur aufgefunden, dass der Römer jemals für einige Zeit festen Fuss gefasst hätte.

Nach dem Sprichworte: „In Danubio salus" erkannten die Römer in der Wahrung der Donaugränze sehr wohl ihres Reiches Macht und Sicherheit; ebensowenig verkannten dagegen die nordwärts wohnenden germanischen Völker die Wichtigkeit des Besitzes des Donaustromes; darum die vielfachen, blutigen Kämpfe der Römer mit den Daciern unter Trajan, mit den Marcomannen, Quaden, mit den Alemannen und Gothen und anderen deutschen Völkern, die selbst nach Italien stürmend vordrangen. Und als diese andringenden Germanen den Donaustrom dauernd überschritten hatten, war der Untergang des weströmischen Reiches unabwendbar.

[1] Hinsichtlich der genaueren Aufzählung der Fundorte römischer Alterthümer im Lande ob der Ens, dann der genaueren Bezeichnung der gefundenen Gegenstände möge nachgelesen werden: a) Fr. Pritz's Gesch. des Landes ob der Ens, I. p. 42—52; b) römische Inschriften im Lande ob der Ens, Abhandlung von J. Gaisberger im dreizehnten Musealberichte des Francisco-Carollnums 1853, p. 1—88; c) desselben Abhandlung über die Ausgrabungen römischer Alterthümer bei Schlögen im vierten Musealberichte, Linz 1840, p. 11—35; d) die römischen Gräber bei Wels, Abhandlung von J. Gaisberger im siebenzehnten Musealberichte, Linz 1857, p. 237—270; e) Alterthümer aus dem Strombett der Donau, Abhandlung von J. Gaisberger im achtzehnten Musealberichte, 1858, p. 113 bis 176; f) A. v. Muchars Noricum, I. und II.

Anno
vol circa annum.

a. 476.

Quellen-Citat.

Wohl standen zu Anfang des fünften Jahrhunderts die Donau-festungen, insbesondere die oberen Castelle des Ufer-Norikums noch unerschüttert [1]; aber c. a. 408 begann die allgemeine Wanderung der Völker; ein Volk nach dem andern rükte gegen die Gränze des Römerreiches vor, der einmal bewegte Ball trieb sich vorwärts. Norikum, von den Alemannen im Westen, von den Thüringern, Herulern im Norden, von den Rugiern und Gothen im Osten umgeben, stand nur nach Süden hin mit dem Centrallande Italien in einer losen, oftmals gestörten Verbindung; den fortwährenden Anfällen, Plünderungen und Verwüstungen preisgegeben, flüchteten sich die Bewohner in die Gebirge oder in die festen Castelle, und sahen ihre Wohnungen in Rauch auf-gehen. Als aber das weströmische Reich durch den Herulerfürsten Odoaker a. 476 völlig zertrümmert war, waren die Milizen in den Donaufestungen ohne Sold, ohne Unterstützung den täglichen Angriffen der Barbaren blosgegeben; die oberen Donaufestungen, selbst die Batava castra, waren gefallen, nur das feste Lauriacum hatte sich noch gehalten, und bot unter den Auspizien des erleuch-teten Noriker-Apostels, St. Severinus, für die Flüchtigen Schutz. Bis a. 488 waren alle festen Plätze des westlichen Ufer-Norikums zerstört, oder von den römischen Bewohnern, die nach Italien abgezogen waren, verlassen, und weil die wenigen befestigten Orte im Innern des Landes, wie Juvavia, Ovilaba, schon bei den früheren Einfällen der Heruler und Rugier zu Grunde gegangen waren, so bot das ganze Land nur ein trauriges Bild der Verödung und Verwüstung. Auch das feste Lauriacum scheint auf eine gewaltsame Weise c. a. 480 von den wiederholt anstürmenden Alemannen zerstört worden zu sein. Norikum und Vindelicien, worin noch immer einzelne Römer (Romani tributales) in römi-schen Dörfern zurückgeblieben waren, kamen unter die Herrschaft der Ostgothen.

Aber mit dem Beginne des sechsten Jahrhunderts errang sich über selbe ein neues Volk eine bleibende Herrschaft, nämlich die *Bajuvavier*, Baiern, ein origineller, korniger, ächtdeutscher Volks-stamm; so trat auch für das Land ob der Ens eine grosse Verän-derung ein; ein neues, frisches Leben regte sich wieder an den Flüssen, und auf den Bergen; es zeigten sich die Keime einer neuen Zeit, des in vielfacher Beziehung so eigenthümlichen Mittelalters!

[1] Eugippius in vita St. Severini §. 12. In diesem Ausdrucke liegt die erste Andeutung unserer heutigen Abtheilung in das Land ob und unter der Ens.

Topographische Matrikel

des

Landes ob der Ens.

Ueber die Periode vom VIII. bis XIII. Jahrhunderte.

Anno
vel circa annum.

Quellen-Citat.

Das heutige **Land ob der Ens**, so wie es nördlich vom grossen Nordwalde (Böhmer-Wald), östlich von der Isper und dem Sarming-Bache, dann der Ens bis Altenmarkt, im Süden von der Schneeschmelze auf der, von der Ens bis zu den Bergen von Aussee und Hallstadt, und weiter bis zum Zinken-Berge sich hinziehenden Gebirgskette, im Südwesten vom Weissen-Bache, dem Tindl-Bach, dem Schaf-Berge, dem Zirvanken-Berge bei Thalgau, dem Tann-Berge bei Strasswalchen, den Mat-Seen, im Westen aber von der Salzach und dem Inn begränzt ist, war im sechsten, siebenten und achten Jahrhunderte ein Theil des Herzogthums **Baiern**, über welches eigene Herzoge aus dem Stamme der Agilolfinger, jedoch unter der Oberherrlichkeit der fränkischen Könige, walteten.

Herzog Tassilo II. suchte sich der Oberherrschaft der Franken zu entwinden; dieses bewog den gewaltigen Frankenkönig, Carl den Grossen, Tassilo der herzoglichen Würde zu entsetzen, das Herzogthum Baiern aber mit dem fränkischen Grossreiche zu vereinigen.

Carl der Grosse erweiterte später die Gränzen seines Reiches über die Ens hinab bis an den Leitha-Fluss, ja bis an die Raab,

a. 788.

und bildete aus diesem, den Avaren abgenommenen Landstriche eine Vormauer des Reiches unter dem Namen: Oestliche Mark, *Marchia Australis, orientalis plaga,* selbst *provincia Avarorum, terra Hunnorum,* und setzte über selbes zur Obhut Gränzgrafen.

c. a. 800.

Das Land ob der Ens dagegen hiess zuweilen *marchia bavarica,* nach der unglücklichen Schlacht bei Presburg aber, welche den Verlust der Ostmark, und die Verrückung der Gränze an die Ens zur Folge hatte, vorzüglich *Marchia supra Anasum,* später (a. 1156) *Marchia in superiori parte fluminis Anasi.*

S. Pillweins Traunkreis. 30.

U. B. II. 278.

Carl der Grosse theilte Baiern, der besseren Ueberwachung und Verwaltung willen, in Gaue oder Comitate ab, über welche Gaugrafen, und auch Sendgrafen gesetzt wurden.

Sonach entstanden im oberen Baiern: der Vinstgau, das Ober- und Unter-Innthal, das Norithal, der Hausengau, Augstgau, Pargau, Chelesgau, Nordgau, Donaugau, Isargau, Sundergau, Chiemgau, Salzburggau, Isangau, Rotahgau, Quinziggau, Schweinachgau etc.

Dokumente zu Buchners Gesch. von Baiern. II. p. 36—60.

Das Land ob der Ens aber zerfiel in den Traungau, Atargau, Matich-Gau, (und nach der Meinung Einiger in den) Grunzwiti-Gau (?).

Es geschah auch, dass grössere Gaue, in sogenannte Untergaue oder Centen abgetheilt wurden; solcherweise war der Uf-Gau ein Untergau des grossen Traungaues, und fasste den südwestlichen Theil desselben, in der Linie von Wels bis zum Hausruck, in sich. Auch gewissen Gegenden oder Districten wurde der Name eines Gaues gegeben, jedoch ohne bestimmter Abgränzung; so z. B. hiess das Krems-Thal von Michelndorf über Kirchdorf, Schlierbach bis Wartberg hin „*pagus Oulinpestale*" (a. 1005)

1005, 1083.

auch „*pagus Olenpurgensis*" (a. 1083).

U. B. II. 71, 719.

Anno 1162 wird der Antissen-Gau, „Pagus, quem transit fluvius Antessin" genannt, der sich zu beiden Seiten der Antissen vom Hausruck-Berge bis an den Inn erstreckte. A. 1217 geschieht Erwähnung der *Cometia* des *Ilzgaues.*

Metrop. Salisburg.,T. III. 167. edit. Ratisb.

Gegen Ende des dreizehnten Jahrhunderts verlor sich die Benennung der Gaue, nachdem die Gaueintheilung, und die Gauverfassung schon lange geschwunden war.

Nur im Salzburgischen, oberbairischen, und tirolischen Gebirgslande haben sich für die Bezeichnung gewisser Thalgegenden die Benennungen: Pongau, Pinzgau, Lungau, Vintschgau, Algau, Ammergau etc. erhalten; in unserm Lande hat sich ebenfalls für die Bezeichnung des Thalgeländes an der dürren

Ager bis zum Mond-See hinauf der Name: Ater-Gau, Wangau,
bis heute erhalten.

Nach diesen vorausgeschickten Bemerkungen beginnen wir
die topographische Beschreibung des Traun-Gaues, des Kernes
vom Lande ob der Ens.

Traun-Gau.

**Drungaae, Trungaui, Trunkovve, Trun-
gauu, Trungowe, Trungav, Traungau,**
pagus; von dem Flusse Traun, Truna, zu dessen beiden
Seiten selber sich ausdehnte, so genannt. Die ursprüngliche Abgränzung dieses Gaues war gegen Osten die Ens,
vielleicht theilweise der Raming-Bach; gegen Süden: die von
Altenmarkt über Spital nach Aussee und zum Dachstein sich
hinziehende, von Ober-Carantanien scheidende Gebirgskette;
gegen Westen: das Ramsauer-Gebirge, der Ischel-Fluss
bis zur Vereinigung mit der Traun (Gränze gegen den
Pongau); dann der Traunfluss bis zum Traunfalle hinab; von
dort zog sich die Gränze über die Ager zum Hausruck-
Berge bei Wolfseck hin (Gränze gegen den Ater-Gau).
Vom Hausruck-Berge lief die westliche Gränze längs der
Pram, der silva Rotensalah (Sallät-Wald), der Antalonga
fluenta, dann des Kessler-Waldes bis zum Jochenstein in
der Donau (Abgränzung gegen den Matich-Gau); die Nordgränze des Traungaues war der Donau-Strom.

Als Graf des Traungaues wird Aribo I., begütert im Traun-
und Chiem-Gau und in Carentanien, a. 876 ausdrücklich
genannt. Ihm folgten Otokar I. (906), Aribo II., Otokar II. (951),
Ottokar III., welche nach Besiegung der Ungarn aus dem Chiemgau wieder in den Traungau vorwärts zogen (a. 976) und die
Verwaltung dieses letzteren fortführten.

Um selbe Zeit waltete auf Wels und Lambach ein anderer
Zweig der Traungaugrafen, die (c. a. 902) mit Arnold I.
(Arnolfus magnificus comes de Welsa & Lampach) urkundlich
auftreten [1]). Graf Arnold II. und dessen Sohn Gottfried erhielten

---

[1]) Als eigentlicher Stammvater der Grafen von Wels wird Machelmus, comes
vir clarissimus, aus Schenkungen an Mondsee, St. Emmeram bekannt,
gehalten.

U. B. I. 444, 60,
63.

U. B. II. 3, 7, 44,
112, 311.

Pritz, Gesch. d.
Landes ob der
Ens, I. 175, 232.

U. B. II. 18, 30.

Pritz, Gesch. d.
Landes ob der
Ens, I. 231.

U. B. II. 718.
Kurz, Beiträge,
III. 294.

a. 1039 die Markgrafschaft über die Oberkarantanische Mark, und über die Pütner-Mark, welche Würde aber nach deren Ableben (1056) an Otokar V. von Steyer überging.

Fast in der Mitte des Traungaues und des Landes, das Castrum:

Vuelas, Welas, Willabs, Welas, Welse, Wels, das *Ovilaba* der Römer: das heutige Wels, am linken Traunufer in flacher Gegend (Welser-Haide) die Burg und der Sitz der Grafen des Traungaues, nachmals der angesehenen und mächtigen Grafen von Wels und Lambach, die a. 1090 ausstarben.

Anno 880 stand schon die Kirche (Basilica) des heiligen Johannes, die König Arnulf seinem Hofcaplane Zazko übergab, dieser sie hinwiederum dem Kloster Kremsmünster überliess.

Anno 1056 wird Wels ein Markt (mercatus) genannt, und gehörte dem neugestifteten Kloster Lambach, dann dem Bisthume Würzburg, von welchem es mit der Burg und dem Zollrechte Herzog Leopold VII. von Oesterreich erkaufte; so wurde Wels ein landesfürstlicher Besitz. Bereits a. 1140 bestand die Brücke über die Traun, die in demselben Jahre für die Wanderer mautfrei erklärt wurde: a. 1128, aber ausdrücklicher a. 1222, wird Wels eine Stadt genannt, und ward in der Folgezeit ein bedeutender Stapel- und Handelsplatz. A. 1171 werden die beiden Kirchen zur heiligen Maria (nachmalige, jetzt profanirte Minoritenkirche) und zum heiligen Georg geweiht; a. 1179 erscheint Wels unter den zum Stifte Kremsmünster gehörigen Pfarreien. In der Burg Wels walteten Burggrafen aus angesehenem Landadel, ereignete sich manches historisch Denkwürdige, und am 12. Jänner 1519 verschied darin der ritterliche Kaiser Max I.

Zu Anfang des dreizehnten Jahrhunderts mochten die Herren von Polheim ihren Sitz von der Stammburg zu Polheim (bei Grieskirchen) in die Stadt Wels verlegt, und dort an der westlichen Stadtseite sich das umfangreiche Schloss (Neu-)Polheim erbaut haben. Damals war Wels sicher mit Mauern und Thürmen befestiget. A. 1784 wurden die Minoritenkirche, die Spitalkirche zur heiligen Elisabeth neben dem a. 1554 gegründeten Kaiserspitale, die St. Georgscapelle, die Barbaracapelle, die Kirche zu Bernhardin gesperrt und profanirt, so wie dieses schon früher mit der Pauluscapelle im Schlosse Polheim geschehen war.

Die schöne Lage von Wels war Veranlassung, dass in der Stadt viele adelige Freihäuser, und in der Umgebung freundliche Schlösser und Landgüter entstanden; die früher im Flor gewesenen Zechen beurkunden die ehemalige Wohlhabenheit der hiesigen Zünfte; heutzutage ist Wels eine sehr wohlgebaute Stadt mit lebhaftem Handel, und regsamen Wochenmärkten.

942.

In der Nähe von Wels erlitten die Ungarn durch den bairischen Herzog Berthold bedeutende Niederlagen. a. 942—944; Bernardus noricus versetzt den Einen Schlachtort in die Gegend zwischen Wels und Vorchdorf.

Oefelescriptores
rerum. Bolc. I.
46, 462.
Pachm. annal.
Gemifan.

**788, 993.
Cl. 1056, 1061,
1089.**

Die zweite Burg besassen die Grafen des Traungaues zu **Lambach,** castrum, monasterium;

Lambach, 3 Stunden von Wels, in herrlicher Lage ober dem linken Traunufer.

lav. II. 44.

Graf Arnold II. von Wels und Lambach beschloss, da sein Stamm dem Erlöschen nahe war, sein Schloss, an welches alle Vorüberreisenden einen Zoll zu entrichten hatten, in ein Kloster umzugestalten, und übergab es den Klerikern, a. 1056; dessen Sohn und Erbe Adalbero, Bischof von Würzburg, übergab die Stiftung seines Vaters den Benedictinern a. 1089, liess die Kirche zu Ehren der heiligen Maria und des heiligen Kilian durch den Bischof Altmann von Passau einweihen, und fand bald darauf dort seine Ruhestätte. Vögte des Klosters waren die stammverwandten Ottokare von Steyer. Heutigen Tages ist Lambach eine schöne Abtei und Pfarre; der hübsche, am Vereinigungspunkte wichtiger Strassen von Wels, Salzburg, Steyer, Gmunden und Ried gelegene Ort Lambach erhielt seine Marktfreiheiten zuerst a. 1365. In der Nähe von Lambach befanden sich zur Zeit des Grafen Arnold II. zwei Pfarrkirchen: die obere und die untere; die obere Pfarrkirche stand zu:

*U. B. II. 718, 89.
119.*

*Pritz, Gesch. d.
Landes ob der
Ens, I. 343.*

1032.

Maerabach,

Mehrenbach, drei Viertel Stunden nordwestlich vom Schlosse Lambach; die Kirche zur heiligen Magdalena jetzt demolirt; die untere Pfarrkirche war zu **Mayrlambach (Halberg),** eine halbe Stunde östlich, die a. 1337 in die Nähe des Klosters übersetzt wurde; (die heutige St. Johannskirche im Gottesacker); die Spitalkirche zum heiligen Joseph wurde a. 1805 profanirt.

*Pillweins Haus-
ruckhreis. 301.*

821. **Lampah** *(in pago Ufgauui), fluviolus;*
der unterhalb des Klosterhügels in die Traun mündende
Schwaiger-Bach.

U. B. I. 65.

1160. **Sweige;**
Ober- und Nieder-Schwaig, zwei Dörfer westlich von Lambach.

U. B. II. 306.

1160. **Dorf, Dorf; Scergindorf,** Schörgendorf; **Harda-**
ren, Ober- und Unter-Harrern; **Perckeim,** Bergham; **Gelozingen,** Glatzing; **Seueingen,** Berren-
Schätzing, und Breiten-Schätzing, zwischen Lambach und
Schwanenstadt gelegene Ortschaften.

U. B. II. 306.

1070. **Niunchirchen,** *praedium;*
Neukirchen bei Lambach, früher mit Aichkirchen eine Filiale
von Gaspoltshofen, jetzt Stiftspfarre von Lambach, mit
der Kirche zum heiligen Stephan, die im zwölften Jahrhunderte die „Capelle zum heiligen Laurenz im Weinberge" hiess.

U. B. II. 94.

Pillweins Haus-
ruckkreis. 307.

1103. **Stroheim et Immingin;**
Stroham und Immlag, zwei in der Pfarre Neukirchen gelegene
Dörfer.

U. B. II. 124.

800, 806, 879. **Chaninga** *(in pago Ufgauue);*
Kaufng, eine zur Pfarre Rüstorf gehörige Ortschaft an der Ager.

U. B. I. 58, 61.
U. B. II. 24.

821. **Holzheima** *(in pago Ufgauui);*
Ortschaft Nieder-Holzham bei Schwanenstadt.

U. B. I. 65.

810, 819, 1103.
1061. **Agra, Agre, Agira,** *flurius;*
Ager-Fluss; a) die aus dem Ater-See abströmende grosse
Ager, die bei Lambach in die Traun ausmündet;
b) dann die durch den Atergau fliessende dürre Ager, die
bei Timelkam mit der Veckla sich vereiniget.

Chron. Lunael.
39.
U. B. I. 32.
U. B. II. 90.

Nicht weit von der Ager, in flacher Thalgegend:

788, 819, 1291. **Suanasco, Suanse, Swanns, Schwanns** *(in*
pago Ufgauui), locus et ecclesia;
Schwanenstadt, alte Pfarre zum heiligen Michael, die ehedem Nieder-Thalheim, Hainbuch, Rüstorf (seit 1387 mit

Inv. II. 44.

U. B. I. 64.

Anno vel circa, annum.		Quellen-Citat.

Kirche) und Tesselbrunn zu Filialen hatte; wird a. 1490 ausdrücklich ein Markt genannt, erhielt aber a. 1627 die Rechte und Freiheiten einer Stadt; heutigen Tages ein hübsch gebautes, gewerbrühriges Städtchen an der Strasse von Linz nach Salzburg.

Lychnowsky VIII. Reg. 1411. K. k. g. A.
Pillweins Hausruckkreis. 348.

1145, 1200. Taleheimen, Talheim inferius:

Nieder-Thalheim, Pfarrdorf mit der Kirche zur heiligen Margaretha, und dermals von Gaspoltshofen abhängiges Vicariat, 1 Stunde nördlich von Schwanenstadt; vielleicht jenes Talaheimon, das a. 027 an das Erzstift Salzburg gegeben wurde.

U. B. I. 661.
U. B. II. 482.
lav. II. 127.

1165. Sellingen, villa:

Ober- und Unter-Selling, zwei Dörfer in der Pfarre Pachmanning.

U. B. II. 323.

773, 788, 927, 1070. Pahmanna, Pachmanna, Pachmannen (in pago Ufgauui), villula et capella;

Pachmanning, ehedem eine Filiale der Pfarre Pichel, jetzt eine zum Stifte Lambach gehörige Pfarre zum heiligen Erasmus, nahe an der Strasse von Lambach nach Ried.

lav. II. 21, 32, 42.
U. B. I. 70.
U. B. II. 94.

1110. P. 1160. Gozpoldshoven, ecclesia et parochia;

Gaspoltshofen, uralte Pfarre mit herrlicher Kirche zum heiligen Laurenz, die einst Aichkirchen, Neukirchen, Altenhof, und heute Afnanch und Heft zu Filialen hat.

U. B. I. 508.
U. B. II. 323.

854. Groninpah (locus in pago Ufgauui);

Ober- und Unter-Grünbach, zwei in der Pfarre Gaspoltshofen befindliche Ortschaften am Ursprunge des gleichnamigen Baches; in der Pfarre Gunskirchen ebenfalls eine Ortschaft Grünbach, wo bis a. 1784 eine Kirche zum heiligen Laurenz stand.

U. B. I. 58.

1111. Hefte, Hefft, Haefte, praedium;

Heft, ehemals Schloss und Sitz der Edlen von Hefft [1]), heute Burgstall und Capelle zur heiligen Margaretha.

U. B. II. 130.

1190. Afnanch:

Unter-Afnang, vormaliger Edelsitz, jetzt Ortschaft an der Strasse von Lambach nach Ried, mit der Capelle zum heiligen Jakob.

U. B. I. 589.

[1]) Udiscalcus von Still-Hefte, der Stifter des Klosters Seitenstetten scheint eines andern (tirolischen) Geschlechtes gewesen zu sein.

1255. **Polsinge;**
Polzlag, vormals Schloss der Edlen Anhanger, eine Viertel
Stunde von Geboltskirchen; auch zu **Ober-Bergham**, am
östlichen Rande des Hausruck-Berges, stand ein Schloss,
das der Berghamer, wovon nur Mauerreste ersichtlich sind.

U. B. I. 486.

An der östlichen Abdachung des Hausruck-Berges in
einem Thalkessel:

1180. **Gerbrulteskirch;**
Geboltskirchen, Pfarre zum heiligen Nicolaus.

U. B. I. 292.

1088. **Husruke, Husrugkun, Housrukk,** *mons et silva;*
1110. Hausruck-Wald und Berg, ein hoher, vier Meilen langer, waldbedeckter Bergrücken, den Matichgau vom Traun- und
Ater-Gau, Baiern vom Lande ob der Ens, dann den Inn-
vom Hausruck-Kreise abgränzend.

U. B. II. 118, 125.

Am nördlichen Kamme dieses Berges stand einst das Schloss:

1120. **Husrouke;**
Hausruck, Sitz der Edlen von Hausruck, jetzt nur mehr in
wenigen Trümmern erkenntlich.

U. B. I. 535.

1176—1180. **Starhenbere, Starchenberg,** *castrum;*
Stahremberg, ein ansehnliches Schloss am äussersten Sprossen
des Hausruck-Berges mit herrlicher Aussicht in das Land,
einst der Sitz der Herren, nachmals Grafen von Stahremberg; a. 1379 sammt dem Markte Hag als Lehen von
Passau an die österreichischen Herzoge verkauft; a. 1627
wurde es an das Hochstift Passau wieder gekauft.

U. B. I. 181.
Prits, Gesch. d.
Landes ob der
Ens, II. 62, I. 336.

Kurz,
Albrecht III.,
I. 178.

Am Fusse des Schlosshügels:

1190—1200. **Hage, Hag,** *praedium, forum;*
Hag, ein freundlicher Markt (seit 1379) und Pfarrort an der
Strasse nach Ried; die Pfarrkirche zum heiligen Vitus, so
wie jene des heiligen Aegidius zu Niedernhag, waren chevor
Filialen der eine Stunde nordwärts entlegenen Pfarre zum
heiligen Petrus zu

Kurz,
Albrecht III.,
I. 178.

1130. **Rotenbach,** *praedium.*

U. B. I. 643.

	Eine halbe Stunde von Rotenbach:	Pillweins Haus-
1286.	**Innernsee, Innensee;**	ruckhr. 24, 376.
	Innernsee, Schloss und Stammhaus der Innernseer, die	Hoheneck. III.
	a. 1644 ausstarben.	291.
	Eine Stunde östlich von Hag:	
782, 1190.	**Uuluuari, Wiwaren, Wibaren,** *locus;*	U. B. I. 443, 587.
	Weibern, vor 1740 Filiale von Hofkirchen, dermals Pfarr-	
	vicariat zum heiligen Stephan; eine halbe Stunde südlich	
	davon die Gegend: „in der Weiberau" genannt, wo	Pritz, Gesch. d.
	a. 1626, 1632 die aufständischen Landler-Bauern ein Lager	Landes ob der
	für 9000—12.000 Mann hatten.	Ens, II. 392, 422.
	Weiter östlich:	
1136, 1146,	**Aistersheim,** *praedium;*	U. B. I. 335.
1150.	Aistersheim, einst Landgut und Stammsitz der Ministerial-	U. B. II. 222.
	geschlechtes der von Aistersheim, die zu Anfang des	Wirmobergers
	vierzehnten Jahrhunderts ausstarben, worauf die Hohenfelder	Aistersheim und
	im Besitze folgten; heutigen Tages ein schönes Schloss,	seine Besitzer.
	freundliche Hofmark und hübsche Pfarrkirche zur heiligen	24.
	Maria.	
1255.	**St. Georgii;**	Pillweins Haus-
	St. Georgen bei Tolet, vormals Schloss und die Wiege der	ruckkreis. 356.
	berühmten Edlen von Jörger (Georger), heute nur mehr	Kurz, Beiträge,
	Burgstall und Pfarrkirche.	II. 458.
	Eine Viertel Stunde davon am sogenannten Gaisschädl der	
	Burgstall des Schlosses Schwabeck.	
782.	**Area ecclesiae St. Joannis Bapt. seu ecclesia**	U. B. I. 443.
	St. Johannis *(ad Dratihaha);*	
	Hofkirchen an der Tratnach, ein ansehnlicher Pfarrort mit	
	schöner Kirche, zu welcher einst St. Georgen, Aisters-	
	heim und Weibern als Filialen gehörten.	
1120.	**Stillin, Stille;**	U. B. I. 532.
	Still, eine Ortschaft in der Pfarre Hofkirchen; vielleicht ist	
	hier das Stammhaus der Herren von Stille zu suchen?	
1110.	**Heglinheim,** *praedium;*	U. B. I. 136.
	Ober- und Unter-Höglham, in der Pfarre Wendling gelegene	
	Ortschaften.	

Jahr		Quellen-Citat.
1088, 1120, 1140.	**Ruthe, Riute, Rolte,** *praedium*; Das heutige fürstlich Auersbergische Schloss **Rolt** an der Tratnach.	U. B. I. 353, 125. U. B. II. 190.
785.	**Ecclesia in loco Dratlhaha** *(in pago trungoune)*; wahrscheinlichst das **Taufkirchen an der Tratnach,** heute Pfarre zum heiligen Martin, vormals die Mutterkirche von Kalham.	U. B. I. 444.
782, 815, 1088.	**Dratinaha** *(in pago trungoune),* **Dratlhaha, Dratina, Trahtina,** *aqua, rivus;* das **Tratnach-Flüsschen,** am Hausruck-Berge, rückwärts von Geboltskirchen entspringend, und unweit Wallern mit dem Innbache sich vereinigend.	U. B. I. 443, 444, 461. U. B. II. 118.
1120, 1160, 1200.	**Calheim, Kalwenheim, Chalheim,** *praedium*; **Kalham,** ehemals Sitz der Edlen von **Kalheim,** heutigen Tages ein bedeutender Pfarrort mit schöner Kirche zur heiligen Maria, die einst Peting, Neumarkt, Wendling mit Zupfing zu Tochterkirchen hatte, heute nur noch Kimpling; war eine Zeit lang die Dotationspfarre für den jeweiligen Weihbischof von Passau.	U. B. I. 353, 374.
1350.	In der Nähe: **Erlaha;** **Erlach,** Schloss, einst von den Schaunbergern, dann von den Jörgern besessen.	Pillweins Hausruckkreis. 238.
1230.	**Sammolting;** **Ober-, Mitter-, Unter-** und **Lang-Sammeting,** in der Pfarre Kalham gelegene Ortschaften.	U. B. I. 700.
1220.	**Novum forum;** **Neumarkt,** Marktflecken und Pfarre zum heiligen Florian, an der dürren Aschach und an der Strasse von Riedau nach Wels gelegen.	U. B. II. 612.
1161.	**Peting;** **Peting, Pöting,** Pfarrort mit der a. 1160 geweihten Kirche zum heiligen Kreuze, an der dürren Aschach.	Pillweins Hausruckkreis. 263.

Anno vel circa annum.		Quellen-Citat.
1120.	**Prambach;** **Prambäckhof;** hier soll das Stammhaus der Herren von Prambach gewesen sein.	U. B. II. 312.
1150, 1161.	**Michilpach;** **Michelnbach,** ehemaliger Edelsitz, und Filiale von Peuerbach, heute Pfarre zum heiligen Michael, zwischen Waizenkirchen und Grieskirchen gelegen.	U. B. I. 569. U. B. II. 312.
1140, 1120 — 1246, 1190, 1260, 1289.	**Wasen, Wasin,** *curia;* **Wasen,** einstiger Edelsitz der Herren von Wasen, heute Ortschaft an der faulen Aschach in der Pfarre Peuerbach, in welcher ausserdem Freie und Edle von Stegen, Peurbach, Steinbruck, Asinge, Ripperg, Waiding, Hub, Wiharn, Nussbaum etc. sassen.	U. B. II. 100. U. B. I. 598, 599, 577, 649, 536, 375, 703.
1120, 1123, 1150. P. 1211, 1270.	In einer tiefen Thalniederung, an der Strasse von Linz nach Baiern: **Piurpah, Puerpah, Peurbach, Pürbach, Piwerbach,** *ecclesia et parochia;* **Peuerbach,** ein alter, ansehnlicher Markt, durch den Grafen Ulrich II. von Schaunberg a. 1367 mit Ringmauern und Gräben umgeben; alte Pfarre zum heiligen Martin, die einstmals Michelnbach und St. Thomas (Aspetskirchen) zu Filialen hatte; neben der Pfarrkirche befindet sich die Frauencapelle; das vordem umfangreiche Schloss hatten lange Zeit die Schaunberger inne, heute im Besitze des Fürsten Bathiany-Strattmann; das Bürgerspital wurde a. 1559 gestiftet.	U. B. I. 507, 530, 679. U. B. II. 532. Chron. Lunael. 157. Pillwein Hausruckkreis. 339.
1211.	**Edelinspach;** **Ober-** und **Unter-Erlefnsbach,** Ortschaften in der Pfarre Peuerbach.	U. B. II. 532.
1211.	**Trostlinspach;** **Ober-** und **Unter-Tröstlensbach,** zwei Ortschaften in der Pfarre Naternbach.	U. B. II. 532.
1156.	**Roten-Salah,** *silva, fluvius, palus;* die **Sallät-Waldung** zwischen Peuerbach und St. Willibald, ein nach Süden auslaufender Zweig des grossen Passauer-Waldes, der, so wie er früher den Traungau vom Matich-Gau abgränzte, auf dem Reichstage zu Regensburg	Pritz, Gesch. d. Landes ob der Ens, I. 261.

a. 1156 (11. September) als Gränzmarke zwischen dem neuen Herzogthume Oesterreich und dem Herzogthume Baiern bestimmt wurde, und im weiteren Sinne das bis an die Donau sich hinziehende Waldgebirge in sich begriff.

777. **Antalonga fluenta**, *rivus*;

der **Antlang-** oder **Leiten-Bach**, der, nachdem er den a. 777 urkundlich erwähnten **Auninpah** (Au-Bach) aufgenommen hat, unterhalb Waizenkirchen in die Aschach fällt.

U. B. II. 1.

1170. **Huginperge, Hugenberg;**

Iuagberg, auf einem gegen Westen gähe abfallenden Höhenzuge, zwischen Peuerbach und Neukirchen (am Walde) gelegene Ortschaft in der Pfarre Naternbach; einst der Stammsitz der Edlen von **Hugenberg**.

U. B. I. 581.
Inl. Strnadt.
Landgericht
Velden, p. 129.

1161, 1190.
P. 1200, 1211. **Nordernpach**, *ecclesia et parochia*;

Naternbach, alte Pfarre zur heiligen Margaretha, am gleichnamigen Bache, die in früherer Zeit die Kirche zum heiligen Johannes Baptist in Neukirchen zur Filiale hatte.

U. B. I. 602.
U. B. II. 322,
312, 645.

Oestlich davon, hochgelegen:

1200, 1300. **Neunchirchen, Niwenchirchen**, *forum*;

Neukirchen am Wald, Marktflecken (seit 1518) und Pfarrexpositur von Naternbach mit der Kirche zum heiligen Johannes den Täufer; nördlich davon das Schloss **Spätenbrunn** und die Kirche St. Sixt.

U. B. I. 604.
Inl. Strnadt.
Landgericht
Velden. 172.

1088. **Kezelar-silva, Kezelar-Wald;**

Kessla-Wald, ein Abläufer des Passauer-Waldes, zu beiden Seiten des Kessla-Baches sich hinziehend.

U. B. II. 118.

906, 1146. **Sylva Passaviensis, silva patavia;**

Passauer-Wald, zunächst jener Waldrücken, der sich zwischen der oberen und niederen Kessla, und von Vichtenstein südwärts bis zur Sallät erstreckt; im weiteren Sinne die ganze Waldgegend von Passau längs der Donau herab, daher die Gegend annoch: „im Wald" heisst.

U. B. I. 279.
U. B. II. 54.

777. **Chezinhaha;**

Unterer Kessla-Bach, der sein Gewässer im Kezelar-Wald sammelnd, oberhalb Wesenufer in die Donau stürzt; der **obere Kessla-Bach**, aus den westlichen Abhängen des

U. B. II. 1.

Passauer-Waldes herabkommend, fällt zwischen Freinberg und Esternberg in die Donau; beide führten einst Perlen.

Von Bergen eingeengt, hart am Ufer der Donau hingebaut:

1060. P. 1227. Engelhartescelle;

U. B. II. 668.

Engelhartszell, das seine Entstehung als Hofmark und Kirche den passauischen Bischöfen verdankt; a. 1227 wird es bereits als Pfarre genannt, und erhielt c. a. 1555 vom Kaiser Ferdinand I. die Marktprivilegien. Die vormalige Pfarrkirche zu Ehren der seligsten Jungfrau Maria dient jetzt als Filial- und Gottesacker-Kirche. Engelhartszell ist eine wichtige Zoll- und Einbruchstation für alle nach Oesterreich fahrenden Schiffe.

Pillweins Haus-
ruckkreis. 249.

Eine Viertel Stunde unterhalb des Marktes:

1293. Engelszelle, Cella Angelorum, *monasterium;*

Hoheneck, Gen.
I. 84 — 88.

Engelszell, eine vom Bischofe Bernhard von Prambach in Passau gestiftete Cistercienser Abtei, die ihre ersten Mönche aus dem Mutterkloster Wilhering erhielt, und der nebst anderen Stiftungsobjecten die Hofmark und Pfarre Engelhartszell, später die Pfarren St. Aegidi und Schönhering (1326) nebst Filialen einverleibt wurden. Anno 1786 geschah die Auflösung des Stiftes, dessen Gebäude dermals im Besitze des bairischen Fürsten von Wrede sind. Die schöne Stiftskirche zu Ehren der seligsten Jungfrau Maria ist nun Pfarrkirche.

Auf der Donauleiten:

1293. St. Aegidii,

Pillweins Haus-
ruckkreis. 249.

St. Aegidi, Pfarre, die ehemals zum Stifte Engelszell gehörte; eine halbe Stunde entfernt auf einem schroffen Felsen zeigt man den sogenannten Burgstall als die Ruine eines Schlosses, dessen Materiale a. 1550 zum Baue der nun ebenfalls in Ruinen liegenden St. Pancratius-Kirche verwendet wurde.

1140. Ode, Oede;

U. B. I. 658.
Hoheneck, Gen.
239, 240.

Ödt, Ortschaft in der Pfarre Waldkirchen, wird für das Stammhaus der Herren von Oedt gehalten.

1264. Alchperch;

U. B. I. 506.

Alchberg, Schloss und Landgut, unweit Waldkirchen am Wesen.

Anno vel circa annum.		Quellen-Cital.

1075, 1125 —
1190, 1264.

Wesen, Wesin, Ober-Wesen, Wesenberg,
cantrum, Purchula;

U. B. II. 115

Wesen, Wesenstein, Schloss und Stammsitz der ansehnlichen
Herren von Wesen, Lehenmänner von Passau, die
a. 1305 ausstarben; heutigen Tages eine grossartige in
das Donauthal hinabstarrende Ruine, nahe am Pfarrorte
Waldkirchen, dessen Pfarrkirche zum heiligen Nicolaus
die Schlosscapelle gewesen sein soll. Eine halbe Stunde

U. B. I. 541, 506,
392, 394.

J. Strnadt, Land-
gericht Velden.
171, 172.

1264.

abwärts hart am Donaugestade stand das Schloss Nieder-
Wesen, ebenfalls im Besitze der Herren von Wesen, heute
das Bräuhaus im Markte Wesenufer.

777.

Ascituna, Ascidunna, *locus,* etwa das a. 1220 vor-
kommende **Eschetunowe;**

U. B. II. 1.
U. B. II. 612.

Eschenau, in der Pfarre Neukirchen am Wald gelegene Ortschaft; hierunter mag auch jene Gegend begriffen sein, die
von der Aschach, von der Ellapoga an, bis zur Sneata
Antalenga, dann vom Aaulapach, vom Rücken des Hegi-
pergs (Hagen-Berges), von der Chesinhaha (Kessla-Bach),
von der Donau, und vom Hai-Bache umschlossen ist, und
an die Kirche des heiligen Emmeram zu Regensburg
geschenkt worden ist.

U. B. I. 600.
Notizenblatt
1661, Nr. 18;
1852, Nr. 5.

1228.

Widenholz;

U. B. II. 672.

Weidenholz, Schloss an der Aschach, nahe am Markte Waizenkirchen, das Stammgut der Weidenholzer.

985, 1000.

Walcenchirchen, Wazenchirchen, *ecclesia et
parochia;*

U. B. I. 334, 472,
578.

1150. P. 1179.

Walsenkirchen, etwa das alte Vialmanni, ansehnliche Pfarre
zum heiligen Petrus und Paulus, die Prambachkirchen,
Heiligenberg und St. Agatha zu Filialen hatte; seit 1593
Markt, am rechten Ufer der Aschach, und an der Reichsstrasse nach Baiern.

Eine und eine halbe Stunde östlich, in der Pfarre Prambachkirchen:

1215, 1218.

Dahsperch, Dachsperge;

U. B. I. 289.
U. B. II. 396.

Dachsberg, Schloss und Wiege der Dachsberger. In der
Nähe finden sich die Ortschaften: Prambachkirchen, Ober-
und Unter-Prambach, Schurrer-Prambach, Prambacher-
holzhäuser, die darauf hinweisen, dass hier die Herren

von Prambach begütert waren; a. 1293 kam dieses
Familiengut durch den Bischof Bernhard von Prambach an
das von ihm gegründete Kloster Engelszell. In der Nähe
hatten die Herren von Gallheim ihren Stammsitz.

1126. **St. Agathae,** *ecclesia;*
Die Pfarre St. Agatha in hoher freier Lage; nach einer am
Kirchenfenster angebrachten Jahreszahl soll die Kirche
a. 1216 erbaut worden sein.

1150. **Hajbach, Halbach,** *locus;*
Die jetzige Pfarre Halbach zum heiligen Ulrich, vormals Filiale
von Hartkirchen.

777. **Helhinpah,** *rivulus;*
Hal-Bach, der mit dem Schlägen-Bach **(Suleginpah)**
vereiniget, bei der Ortschaft Schlägen in die Donau stürzet.

Am linken Aschachufer, am Kamme eines steilen Bergkegels:
1145. **Stoph, Stouphe,** *castrum;*
Stauf, ein den Schaunbergern gehöriges Schloss, heute Ruine.

Weiter abwärts an der Aschach:
1140, 1190. **Hilteringen, Hiltigeringen,** *villa;*
Hilkering, eine zur Pfarre Hartkirchen gehörige Ortschaft mit
der Kirche zum heiligen Johannes Baptista.

1235. **Stroheim;**
Stroham, Pfarrdorf in hoher Lage, mit der Kirche zum heiligen
Johannes, a. 1235 (?) als Filiale zu der Johanniter-Ordens-
Commende Mailberg gestiftet.

Auf einem vorspringenden Felsen der Hügelreihe, die sich
von der Donau her, im Halbkreise gegen Eferding hinzieht, eine
Stunde nordwestlich von dieser Stadt:
1150, 1161, **Seüenberg, Schowenberc, Scouvinberche,**
1170. **Scomberch, Scowenberg, Schauenberg,**
Schaunberg, *castrum;*
Schaunberg, Schloss, das als ein herrlicher Lug ins Land in
das wunderschöne Donauthal, und in die Bergkette des
Mühlkreises, dann hinsichtlich seiner Festigkeit und Gross-
artigkeit kaum ein anderes seines Gleichen hatte, für dessen
Erbauer zweifelsohne der edelfreie Bernhard von Julbach (am Inn bei Braunau), der durch Heirat mit Benedicta,

der Erbtochter der in männlicher Linie erloschenen Herren
von Aschach, in den Besitz deren ansehnlichen Allodien an
der Donau, Aschach, Kessla, Inn etc. gekommen war,
gehalten werden muss, und der, wie seine Nachkommen,
sich nicht mehr nach der Veste Julbach, sondern nach der
neuen Veste, Herr von S c h o w n b e r c h, S c h a u e n b e r g
nannte. Zu dieser bedeutenden Erbschaft wussten die
Schaunberge von den Kirchen Passau, Bamberg etc. viele
Lehen und Pfandschaften an sich zu bringen, so dass sie
ausser ihrer Hauptburg und der beträchtlichen Maut zu
Aschach, die Festen: Stauf, Eferding, Peuerbach, Erlach,
Frankenburg, Kogl, Kamer, dann Neuhaus, Waxenberg, inne
hatten. So wie die Schaunberge selbst reichsfrei waren,
ebenso bildete sich aus ihrem umfangreichen Besitze mitten im
Lande ob der Ens ein reichsunmittelbares Gebiet (S c h a u n-
b e r g e r Ländchen) und nur nach schweren Kämpfen
(a. 1380 bis 1383 konnten sie zur theilweisen Unterwer-
fung unter die Landeshoheit der österreichischen Herzoge
gezwungen werden. Es hatten sich die Herren (Grafen) von
Schaunberg so vielfach durch ihre Stellung in hohen Aemtern,
als muthige Helden, als fromme Stifter und Wohlthäter
ausgezeichnet, aber ihre Macht, ihr Reichthum verleitete
sie aber auch zu Gewaltthätigkeiten und zur Widerspänstig-
keit, daher die hartnäckige Belagerung ihrer Burg durch
den österreichischen Herzog Albrecht III. (1380), um
deren Trotz zu brechen.

Anno 1402 sass König Wenzel von Böhmen auf dieser
Burg einige Zeit in gefänglicher Haft.

A. 1559 starben die Schaunberger aus; ihre Besitzungen
und Schlösser kamen theilweise an die Stahremberger. Die
Schlosscapelle war zu Ehren der heiligen Petrus und Paulus
geweiht. Heute schaut diese Prachtruine mit ihren Thürmen noch
stolz herab in das friedliche Aschthal, als ein Denkmal entschwun-
dener Grösse!

J. Stülz, Abstam-
mung der Herren
von Schaunberg.
21. Musealbe-
richt, Linz, 1861,
5—10.

Pritz, Gesch. d.
Landes ob der
Ens, II. 66, 84.

In der Thalebene an der Aschach:

898.

Hartchirihha, *ecclesia et locus in comitatu Liupoldi
comitis;*

Hartkirchen, Pfarre mit schöner Kirche zum heiligen Stephan,
zu welcher ehemals Aschach, Haibach und Stroham als
Tochterkirchen gehörten.

U. B. II. 44.

Hart am Gestade der Donau:

777, 791, 800, 802, 1094, 1110.

Aschaha, Ascaha, Aschach, Ascha, *locus in pago Drun-gaae, muta;*

U. B. I. 58, 68, 541, 627, 629.

Aschach, vormals ein Ort, mit ausgedehnten Weinbergen umgeben, aus denen zahlreiche Schenkungen an Klöster und Kirchen gemacht wurden; Stammsitz der edelfreien Herren von Aschach, von denen die Schauenberger in weiblicher Linie abstammten. Diese hatten dahier zur Einheischung des Durchfahrts- und Ueberfahrtzolles eine einträgliche Zollstätte, an welcher eine beträchtliche Anzahl von Kirchen und Klöstern Mautbefreiung genoss; heutigen Tages ist Aschach ein ansehnlicher belebter Markt, dem a. 1512 seine Marktfreiheiten bestätiget wurden. Die Kirche, a. 1490 gebaut, ist dem heiligen Johannes dem Täufer, und dem heiligen Nicolaus geweiht; ausserdem noch die Spitalkirche zum heiligen Laurenz. Das schöne Schloss ist ein Eigenthum der Grafen von Harrach. Die Donau, hier aus den Bergen tretend, beginnt einen weitgedehnten Archipelagus zu bilden. Die rückwärts von Aschach gelegene, von zahlreichen Rebhügeln umsäumte Gegend hiess und heisst im Aschach-Winkel, **Aschauuinchele, Aschawinchilen.**

U. B. II. 3, 5, 7.

U. B. II. 164.

1125, 1190.

U. B. I. 587.

Am rechten Ufer der Aschach:

994.

Puppinga, *locus;*

Prilz, Gesch. d. Landes ob der Ens, II. 660, 670, I. 337.

Papping; daselbst stand die Capelle zum heiligen Othmar, in welcher der heilige Wolfgang, Bischof von Regensburg auf einer Visitationsreise den 31. October 994 starb.

Anno 1478 stifteten die Grafen von Schauenberg dahier ein Franziskaner-Kloster, und liessen a. 1490 die Kirche zu Ehren der heiligen Othmar und Wolfgang feierlich einweihen. A. 1570 wurden die Mönche vertrieben, doch wieder a. 1621 restituirt. A. 1784 wurde das Kloster aufgehoben, dann niedergerissen, und weder von der Kirche, noch vom Kloster ist eine Spur mehr vorhanden.

Weiter abwärts ist die Ausmündung des Aschach-Flässchens in die Donau:

777, 791, 802, 1050, 1073.

Die **Aschach, Ascha, Aschaha, Ascaha, Ahsa,** *rivus, fluvius;* [1]

U. B. II. 3, 5, 7, 86, 100.

[1] Die Ableitung etwa von: Asc Esche, und aha, ach, Sumpf.

Sie bildet sich aus den Zusammenflüssen der dürren und
faulen Aschach, und der *fluenta Antalonga* (Leiten-Bach),
windet sich durch die sogenannte Kropfleiten, und macht,
unweit Haibach, eine starke, ellenbogenförmige Beugung,
daher die Benennung: *Elinpoga.*

777. — U. B. II. 1.

Etwa eine halbe Stunde unterhalb Eferding nimmt die
Donau die Gewässer des

782, 1088. — Inn-Baches, **Inone aqua, Innen,** *rivus,* **Inna,** — U. B. I. 443.
fluviolus, auf; dieses Flässchen sammelt sich aus mehreren — U. B. II. 118.
aus der Gaspoltshofen enteilenden Bächen, und verstärkt
sich bei Wallern mit der Trutnach und der Polsenz.

Zwischen beiden Flässchen in schöner, fruchtbarer Ebene,
an der Reichsstrasse von Linz nach Baiern:

1075, 1190, **Evirdingen, Everdingen,** *locus, oppidum, civitas,* — U. B. I. 95, 487.
1210. *castrum;*

Eferding, von den Bischöfen von Passau erbaut, erweitert, — U. B. II. 104.
mit Mauern umgeben, wurde später, sammt Schloss den
Schauenbergern zu Lehen gegeben; a. 1159, ausdrück- — Pillweins Haus-
licher aber a. 1210, wird es eine Stadt genannt, heutigen — ruckkreis. 241
Tages ist Eferding eine freundliche Landstadt; unter den — bis 244.
Gebäuden zeichnen sich die schöne fürstlich Stahrem- — Niebelungen L.
bergische Residenz, die majestätische Pfarrkirche zum heil. — 21. Avent. 1352.
Hippolyt (a. 1451 gebaut) und das a. 1325 gestiftete
Schifferische Spital mit der altdeutschen Kirche zur heiligen
Maria, vorzüglich aus.

1162. **Tubenprunnen,** — U. B. II. 317.
Taubenbrunn, in der Pfarre Eferding gelegene

1140. **Rudleiching,** *superius et inferius;* Ortschaften. — U. B. I. 334.
Ober- und Unter-Ruedling,

1050. An der Polsenz, **Palsenze,** *Rivulus, fluviolus,* — U. B. II. 261.
1051, P. 1198. **Ecclesia St. Mariae ad Palsenze,** *parochia;* — U. B. II. 261.
St. Marienkirchen an der Polsenz, ansehnliches Pfarrdorf, und
eine dem Stifte St. Florian einverleibte Pfarrei; unweit
davon stand die Kirche des heiligen Jakob am Stein, die
circa a. 1720 abgebrochen wurde.

1130, 1140. **Palsenze,** *praedium;* — U. B. I. 543.
die Ortschaft Polsenz, in der Pfarre St. Marienkirchen; längs — U. B. II. 189.
dieses Thales gab es ehedem Weinberge.

Anno wi circa annum.		Quellen-Citat.
1150.	Nahe am Inn-Bach: **Porcehelm**, *praedium*; Parsham, zur Pfarre Wallern gehörige Ortschaft.	U. B. II. 483.
1142.	**Seonau**, am Schallenbach, Schönau bei Wallern, war bereits a. 1142 eine dem Kloster Mondsee einverleibte Kirche und Pfarre zum heiligen Petrus.	U. B. II. 200.
815, 1030. P. 1150.	**Aduualdi, juxta aquam Dratihaha,** *locus et ecclesia,* **Waldarn, Waldarun,** *praedium*; Wallern, seit a. 1150 dem Stifte St. Florian einverleibte Pfarre und Kirche zum heiligen Florian, zwischen Wels und Grieskirchen; die Allerheiligen-Capelle, und die Kirche des heiligen Ulrich zu Breitwiesen sind demolirt.	U. B. I. 464, 473.
1286.	**Geltingin,** Gelting, Stammhaus der Herren von Gelting auf Haiding, heute Ortschaft in der Pfarre Wallern.	U. B. II. 505.
1260.	**Haiting,** Haiding, Schloss der Herren von Gelting, jetzt im Verfalle.	U. B. des Stiftes Kremsmünster. 131 not.
985, 1160.	**Chrenginpach, Chrengelbach,** Krengelbach war a. 1223 eine ecclesia baptismalis; eine Filiale zuerst von St. Marienkirchen, dann von Wallern, heute eine dem Stifte St. Florian einverleibte Pfarre und Kirche zum heiligen Stephan; a. 1160 kommt das *praedium* **Hungersperch** vor.	U. B. I. 355, 472. U. B. I. 356.
1110, 1120.	**Smidingen,** Schmiding, Schloss unferne von Krengelbach, eine und eine halbe Stunde westlich von Wels.	U. B. I. 532, 533. U. B. II. 132.
1160.	**Gismutshaim,** *villa*; Gelsensheim, am Inn-Bache, in der Pfarre Pichel gelegene Ortschaft.	U. B. I. 356.
P. 1088, 1134, 1139.	**Puhel, Puheln, Puhil, Puhiln, Puhele,** *parochia cum decimatione, praedium*; Pichel, eine alte Pfarre zum heiligen Martin, zu welcher ehemals	U. B. I. 045. U. B. II. 107, 118.

Pachmanning, Pennewang, Offenhausen und Steinerkirchen
als Filialen gehörten; war auch der Sitz der Edlen von
Pühel;

Nördlich davon im Thale der Trattnach:

1150. **Sluzzelberch,**
U. B. I. 95.

Schlüsselberg, verfallendes Schloss und Stammhaus der
Schlüsselberger; daselbst stand die Wiege des
berühmten österreichischen Geologen J. Georg Adam Freiherrn von Hoheneck (a. 1669). Unweit davon der
Burgstall des ehemaligen Schlosses **Trateneck.**

630, 686, 1110, **Tegirinpah, Tegernbach,**
U. B. I. 438, 470,
1140.
630, 288.

Tegernbach, Stammhaus der Herren von Tegernbach, das
Hoheneck. II.
dann an die Schauenberger, Stahremberger und Polheimer
785.
gedieh; von dem Schlosse ist nur die Lagerstelle übrig,
denn es wurde a. 1514 — 1515 nach Pars übertragen,
und dieses Neu-Tegernbach genannt.

Eine Viertel Stunde nordöstlich von Grieskirchen in einem
Thale:

1150, 1170. **Porz, Porzze, Porce,** *praedium;*
U. B. I. 563, 677.

das heutige Schloss Pars, im Besitze der Grafen von Weissen-
wolf.

1110, 1120. **Pollenheim, Pollhaim,**
U. B. I. 332, 533.
U. B. II. 132.

Polham, vormals Schloss und Stammhaus des berühmten Edel-
geschlechtes der Polheimer, die sich in die Linien
Polheim-Wels-, Leibnitz- und Wartenburg theilten. Schon
a. 1353 war vom Schlosse nur mehr der Burgstall
(zunächst des Polheimer-Waldes) vorhanden; eine Viertel
Stunde südlich von diesem kegelförmigen Schlosshügel liegt
das Pfarrdorf Polham, mit der Kirche zum heiligen Laurenz,
ehemals Filiale von Grieskirchen, vielleicht auch der einstigen Burgcapelle.

1140. **Welingen,**
U. B. I. 353.

Wödling, Ortschaft der Pfarre Grieskirchen mit der Kirche
zum heiligen Ulrich.

A. 1225 geschieht auch Erwähnung der Orte: **Chuchen-**
U. B. II. 634.
dorf, Kickendorf und **Winchil,** Winkel.

Unferne von Grieskirchen, auf einer mässigen Anhöhe:

1170, 1183.

Tolet, Tollet,

Tolet, einst Sitz der Toleter, dermals ein hübsches Schloss, und eine Zierde des Trattnach-Thales.

U. B. I. 678.
U. B. II. 384.

P. 1075, 1120,
1140, 1161.

Griezkirchen, Grizkyrchen, *ecclesia cum deci-*
matione, parochia;

Grieskirchen, alte Pfarre zum heiligen Martin, die a. 1075 dem Kloster St. Nicola bei Passau übergeben und einverleibt wurde, und bis a. 1803 Klosterpfarre blieb.

A. 1327 war Grieskirchen schon ein Markt, und erhielt a. 1613 die Privilegien einer Stadt; heute ist Grieskirchen ein freundliches, längs der Trattnach hingebautes Städtchen an der Strasse von Wels nach Riedau und Passau [1]). Die St. Maximilianscapelle, von den Jörgern erbaut, wurde demolirt.

U. B. I. 539, 558.

U. B. II. 104, 107,
314.

Drei Viertel Stunden südlich:

1111, 1120, 1180.

Gailspach, Geilspach, Gailesbach, Gaellspach, Galspach, *curia;* [2])

Galsbach, Schloss und Stammsitz der Edlen von Galsbach, später der Geymann; a. 1344 wurde die nach Grieskirchen gehörige Filiale der heiligen Katharina zur Pfarre, a. 1439 der Ort zum Markte erhoben.

U. B. I. 534.

U. B. II. 141, 353.

1120.

Menginhouen,

Megenhofen, einstiger Edelsitz der von Mengenhofen, wovon die ringförmige Lagerstelle noch ersichtbar ist; heute Pfarre zum heiligen Martin am Wild-Inn-Bache.

U. B. I. 533.

Drei Viertel Stunden südwärts von Megenhofen:

1195.

Inne, Schloss und Sitz der Herren von Inn, davon nur der Burgstall vorhanden ist; zu Wilhelmsberg stand ehedem die Capelle der heiligen Barbara.

U. B. II. 452.

1180, 1249.

Steininkirchen, Steinehirehen,

Steinerkirchen am Innbach, seit 1713 Pfarrexpositur zur heiligen Maria, vormals Filiale von Pichel, an der Strasse von Wels nach Hag.

U. B. I. 581.
Fils, Gesch. v.
Michelbeuern.
762.

1096, 1140,
1161.

[1]) Grieskirchen war auch das Stammhaus eines eigenen Geschlechtes der Grieskircher.
[2]) Von Gal, Gail, Sumpf, Schlamm, Bach, kleines Gewässer.

U. B. I. 558, 176
U. B. II. 314, 471.

Anno vel circa annum			Quellen-Citat.

Südlich am Grün-Bache:

1140. **Offenhusen,**
Offenhausen, ehemals eine Filiale von Pichel mit der Kirche des heiligen Stephan, wird a. 1437 eine Pfarre genannt; a. 1534 wurde der Ort zum Markte erhoben. In der Nähe die Lagerstelle des Landgutes Roos.

U. B. II. 554.

Eine Viertel Stunde entfernt:

1120. **Wirtingen,** *praedium;*
Das heutige Schloss Würting.

U. B. I. 531.
Pritz, Gesch. d. Landes ob der Ens. I. 353.

877. **Beuninwanch,**
Pennewang, Pfarrvicariat zum heiligen Bartholomäus, vordem Filiale von Pichel.

U. B. II. 19.

1000. **Preltinouua,**
Breitenau, ein zum Kloster St. Peter in Salzburg gehöriges Schloss und Landgut, im Pfarrbezirke Pennewang.

Inv. II. 289, 311.

In der Traunebene:

820, 1070. **Kundeschirichun, Gundeschirchen,** *ecclesia et*
P. 1088. *parochia cum decimatione;*
Gunskirchen, alte Pfarre zum heiligen Martin. Wie die zu Grünbach bestandene Capelle zum heiligen Laurenz, so wurde auch die zu Föhrenreut befindliche Capelle zur heiligen Margaretha in neuerer Zeit niedergerissen; c. a. 1680 standen zu Kapling die Mauerreste eines Kirchleins. Unferne das Schloss Irrenharting.

U. B. I. 64.

U. B. II. 94, 118.

1140. **Volspach,**
Valsbach, Sitz der Edlen von Volsbach, heute Ortschaft mit einer nach Gunskirchen gehörigen Marienkirche.

U. B. II. 190.

1196. **Puchperch, Puehberge,**
Puchberg, heute Schloss in herrlicher Lage, eine Stunde nördlich von Wels.

U. B. II. 446.

1125. **Perwind, Berewiniden, Perbind,**
Ober-Perwind, Ortschaft in der Pfarre Buchkirchen, mit einer Capelle zum heiligen Nicolaus, die a. 1167 erbaut, a. 1787 aufgelassen wurde; Mitter- und Unter-Perwind, in der Pfarre Marchtrenk gelegene Ortschaften.

U. B. I. 147, 150.
U. B. des Stiftes Kremsmünster. 276.

Anno vel circa annum.		Quellen-Citat.

1158. **Bruseinken, Preschingen,**
Ober- und Nieder-Priesching, Ortschaften in der Pfarre Holzhausen.

U. B. II. 277.

1130. **Holzhusa, Holzhusen,**
Holzhausen, Pfarrort mit der Kirche zum heiligen Vitus, in der Welserhaide gelegen.

U. B. I. 477.

1170, 1196. **Mistilpach,**
Mistelbach, Schloss und Sitz des Edelgeschlechtes von Mistelbach, später den Schaunbergern gehörend; am Schlosse die Capelle zur heiligen Margaretha, die früher dem heiligen Johannes Bapt. geweiht war, und die Mutterkirche von Buchkirchen gewesen sein soll?

U. B. II. 344, 453.
U. B. des Stiftes Kremsmünster. 376.

Eine und eine halbe Stunde von Wels entfernt:

1130. P. 1179. **Puechchirichen, Puhchirchen,** *ecclesia et parochia;*
Buchkirchen, eine dem Stifte Kremsmünster (seit 1218) einverleibte Pfarre, mit der Kirche zum heiligen Jakob d. Gr., die a. 1130 erbaut wurde; schon a. 1179 wird Buchkirchen als Pfarre aufgeführt.

U. B. II. 365.
U. B. des Stiftes Kremsmünster. 376.

Am rechten Ufer des Inn-Flüsschens, in der Pfarre Scharten:

1070. **Vinchenhaim, Vinchenhaemen,**
Finkelham, ehemals der Sitz der Edlen von Finkenheim.

U. B. I. 681.
U. B. II. 352.

1190. **Scharten, Scarta,**
Scharten, Pfarrort, mit einer von den Schaunbergern a. 1506 erbauten Marienkirche, in der Höhe des Scharten-Berges zwischen Wels und Eferding.

U. B. II. 365.

1264. **Freiheim, Frahm;** ⎫
1225. **Raffoltinge, Rafeldisg;** ⎬ Ortschaften am rechten Ufer des Innflüsschens, zur Pfarre Eferding gehörend.
1233. **Tratwerde, Tratwörth;** ⎭

Gesch. des Kl. Wilhering von Reisecher. 24.
U. B. II. 483, 636.

777, 791, 802, **Allinchhofa, Allinchoua, Allenchouen, Allinchoven,** *villa publica, ecclesia et parochia;*
1075. Alkoven, Alkofen; Pfarrort mit der Kirche zur heiligen Margaretha, im schönen Donauthale, an der Reichsstrasse von Linz nach Baiern; a. 777 wird die villa publica zu Allinchofa dem Kloster Kremsmünster, und a. 1075 die

U. B. I. 385.
U. B. II. 3, 5, 7, 104, 107.
U. B. des Stiftes Kremsmünster. 3.

Kirche und Pfarre dem Kloster St. Nicola übergeben. Im zwölften Jahrhunderte sassen daselbst eigene Edlinge von Allenchoven.

Unweit davon:

1075, 1120.	**Hartheim,** *curia;*	U. B. II. 107.
	Hartheim, Schloss und Sitz der Edlen von Hartheim, heute im Besitze des Fürsten von Stahremberg; auf der Anhöhe die zu Alkoven gehörige Filialkirche Annaberg [1]).	U. B. I. 535.
985, 1094. P. 1159.	**Sconheringa, Schonheringen,** *ecclesia et parochia cum decimatione;*	U. B. I. 472, 627.
	Schönhering, Pfarre zum heiligen Stephan, die a. 1326 mit den Filialen (Kirchberg, Axberg, Ternbach) an das Kloster Engelszell übergeben wurde; im eilften Jahrhunderte gab es Edle von Schonheringen.	U. B. II. 368, 415.
1130, 1140.	**Edramsperge, Ederannesperge,** *praedium;*	U. B. II. 292, 477.
	Edramsberg, Ortschaft nicht weit von Schönhering; das dahier befindliche Schloss wurde a. 1477 zerstört.	

Am Fusse des waldigen Kürnberg, am Gestade der Donau:

985, 1050, 1122, 1146, 1147.	**Williheringa, Willeheringen, Wilheringen, Hilaria,** *locus decimarum ad Sconheringa, castrum, monasterium;*	U. B. I. 472.
	Wilhering war um 1122 eine Burg der Edlen von Wilhering, die aber auch das castrum Wessenberg, und das praedium auf dem nahen Kürnberg besassen; a. 1145 bestimmte Ulrich von Wilhering-Wessenberg seine Burg mit aller Zugehör zu einem Kloster für Mönche des damals aufblühenden Cistercienser-Ordens; aber erst dessen Bruder Cholo vollendete die Stiftung, welche Mönche aus Rain (in Steiermark) bezogen. Das Stift erhielt im weiteren Zeitverlaufe den Kürnberg, Edramsberg, Hilkering, Pasching, dann a. 1242 die grosse Pfarre Grammastelten, aus welcher	U. B. II. 239, 139, 223. Reisscher Geschichte des Kl. Wilhering. I bis 126.

[1]) Ausserdem kommen in der Stiftungs-Urkunde für St. Nicola bei Passau folgende, im Donauthale gelegene Ortschaften vor: Strazze, Strass; Emmellag, Emling; Harde, Hart; Winkelarn, Winkeln; Standab, Standach; Wldah, Weldach; Riul, Reil; Buessing, Polaing; in Wilheringer-Urkunden: Strazhelmen, Strasshem; Purchelmen, Puchhem; Mulebach, Mühlbach; Gumpollnges, Gumpolding.

1075. 1158, 1159.	U. B. II. 107. U. B. II. 277, 292, 294.

in späterer Zeit die Pfarren: Leonfelden, Weissenbach, Oberneukirchen, Zwetel, Ottensheim sich bildeten, a. 1201 die Pfarre Teras (in Unterösterreich) und a. 1728 die Pfarre Heinrichschlag.

Wilhering ward Mutterkloster mehrerer Stifter, und gab Religiosen an Hohenfurt (in Böhmen) a. 1259, an Fürstenzell (in Baiern) a. 1273, an Engelszell a. 1293, und an Säusenstein a. 1336. Die schöne Stiftskirche ist, wie alle Kirchen dieses Ordens, der seligsten Himmelskönigin geweiht; a. 1425 entstand die Capelle zum heiligen Kreuze.

1120, 1140, 1154, 1158.

Curinbere, Cürnberg, Curinberg, Churnperch, Kürenberch, *silva et praedium;*
der waldbewachsene **Kürnberg** südöstlich von Wilhering, auf dessen Höhe die Burg **Alt-Wilhering (Vetus Willheringia)** stand, und auf welchem im zwölften Jahrhunderte ein Dienstmannengeschlecht der von **Kürnberg** sass.

U. B. I. 141, 477.

U. B. II. 272, 277.

Am südlichen Fusse desselben:

1111, 1158.

Terinbach,
Dörnbach, auch Maria vom guten Rathe genannt, Pfarrort, dessen kleine Kirche zum heiligen Ulrich die Schlosscapelle von Alt-Wilhering gewesen sein soll.

U. B. II. 140, 277.

819, 782, 1158.

Ruodoluingen, Hrodolvingum, Rudolphingen, Rudolfingen, *praedium;*
Rueling, Edelsitz eigener Herren von **Rudolfing,** heute Freisitz auf freundlicher Höhe in der Pfarre Leonding.

U. B. I. 466.

U. B. II. 277, 293.

800, 826, 1111.

Tenninga, Tenningen, Tenin, *villa;*
Tenning, Ortschaft, eine Viertel Stunde von Kirchberg, jetzt Sitz des Pastorates.

U. B. I. 63, 64.

U. B. II. 140.

1008, 1140.

Kirchperge, Chirchperg, Chirchperch,
Kirchberg, Pfarre zum heiligen Valentin auf freier Anhöhe zwischen dem Donauthale und dem Traunthale, ehevor Filiale von Schönhering, auch Sitz der Herren von **Chirchberg.** Die zu Axberg gestandene Kirche zum heiligen Blasius wurde unter Kaiser Joseph II. geschlossen.

U. B. II. 70, 725.

1158.

Vrilingen, Freylingen,
Freiling, Schloss und Dorf bei Oftering im Traunthale.

U. B. II. 277.

Anno vel circa annum.		Quellen-Citat.
630, 634, 809, 1050, 1111.	**Oftheringa** *(locus in pago Trungauue)*; **Oftheringen**, *ecclesia*;	U. B. I. 58, 63.
	Oftering, ehedem eine Filiale von Hersching, heute Pfarr-expositur zu den Heiligen Petrus und Paulus; daselbst sassen Edle von O f t h e r i n g e n; auch soll da die Wiege des berühmten Heinrich von Ofterdingen, Ritters im Gefolge des Herzogs Leopold VII. von Oesterreich, und Verfassers des herrlichen Nationalepos, des Nibelungenliedes, gestanden sein.	U. B. II. 86, 140. Pritz, Gesch. d. Landes ob der Ens, I. 408. Ritter v. Spaun im 4. Museal-bericht, Linz. 1840. 63—95.
612, 620, 793, 800, 1111.	**Herigisinga** *(in pago Trungauue)*; **Herisinga,** *ecclesia et parochia cum decimis;*	U. B. I. 58, 437.
	Hersching, eine seit a. 1196 dem Nonnenkloster Erla in Unterösterreich einverleibte Pfarre zum heiligen Jakob, die ehemals Oftering, Pasching, St. Dionysen, Marchtrenk und die Schlosscapelle Traun zu Filialen hatte; in der Ebene des Traunthales.	U. B. II. 140, 435.
612, 1120, 1280.	**Truna, Trune. Traun,** *castellum;*	U. B. I. 437, 535, 196.
	Traun, Schloss und Stammhaus der edlen Herren, nachmals Grafen von T r a u n und A b e n s b e r g, die anheute noch blühen, und im Besitze dieses am linken Traunufer gelegenen Schlosses sind; die Schlosscapelle zur heiligen Margaretha wurde a. 1788 zur Pfarrkirche umgestaltet.	U. B. II. 171.
1130.	Weiter an der Traun abwärts: **ad St. Dionysium,** *ecclesia, praedium;*	U. B. I. 470.
	St. Dionysen, Ortschaft in der Pfarre Traun, mit einer gesperrten Kirche; in gleicher Weise wurde das zu St. Martin befindliche Kirchlein (eine Viertel Stunde von St. Dionysen entfernt) abgetragen.	
1111, 1179, 1189.	**Baschingen, Paesching, Peschingen,**	U. B. II. 141, 368, 415.
	Pasching, zur Pfarre Hersching gehörige Ortschaft und alterthümliche Kirche zum heiligen Johannes den Täufer; im zwölften und dreizehnten Jahrhunderte Edelsitz des Geschlechtes der P a e s c h i n g e r.	
1040, 1075, 1110.	**Liutmuntinga** *(in pago Trungouvi)*; **Liumendingen, Liumitingen, Liumuntingen, Leuwentingen, Leunting,**	U. B. I. 473, 165, 455.

Pfarrort **Leonding**, mit der Kirche zum heiligen Michael, eine Stunde südwestlich von Linz, in einem freundlichen Thale.

U. B. II. 107, 131, 140, 144.

Unweit davon, das Dorf:

1130.

Alhartingen, Adelhartine, Albarting, vormaliger Edelsitz.

U. B. I. 634, 640, 715.
U. B. II. 141, 277.

Super magno flumine Danubio:

799, 820, 823, 853, 985, 1111.

Linza, Lintza, Lintze, Linzea *(urbs in Trungauue),* **Linzie,** das Lentia der Römer; die heutige, schöngebaute Provinzial-Hauptstadt **Linz;**

U. B. I. 455, 467, 472.

Schon a. 508 soll die St. Gangolphus-Capelle im Schlosse Linz gestanden haben; a. 799 übergibt Kaiser Carl der Grosse die Martinskirche (auf dem Schulerberge) und das Schloss dem Bischofe Walderich von Passau; a. 823 wird Linz, wie die Celle zum heiligen Florian, vom König Ludwig an Passau übergeben; a. 840 wird Linza ein *locus publicus* genannt, und a. 906 war Linz eine Zollstätte; a. 1111 ist Lincie, wie Tabrisheim, eine *ecclesia et parochia cum decimis vini* (Weinzehenten), woraus hervorleuchtet, dass es damals Weingärten gegeben habe, daher der heutige Name: „im Weingarten". A. 1098 soll die offene Stadt zur mehreren Sicherheit mit einem Graben, und einer Ringmauer umgeben worden sein, und a. 1140 war Linz, mit Ens und Steyr einer der Hauptorte des Landes, und a. 1212 ein Ort mit Gericht. A. 1226 wurde die Pfarrkirche zur Himmelfahrt der seligsten Jungfrau Maria zu bauen angefangen, neben welcher später die Anna-Capelle erstand; a. 1236 (1280 ?) kamen die Minoriten nach Linz, und bauten sich im sogenannten Baumgarten ausserhalb der Stadt das Kloster. König Ottokar von Böhmen ertheilte der Stadt verschiedene Privilegien, doch volle Freiheiten einer Stadt erhielt Linz a. 1324, und das Blutgericht a. 1353. A. 1283 und 1293 geschahen daselbst Friedensschlüsse. C. a. 1350 entstanden das Bürgerspital mit der heiligen Geist-Capelle und die Siechenhäuser.

U. B. II. 10, 35.

Pillwein: Linz Einst und Jetzt. 30, 33.

36, 38, 40.

36, 38, 40.

42, 46.

55, 60.

Mit Eberhard von Wallsee (1327—1353) ward Linz der beständige Sitz des Hauptmannischen Gerichtes des Landes ob der Ens. A. 1382 erhielt Linz den Bartholomäi-Markt (Indultum). Die Osterdult ist späteren Ursprunges; a. 1383 stand bereits die Margarethen-Capelle; und a. 1426 die Capelle zur heiligen Dreifaltigkeit in der Hahnengasse; a. 1460 war Linz

68.

74.

103.

eine Münzstätte; a. 1485 wird Urfahr mit der Kirche des heiligen Nicolaus (jetzt profanirt) ausdrücklich genannt. A. 1490 erhob Kaiser Friedrich III. Linz zur Hauptstadt des Landes ob der Ens, erweiterte die Stadt, legte den schönen Platz an, regulirte die Gassen, liess den Brückensteg über die Donau legen, versah die Stadt mit neuen Mauern, Thürmen und Gräben; dieser Kaiser residirte nun fortwährend in Linz, und starb a. 1493 auf dem Schlosse Linz. A. 1501 wurde die Donaubrücke vollendet.

108.

Stadt Linz hatte mehrmalige Belagerungen und Kriegsbedrängnisse zu überstehen; so a. 1626, 1741; a. 1594 kamen die Jesuiten nach Linz, und kauften sich den ersten Grundbesitz; aber die Kirche zum heiligen Ignatius (dermalige Domkirche) wurde a. 1652 zu bauen angefangen. A. 1628 geschah die Gründung des Gymnasium, 1669 des Lyceums, 1690 des Nordicums, a. 1672 der grossen k. k. Fabrik, a. 1770 des Prunner-Stiftes.

Pillweins Linz
Einst und Jetzt.
155.

Anno 1784 geschah durch Kaiser Joseph II. die Errichtung des Bisthums Linz für das Land ob der Ens.

Das Schloss Linz, hoch über der Stadt und der Donau gelegen, und weithin in das Donauthal schauend, erhielt vielfache Verschönerungen durch Kaiser Friederich III; mehrmals residirten darin die Kaiser: Maximilian I., Ferdinand I., Mathias, Leopold I.; wurden fürstliche Beilager gefeiert, geschahen Huldigungsfeierlichkeiten; in der ersten Hälfte des siebenzehnten Jahrhunderts wurde das Schloss in die gegenwärtige Gestalt umgebaut, heutigen Tages zur Caserne verwendet.

Linz hat seit wenigen Decennien an commercieller und industrieller Entwicklung und Regsamkeit, an Schönheit und Vermehrung der Gebäude ungemein gewonnen, besitzt vorzügliche Bildungs-, Kunst- und Humanitäts-Anstalten, und ist von einer der herrlichsten, theils lachenden und fruchtgesegneten, theils pittoresken Uferlandschaften umgeben. Die um die Stadt herum, an beiden Donauufern postirten 48 Befestigungsthürme machten Linz bis jetzt zu einem strategisch-wichtigen Punkte an der Donau.

Eine halbe Stunde von Linz:

Lonsdorf, Lohonstorph;

1167, 1188,
1258.

Lenstorf, Feste und Edelsitz der Lonsdorfer, anno 1476 zerstört.

U. B. I. 496.
U. B. II. 332, 405.

Pritz in seiner Geschichte der Stadt Steyer p. 79 rechnet zum Traungau das am linken Ufer der Donau gelegene Steyereck,

somit auch die ehemalige Pfarrkirche **Taffersheim**, heute Spital
an der Donau; mehrfach wird St. Peter in der Zizlau für das
alte Tabersheim gehalten.

Eine und eine halbe Stunde unterhalb Linz mündet in die
Donau:

612, 906, 829. der **Traun - Fluss**, **Truna**, **Truone**, *fluvius, flumen;*
dieser Fluss, mit seinem reinen kalten Wasser entspringt
aus drei Seen, dem Topplitzer- und Grundel-See, dann dem
Aus-See in Obersteyermark), durchströmt den Hallstädter-
See, und das Salzkammergut der ganzen Länge nach, füllt
wieder das Becken des prächtigen Traun-Sees, entströmt
demselben bei Gmunden schiffbar, bildet weiter abwärts
einen interessanten Wasserfall, und wälzt seine herrlich-
grünen Fluthen, nachdem er sich die Ischel, Ager, Alben
und Krems als die vorzüglicheren Nebenflüsse zugeeignet
hatte, durch die Ebenen des Traunthales der Donau zu;
in seinem Flussgebiete befinden sich dreissig grössere und
kleinere Seen.

U. B. I. 82, 437
U. B. II. 13, 54.
'Nibelungen L.
21. Avent. 1354.

Auf der Höhe über dem rechten Traunufer:

**1071, 1111, 1159,
1167, 1256,
1288.**

Ebilsberch, **Ebelsperch**, **Ebelsbere**, *turris,
castellum, castrum, muta;*
Ebelsberg, Schloss, Feste und Herrschaft, bis a. 1803 ein
hochstiftisch - passauisches Eigenthum; am Fusse des
Schlossberges der alte gleichnamige Markt mit der Pfarrkirche zum heiligen Johannes den Täufer; mit dieser Pfarre
ist jene von Kleinmünchen zum heiligen Quirinus
vereiniget, beide dem Stifte St. Florian zugehörig;
a. 1288 wird ausdrücklich ein Pfarrer von Ebelsperch
genannt.

Das Bürgerspital wird urkundlich zuerst a. 1591 genannt;
die St. Elisabethenkirche wurde a. 1809 abgebrochen. Schon
a. 1213 wurde ein alter Streit wegen der Brücke (eigentlich
Brückenmaut) auf dem Reichstage zu Augsburg ausgeglichen;
die ehemalige Brücke war 294 Klafter lang; auf dieser Brücke,
wie im Markte, mehrfache Kriegsgefechte, so a. 1626, 1741;
insbesondere a. 1809 das denkwürdige Gefecht zwischen den
Oesterreichern und Franzosen, wobei der ganze Markt in Flammen
aufging.

U. B. I. 468.
U. B. II. 96,
143, 333.
Pritz, Gesch. d.
Landes ob der
Ens, 330.
U. B. d. Stiftes
Kremsmünster,
147.

Urkundenbuch
von Linz.
U. B. II. 576.
Hund. Gewold.
Metr. palav. I.
255.

Anno vel circa annum.		Quellen-Cital.

1111, 1152. **Trunardorf**, *praedium*;
die in der Pfarre Ebelsberg gelegene Ortschaft **Trausdorf**,
a. 1159 mit einer Kirche.

U. B. II. 143, 321.

Nahe an der Ausmündung der Ipf in die Donau:

900, 1111, 1179. **Raffoltestetun, Raphaltestetem, Raffoldi-
stettln**, *praedium*;
Raffelstätten, Ortschaft in der Pfarre Asten; a. 900 wurden
dahier unter dem Vorsitze des Markgrafen Aribo die Zoll-
sätze für das Ostland festgestellt.

U. B. I. 362.

U. B. II. 54, 141.

An der Reichsstrasse von Wien über Ebelsberg nach Linz

**1073, 1075,
1111.** **Osta, Austin, Auostin, Eustin**, *praedium*;
Asten, eine dem Stifte St. Florian gehörige Pfarrei zum heiligen
Jakobus M., früher Filiale von Ebelsberg; a. 1073 wird der
Hof zu Asten an das Kloster St. Nicola bei Passau gegeben.

U. B. II. 100,
104, 131, 138.

Auf einer Felseninsel der Donau, zwischen Ens und Mauthausen:

1149. **Spilberch**, *castrum*, *comicia*;
Spielberg, Schloss und Stammhaus der Herren von Spilberg,
heute Ruine.

U. B. II. 247.

**749, 777, 799,
823, 877, 900,
1010, 1037.** **Danublus**, *flumen*, **Donau** (Tiefwasser).
Die **Donau**, der mächtigste Strom Oesterreichs, Süddeutsch-
lands und Südeuropa's, von seiner Strömung gegen Osten
der „Sonnentrotzer" genannt, durchströmt das Land ob
der Ens in einer mehr südöstlichen Richtung, und zwar
von Passau bis Aschach, von Ottensheim bis Linz, von
Saxen bis Persenbeug, in einem von hohen Felsenbergen
eingedämmten Flussbette, sonst aber in einem breiten vielgearmten Bette, verstärkt sich hierlands durch den Inn,
die Traun und die Ens, und tritt bei Sarmingstein in das
Land unter der Ens; wie in der Neuzeit, so auch im Mittelalter der vielbenützte Verkehrsvermittler zwischen dem
Occident und Orient, zwischen Deutschland und Ungarn.

U. B. I. 24, 455, 473.

U. B. II. 1, 9, 20, 47, 75.

Mit der Donau vereiniget sich unterhalb Lorch:

**834, 900, 903,
906, 977, 1071,
1082, 1110,** **Anasus, Anesus, Anisus, Onasus, Enisa,
Ense, Ens**, *flumen*;
Der Ens-Fluss; dieser entspringt auf den Radstädter-Tauern,
fliesst durch die obere Steyermark, tritt bei Altenmarkt,

U. B. I. 116, 471.

plötzlich eine nördliche Richtung nehmend, nach Oesterreich ein, und verstärkt sich durch die Steyer; im siebenten und achten Jahrhunderte der Gränzfluss zwischen dem Lande der Avaren und Bojoarier, später zwischen der Ost-mark und der Mark ob der Ens, heutigen Tages zwischen Unter-Oesterreich und Ober-Oesterreich.

U. B. II. 13, 47, 50, 55, 63, 96, 116.

791. An der Ensmündung bei Lorch hatte Kaiser Carl der Grosse auf seinem Feldzuge gegen die Avaren a. 791 ein festes Lager aufgeschlagen, und dort vier Tage verweilend eine dreitägige allgemeine Andacht abhalten lassen.

Pritz, Gesch. d. Landes ob der Ens, I. 234.

Längs des rechten Donauufers von der Traunmündung bis zu jener Mündung der Ens zieht sich eine bedeutende Ebene hin, die ehemals den **Pagus Lauriacensis** in sich begriff, wozu aber auch das Kloster St. Florian gehörte.

1071, 1113.

U. B. II. 95, 146.

In dieser von den beiden Strömen bespülten, vom Aichberge und Dürrenberge begränzten Ebene stand die glänzende Römer-stadt, der Hauptort des Ufernorikums, die Wiege des Christenthums für die Donaugegenden, der Sitz der norischen Bischöfe:

Lauriacum, *oppidum et castrum;* die aber a. 480 im Sturme der Völkerwanderung durch die Alemannen verwüstet worden war; durch die Bajuvarier erhob sich die Stadt wieder aus dem Schutte, wurde abermals der Sitz der Bischöfe, aber a. 737 ward sie durch die Avaren gänz-lich zerstört. Ueber den Trümmern der Stadt erhob sich allmählich das Dorf **Lorch, Lorachum, Loraha,** *villa regia, vicus, praedium;* a. 977 wird Lorachum auch als eine *ecclesia,* „*quae foris murum in honorem St. Stephani sanctique Laurentii martyrum constructa et dedicata est*" genannt, d. i. die heutige St. Laurenzi-Kirche, in welcher a. 1093 und 1183 Kirchen-versammlungen abgehalten wurden, und die a. 1088 als Pfarrkirche vorkömmt.

791, 901, 977, 1082, 1088, 1093, 1110, 1183.

U. B. I. 472, 123.
U. B. II. 65, 67, 117, 119, 135.
Pritz, Gesch. d. Landes ob der Ens, I. 55, 234.

1075, 1111. Unweit der Kirche St. Laurenz stand die **capella St. Mariae** *in loco Lauriacensi,* die Kirche St. Maria am Anger, die a. 1075 dem Stifte St. Nicola bei Passau übergeben, aber a. 1784 gesperrt, und a. 1788 demolirt wurde.

U. B. II. 107, 138.

Auf einem freistehenden Berge oberhalb des Ensstromes, mit weitreichender Fernsicht in das Land nach auf- und abwärts, nicht weit von dem zerstörten Lauriacum, an der Stelle des heutigen Schlosses Enseck, erstand a. 900 durch den Markgrafen Liupold nach einem unterhalb Lorch über die Ungarn erfochtenen Siege zum Schutze des Landes gegen die anstürmenden Barbaren-Horden die:

900, 977, 1052, 1063, 1071, 1176.·

Anesapurch, Anesipurch, Anesiburgum, Anasipurgum, Anespurch, Ensburg, Anasum, Anesus, Ens, Ense, Ensium civitas, Lahoriaha, die **Ensburg**, woraus sich später die Stadt **Ens** gestaltete. Die Ensburg kam a. 903 durch Schenkung an das Kloster St. Florian, c. a. 955 an die Bischöfe von Passau, von denen es c. a. 1030 als Lehen an den Markgrafen Ottokar IV. von Steyer gekommen war; a. 1052 und 1063 wird es *praedium*, und a. 1071 bereits *oppidum in litore Anesi fluminis* genannt.

U. B. I. 375.
U. B. II. 63, 87, 87, 93, 96.
Pritz, Gesch. d. Landes ob der Ens. I. 252.
Nibelungen L. 21. Avent, 1354.

C. a. 1180 hatten die Herzoge von Steyer dahier eine Münzstätte, und a. 1186 geschah auf dem Georgenberge vor der Stadt (wegen der dortselbst befindlichen St. Georgskirche so geheissen) die feierliche Uebergabe des Herzogthums Steyer an den Herzog Leopold VI. von Oesterreich. Schon frühe war Ens ein belebter Stapelplatz, erhielt aber a. 1212 von Herzog Leopold VII., der es „*sua villa*" nennt, das berühmte Stadtrecht, wodurch es sich zu einem wichtigen Handelsplatze und gesuchten Freistätte emporschwang; ohne Zweifel waren damals die Mauern und Thürme um die Stadt um jene 20.000 Mark Silbers, die Herzog Leopold VI. für die Freilassung des Königs Richard Löwenherz von England erhalten hatte, schon gebaut.

A. 1357 geschah durch Friedrich von Wallsee die Stiftung des Minoritenklosters, so wie um selbe Zeit des Spitales vor der Stadt mit der Barbarakirche; die Kirche der Minoriten, zu Ehren der heiligen Maria (ad nives) geweiht, wurde a. 1553 zur Stadtpfarrkirche.

Heutzutage ist Ens eine hübsche landesfürstliche Stadt, ziemlich regulär gebaut, mit zwei Schlössern, dem herrlichen **Enseck**, und der **Burg Ens**; besonders kennzeichnet diesen Ort der freistehende massive Stadtthurm, a. 1565 an der Stelle einer Rotundacapelle zu den heiligen drei Königen erbaut.

Zu **Christein**, eine halbe Stunde westlich von Ens, befand sich bis a. 1784 die Kirche zur heiligen Christina.

1100, 1170, 1190.	**Volchenstorf, Volchesdorf, Volenstorf, Volkensdorf;**	U. B. II. 123, 173.
	Volkensdorf, Ortschaft in der Pfarre Ens, an der kleinen Ipf; daselbst stand auf einem mässigen Hügel das Schloss und Stammhaus der angesehenen Edlen von Volkenstorf, die einst wichtige Hof- und Staatsämter begleiteten. Graf Werner Tserclaes von Tilly brach das Schloss ab, und erbaute unweit davon das Schloss Tillysburg.	U. B. I. 386.
834.	**Granesdorf,** *villa prope fluvium Anasum;*	U. B. II. 13.
	Der Pfarrort Kronstorf mit der Kirche zum heiligen Bartholomäus und heiligen Catharina, ein und eine halbe Stunde südlich von Ens; unweit davon die aus der Zeit a. 1481 berüchtigte Tettauer-Schanze.	
1145.	**Haedigerisperge,** *ecclesia;*	U. B. II. 217.
	Hargelsberg, dem Stifte St. Florian einverleibte Pfarre zum heiligen Andreas.	
1217.	**Hofchirchen;**	Kurz, IV. 488.
	Hofkirchen, bis a. 1713 Filiale von St. Florian, heute dahin gehörige Pfarre, mit der Kirche zum heilgen Nicolaus.	
1212.	**Maria-Loch;**	Pillwein Traunkreis, 379.
	Maria-Lah, Pfarre, bis 1786 Filiale von Wolfern.	
777, 791, 802, 1120.	**Ipfa, Yppha, Yphe,** *duo rivi, etiam locus;*	U. B. I. 140. U. B. II. 3, 5, 7.
	Die beiden Ipf-Flässchen; die grössere Ipf entspringt in der Pfarre Schidlberg, fliesst an Weichstätten, Niederneukirchen, St. Florian und Asten vorbei, der Donau zu; die kleinere oder östliche Ipf entspringt in der Pfarre Wolfern, führt ihr Gewässer zwischen Hofkirchen und Hargelsberg gegen Christein und Lorch hin, und führt den Namen: Christeiner-Bach.	
1125.	An diesem Bache, nahe bei Hargelsberg, ist zweifelsohne der Ort Ipfe, als der Sitz der einstmaligen Herren von Yphe, Ipfe, zu suchen. Unter der kleinen Ipf ist kaum der heutige Samareiner-Bach zu verstehen.	U. D. II. 164.
1144.	**Cameripha,** *ecclesia;*	U. B. II. 213.
	Darunter entweder Ruprechtshofen oder Niederneukirchen zu verstehen.	

Anno vel circa annum.		Quellen-Citat.

1075 (?) 1144. — **Rutprehteshouen, Rueprehteshoven**, *ecclesia;*
Ruprechtshofen, zur Pfarre Niederneukirchen gehörige Filial-
kirche zu den heiligen Petrus und Paulus.
U. B. II. 112, 213.

889 (?), 1111, 1144. — *Nura ecclesia (?)* **Niuwenehirchen**, *ad Iphae rivulos,
ecclesia cum decima;*
Niederneukirchen, Pfarre zur heiligen Margaretha,, welche
vormals auch Weichstätten zur Tochterkirche hatte.
U. B. II. 34, 140, 213.

800, 814, 1111. — **Sueinbahc, Suueinpah**, *(in Trungauue)*
Schweinbach, der jetzige Schweinbäckhof in der Ortschaft
Nieder-Frauenleiten [1]). ·
U. B. I. 64, 66.
U. B. II. 140

474, 634, 794, 823, 888, 892, 900, 1071. — **St. Floriani, ecclesia St. Floriani beati
martyris in loco Puoche**, *juxta ripam rivuli
Ipphae constructa, in pago Lauriacensi, in pago Trun-
gauuae, domus, cellula, cella, ecclesia et monasterium;*
das prachtvoll gebaute Augustiner-Chorherren-Stift St. Florian,
auf mässiger Anhöhe über dem linken Ufer der Ipf, in
schöner, fruchtbarer Gegend. Der heilige Severin dürfte
bei der Kirche, die über dem Grabe des heiligen Blutzeugen
Florian erbaut war, ein Klösterl für seine Mönche errichtet
haben, das jedoch a. 737 von den Avaren zerstört,
lange in Ruinen blieb, bis es allmälig sich erhob,
a. 823 cellula, a. 888 monasterium, wurde es a. 899
abermals von den Ungarn verwüstet. Die passauischen Bischöfe Richar und Adalbert thaten manches, um
das Kloster wieder in guten Stand zu bringen, doch konnte
es zu keiner Kraft gelangen; a. 1045 — 1065 wurden
statt der Mönche Kleriker eingeführt. Der eigentliche
Wiederhersteller ward Bischof Altmann von Passau, welcher
a. 1071 Regular-Canoniker einführte. A. 1074 erhielt
das Stift die Pfarre St. Florian, a. 1108 die Pfarren:
(Nieder-) Waldkirchen, St. Peter und St. Johann am Wind-
U. B. I. 438, 471.
U. B. II. 10, 32, 35, 96.

1074. 1111. — [1]) Ausserdem kommen in der Stiftungsurkunde des Bischofes Altmann von
Passau vom Jahre 1071 und 1111 folgende, in der Nähe von St. Florian
gelegene Ortschaften vor:
Enzlagen, Enzing; Vrienliutin, Frauenleiten; Pfaffenhofin, *curtis*,
Hohenbrunn; Wachellagen, Walling; Gomerichin, Gömering;
Waninpahe, Wanepach, Waenelupach, Wambach; Salmansliiten,
Sammesleiten mit einer Capelle.
U. B. II. 96, 140.

berg, a. 1122 die Pfarren: Ried und Gotau, a. 1125
die Pfarre Laasberg, a. 1130 die Pfarre Wallern, und
a. 1139 die Pfarre Vöcklabruck, und a. 1143 war
die Pfarre Feldkirchen eingetauscht worden; a. 1160 die
Pfarren: St. Michael und Spitz, sonach gehören dermals
dem Stifte folgende Pfarreien: St. Florian, Ebelsberg, Asten,
Ansfelden, Hofkirchen, Hargelsberg, Ried, Mauthausen,
Katstorf, Laasberg, St. Oswald, Grünbach, Windhag, Nieder-
waldkirchen, Kleinzell, St. Peter, Feldkirchen, St. Martin,
Walding, Herzogsdorf, St. Gotthard, Goldwörth, St. Marienkirchen, Wallern, Krengelbach, Vöcklabruck, Regau,
Ober-Thalheim, Atnang, dann noch Wösendorf, Weissen-
kirchen und Niederranna in der Wachau. Unter der prächtigen Stiftskirche zu Ehren der seligsten Jungfrau Maria und
des heiligen Florian befindet sich die uralte unterirdische
Kirche (Crypta) und die neuere Gruft. Am Fusse des

1111. Klosterhügels liegt der Markt St. Florian, der seine
Privilegien von a. 1493 datirt; am unteren Ende desselben neben dem Spitale die Kirche des heiligen Johannes,
schon 1111 urkundlich genannt.

Stülz, Gesch. v.
St. Florian, 216,
223, Nr. XI und
XII.

892. **Rorbach,** zur Pfarre St. Florian gehörige Ortschaft; die
einstige Kirche zum heiligen Stephan wurde demolirt.

U. B. II. 38.

634, 1071, 1111,
P. 1256. **Alpunesfeld,** *(in pago Trungouue)* **Albinisvelth,**
Almlavelt, *ecclesia;*
Ansfelden, eine dem Stifte St. Florian gehörige Pfarrei und
Kirche des heiligen Valentin, eine Stunde von Ebelsberg,
in sehr fruchtbarer Gegend; weiter aufwärts an der
Krems stand ehedem die Filialkirche zu Petersberg, und
das Schloss Zierberg.

U. B. I. 438.

1196. **Chremsdorf,**
Kremsdorf, Ortschaft in der Pfarre Ansfelden, am Krems-
Flüsschen.

U. B. II. 455.

1110, 1150. **Hasinhurluarh, Hasinurvar,**
Hasenufer, Ortschaft in der Pfarre Pucking, nahe an der Einmündung des Sipbaches.

U. B. II. 125.
U. B. I. 124.

1120, 1286. **Buchingin,** *in confinio Trunne, ecclesia;*
Pucking, Pfarre zum heiligen Michael am rechten Ufer der
Traun; darin die Filiale St. Leonhard, seit a. 1405 gebaut.

U. B. I. 147.
Arch. S. Florian.

Anno vel circa annum.		Quellen-Citat.

888, 1110. **Ad Cidlarin, Cydelarn, Cidilhelm,** *praedium;* Zeltlham, Ortschaft in der Pfarre Pucking, nahe bei Weissenberg; die vormals daselbst befindliche Kirche zum heiligen Laurenz wurde gesperrt.

U. B. II. 28, 132.

1189. **Wissenberch, Wizzenberch** Weissenberg, Schloss der Volkenstorfer, heute im Besitze des Stiftes Kremsmünster, auf steiler Anhöhe über der Krems.

U. B. II. 415.

888, 1110, 1120. **Nezilpach, Nezzilapach, Nesselbach,** Nestelbach, Ortschaft in der Pfarre St. Marien, vordem zu Ansfelden gehörig, unferne des rechten Kremsufers; die Kirche dieses Ortes wurde aufgelassen und profanirt.

U. B. II. 28, 135, 140.
U. B. I. 139.

888. **Scalaha,** *locus et rivus (in comitatu Aribonis);* wahrscheinlichst der bei Weissenberg in die Krems fliessende Krean-Bach, etwa auch der Sammareiner-Bach.

U. B. II. 28, 31.

888. **Obrinindorf,** *villa in loco Scalaha;* die Ortschaft Oberndorf bei St. Marien.

U. B. II. 28, 33.

An der Strasse von Ebelsberg nach Kremsmünster:

888, 1073, 1110, 1140. **Newanhova, Niwanhoua, Niuwenhouen, Niwinhouln, Neunhouen,** *curtis, ecclesia;* Neuhofen, ein seit 1449 gefreiter Markt, und dem Stifte Kremsmünster gehörige Pfarre zum heiligen Matthäus; die Kirche, bereits c. a. 890 erbaut, soll anfänglich die Mutterkirche von Kematen gewesen sein, war aber bis 1785 die Filiale von Kematen; am rechten Ufer der Krems befindet sich das von den Losensteinern erbaute, jetzt fürstlich Auersperg'sche Schloss Gschwendt.

U. B. II. 28, 29, 100, 131, 477.
U. B. des Stiftes Kremsmünster, 374.
Pillwein Traunkreis, 325.

1179, 1210. **Chemnaten, Chemenaten, Cheminaten, Kemnaten, Caminata,** *ecclesia et parochia;* Kematen, ein ansehnliches Pfarrdorf in fruchtbarer Thalgegend an der Krems, seit 1179 als Stiftspfarre von Kremsmünster genannt, mit alter Kirche zum heiligen Martin, zu welcher ehedem Neuhofen, die Kirche auf dem Julianaberge, Egendorf und Kremszell als Filialen gehörten. Am Ende des Dorfes das Schlösschen Weyer.

U. B. II. 365, 529.

Anno vel circa annum.		Quellen-Citat.
1170.	**Biberbach,** *praedium;* Biberbach, Ortschaft in der Pfarre Kematen, das hier gestandene Schloss wurde a. 1814 abgebrochen; weiter östlich:	U. B. I. 173.
888.	**Papilndorf,** die Ortschaft Päladorf, in der Pfarre Kematen.	U. B. II. 28.
1189, 1210.	**Achliten, Ahliten,** Achleiten, Schloss auf einer Anhöhe über dem linken Krems- ufer, zwischen Kematen und Kremsmünster, das Stammhaus der Edlen von Achliten; daselbst stand bis a. 1643 die Capelle zu Ehren des heiligen Leonhard.	U. B. I. 95. U. B. II. 329. U. B. des Stiftes Kremsmünster. 374, A. X.
1090, 1115, 1141.	Gegenüber: **Ror, Rore inferius,** *castrum etecclesia St. Bartho- lomaei;* Unter-Rohr, Stiftspfarre von Kremsmünster, mit der Kirche zur heiligen Maria; das Schloss Ror, von den Rorern, einem uralten bairischen Geschlechte, erbaut, wurde c. a. 1380 vom Herzog Albrecht III. von Oesterreich zerstört; heute noch das Burgstall ersichtlich.	U. B. I. 234, 256. U. B. II. 194.
1138, 1150.	Eine halbe Stunde westlich das Dorf: **Ror, Roor superius,** *praedium, altare et capella St. Petri;* Ober-Rohr mit einer, ebenfalls von den Rorern erbauten und bestifteten Kirche, die, mit Unter-Rohr dem Kloster Rans- hofen übergeben, aber a. 1150 vom Kloster Krems- münster eingetauscht wurde; beide Kirchen, a. 1179 als dem letzteren Stifte zugehörig aufgeführt, waren ehe- dem Filialen der Pfarre Kirchberg.	U. B. I. 215. U. B. II. 725.
777, 791, P. 1179, 1220.	**Ecclesia in Sulzipach, Pharrchirchen in Halle,** *parochia;* Pfarrkirchen bei Hall, eine dem Stifte Kremsmünster ein- verleibte Pfarre mit hübscher Kirche zum heiligen Georg, auf einem Hügel oberhalb des Sulsbaches; wird a. 1179 als parochia Halle aufgeführt, und hatte Adelwang, die St. Blasiuskirche zu Paizzerawang, die Andreaskirche zu Weissenbach, und die St. Margarethenkirche im Markte Hall zu Filialen. In der Nähe die Schlösser: Feyeregg, Mühlgrab und Höhenberg.	U. B. II.4,5,365. U. B. I. 401. U. B. des Stiftes Kremsmünster, 373, A. X.

Zwischen Pfarrkirchen und dem Markte Hall fliesst:

777, 791, 802. der **Sulzl-Bach, Sulzpach**, Sulzbach, der unterhalb Achleiten mit der Krems sich vereiniget. Aus der Stiftungsurkunde für Kremsmünster leuchtet hervor, dass a. 777 eine Salzpfanne am Sulzbache sich befand, und aus der sauren Quelle (Jodquelle), die unter dem Hügel des Marktes zu Tage tritt, Salz bereitet wurde.   *U. B. II. 4, 5, 7.*

Gegenüber von Pfarrkirchen, auf mässiger Anhöhe, an der Strasse von Wels nach Steyer breitet sich der hübsche Markt:

**777, 791, 1151,
1158, 1220.** **Hall, Halle, Herzogenhalle, Halla minor**, aus, der seinen Namen und Bedeutung der daselbst befindlichen Jodquelle, seine heutige Berühmtheit der neuerrichteten Curanstalt verdankt; die Marktfreiheiten datiren sich von a. 1382; am westlichen Ende des Marktes befindet sich die Kirche, früher Capelle der „heiligen Margaretha am Anger" genannt; die Pfarre Hall gehört dem Stifte Kremsmünster; die Herrschaft Hall war bis a. 1644 der landesfürstlichen Burggrafschaft Steyer zugetheilt.   *U. B. II. 4, 5,
414, 624.*

Eine Stunde südlich von Hall:

1180. **Adelwanch, Adelwane**,
Adelwaag, einst Schloss und Sitz der Herren von Adelwanc, heutigen Tages eine nach Kremsmünster gehörige Stiftspfarre und marianischer Gnadenort, wo eine aus Stein gegossene Statue der schmerzhaften Mutter Gottes, ein Kunstwerk des salzburgischen Erzbischofes Tiemo (1099) der Gegenstand der Verehrung ist.   *U. B. I. 182.
U. B. II. 624.*

1300. **St. Blasii capella** in Pseizzerswanch,
die nach Pfarrkirchen gehörige Filialkirche St. Blasius.   *U. B. des Stiftes
Kremsmünster,
374. A. IX.*

1300. **St. Andreae capella** in Waelzzenbach;
diese Kirche zu Weissenbach wurde a. 1786 abgetragen.   *U. B. des Stiftes
Kremsmünster,
374. A. IX.*

777. **Chrems, Chreimsa, Cremisa, Chremsa**,
fluvius, fluviolus, fluenta (in pago Traungaev);
der **Krems-Fluss**, eine und eine halbe Stunde südlich von Kirchdorf am Schellenberge entspringend, und an Michel-   *U. B. II. 2.*

dorf, Kirchdorf, Wartberg, Kremsmünster, Kematen, Neuhofen vorüber, ein reizendes, fruchtbares Thal (Kremsthal) durchfliessend, mündet bei Ebelsberg in die Traun; seine bedeutenderen Neben-Bäche sind der Nuss-Bach und der Sulz-Bach.

Auf einer etwas steilen Anhöhe über dem linken Ufer der Krems pranget die ansehnliche und berühmte Benediktiner-Abtei:

777, 791, 802, 877.

Chremisae - monasterium, Chremisemuntstiuri, monasterium juxta Chremisam, Abbatia St. Salvatoris seu St. Agapiti martyris, *in pago Trungauue,*

das Kloster zum Weltheilande an der Krems, das Kloster zum heiligen Agapitus, Cremifanum;

U. B. II. 2, 3, 7, 19, 365.

Kremsmünster, eine Stiftung des Herzogs Tassilo II. von Baiern vom Jahre 777, die a. 791 und a. 802 durch Kaiser Carl den Grossen bestätiget wurde; a. 899 durch die Ungarn zerstört, blieb das Kloster über hundert Jahre öde, bis es a. 1004 durch Kaiser Heinrich II. wieder hergestellt wurde. Nach den Bestätigungsbullen des Papstes Alexander III. vom Jahre 1179, und jener des Papstes Innocenz IV. vom Jahre 1249, waren demselben folgende Pfarren- und Kirchen einverleibt: Kirchberg, Kematen, Pfarrkirchen-Hall, Ried, Weisskirchen, Buchkirchen, Wels, Talheim mit der Capelle des heiligen Aegidius bei der Brücke zu Wels, Steinerkirchen mit den Filialen Fischelham und Eberstallzell, Vorchdorf mit Einsiedling, Kirchheim, Viechtwang, Petenbach, Wartberg, Kirchdorf, Windisch-Garsten, Martinsberg, Zell am Sipbach, Unter- und Ober-Rohr; von diesen waren jedoch im Zeitverlaufe Wels, Wartberg, Kirchdorf, Windischgarsten, Martinsberg weggekommen; dagegen bildeten sich aus den Filialen Grünau, St. Conrad, Fischelham, Eberstallzell, Steinhaus, Alhaming, Egendorf, Unterrohr, Markt-Hall, Adelwang, Magdalenaberg, Stiftspfarren neueren Ursprunges. Die Stiftskirche rührt aus der Zeit von a. 1270, an welcher sich ehedem die St. Aegidius- und St. Leonhards-Capellen befanden. Wie das Stift St. Florian, besitzt auch Krems-

1179, 1249.

U. B. des Stiftes Kremsmünster, 2, 3, 5, 6, 7, 8, 44, 96.

münster interessante Kunst- und literarische Sammlungen, eine prächtige Sternwarte, und blühende Studien-Anstalten (das akademische Gymnasium seit a. 1549, und die adelige Akademie von 1743—1780). Am Fusse des Klosterhügels liegt der gleichnamige Markt, seit 1488 mit Freiheiten ausgestattet, und mit der Capelle zum heiligen Johannes.

Die Kirchen zum heiligen Sigmund am Bache, zu Wolfgangstein, und zum heiligen Martin am Aschberge wurden a. 1785 gesperrt. Oestlich von Kremsmünster das Schloss Kremseck.

Anno		Quellen
	Eine Viertel Stunde nördlich vom Stifte, auf freier Höhe:	
1090, 1098, 1173, 1179.	**Chirchperg, Kirichperch, Chirichperch,** *ecclesia et parochia;* Kirchberg, Pfarrkirche zum heiligen Stephan, die a. 1090 für die damals an St. Florian und Sirning gränsende Pfarre Kremsmünster gebaut, a. 1098 eingeweiht, und a. 1173 als Pfarre dem Kloster übergeben wurde; Ober- und Unter-Rohr waren Filialen davon.	U. B. II. 343. / U. R. des Stiftes Kremsmünster, 44, 49, 373. A. XIII.
777, 791, 802, 993.	**Syppach, Sibbach, sippinpah,** *locus et rivus;* der in der Pfarre Ried aufquellende, und bei Hasenufer in die Traun mündende Sip-Bach. In der Stiftungsurkunde für Kremsmünster wird bereits a. 777 die Gegend am Sip-Bache und Leombach als bewohnt erwähnt.	U. B. II. 2, 5, 7. 89.
1170.	**Cella am Sip-Bach,** *ecclesia;* Sippachzell, Stiftspfarre von Kremsmünster, mit der Kirche zur heiligen Margaretha.	U. B. II. 345. / U. B. des Stiftes Kremsmünster, 49.
777, 992, 1177.	**Liupilinspach, Liubilinpach, Liubenpach, Lewbenbach;** Leombach, Dorf und verfallenes Schloss, zwischen Wels und Kremsmünster.	U. B. des Stiftes Kremsmünster, 26, 47.
1230, 1263.	**Egendorf,** Egendorf, Landgut und Stammhaus der Egendorfer; heute Stiftspfarre von Kremsmünster mit der Kirche zur heiligen Maria (vormals Schlosscapelle).	U. B. des Stiftes Kremsmünster, 80, 123.

Anno et circa annum.		Quellen-Citat.

1277. **Alhalming,**
Alhamlng am Sip-Bache, Stiftspfarre von Kremsmünster zum heiligen Georg, vor 1785 Filiale von Weisskirchen.

U. B. des Stiftes Kremsmünster, 185.

P. 1170, 1180, 1200. **Waelzchirchen, Wlzchlrchen,** *ecclesia et parochia;*
Welsskirchen am rechten Traunufer, eine und eine halbe Stunde unterhalb Wels, Dorf und zu Kremsmünster gehörige Stifts-pfarre zur heiligen Maria.

U. B. des Stiftes Kremsmünster, 49.
U. B. II. 365, 417, 469.

1142. **Slagstheim,**
Schleisstheim, Pfarre zum heiligen Gallus (schon a. 1423) am rechten Traunufer.

Pillwolns Hausruckkreis, 36.

1170, 1260. **Dudlch, Tuedlch,**
Dietach, Schloss und Stammsitz der Edlinge von Tuedach.

U. B. I. 173.
U. B. des Stiftes Kremsmünster, 118.

1170. **Otinstorf, Ottesdorf,**
Ottstorf, Schloss und Wiege der Ottstorfer, Ministerialen der Markgrafen von Steyer; das verfallene Schloss ist eine Viertel Stunde südlich von Schleisstheim.

U. B. des Stiftes Kremsmünster, 98.
U. B. I. 173.

In schöner Anhöhe, gegenüber der Stadt Wels, ober der Vorstadt Aigen:

927. P. 1070, 1170. **Talcheim, Talheim,** *ecclesia et parochia;*
Thalheim bei Wels, alte Stiftspfarre von Kremsmünster, mit der Kirche zum heiligen Stephan, die a. 1070 vom Bischofe Altmann in Passau eingeweiht worden war; ehemals gehörten Steinhaus und Taxelberg als Filialen hieher; daneben das schöne Schloss Trauneck.

U. B. II. 365.
Pritz, Gesch. d. Landes ob der Ens, I. 337.

In der Vorstadt Aigen:

1170, 1180. **Basilica St. Aegidil ad pontem, basilica St. Aegidil in capite pontis ad Welsam;**
die nach Thalham und zum Stifte Kremsmünster gehörige Aegidienkirche.

U. B. II. 365, 417.

1249. **Steinhuse,** *castrum, ecclesia filialis de Talheim;*
Steinhaus, Stiftspfarre von Kremsmünster mit der allen heiligen Aposteln geweihten Kirche; das Schloss bauten die Polheimer.

U. B. des Stiftes Kremsmünster, 370. A. II.

Eine Viertel Stunde davon entfernt:

1849. **Dachselperg,**

Taxelberg, Filialkirchlein zum heiligen Nicolaus, am Aiterbach.

U. B. des Stiftes
Kremsmünster,
370. A. II.

1070, 1140, 1266. **Aiterbach, Aitterbach, Eiterbach,** *praedium, Rivus;*

Aiterbach, einstiges, heute nur noch in wenigen Spuren erkennbares, Schloss (in der Pfarre Eberstallzell), worauf das
Dienstmannengeschlecht der Ai t e r b a c h sass; der nahe
vorüberfliessende Aiter-Bach hat seinen Ursprung in der
Pfarre Pettenbach und fällt bei Wels in die Traun.

U. B. des Stiftes
Kremsmünster,
27.

U. B. II. 95.

777. **Eporestal,**

Ober- und Hitter-Eberstall, in der Pfarre Eberstallzell befindliche Ortschaften.

U. B. des Stiftes
Kremsmünster,
3.

1179. **Celle,**

Eberstallzell, Stiftspfarre von Kremsmünster zum heiligen
Ulrich, ehemals Filiale von Steinerkirchen, a. 1099
unter dem Namen Cotprechtzcella erwähnt; zwischen dem
Aiter-Bach und Alben-Fluss.

U. B. des Stiftes
Kremsmünster,
34, 49.
U. B. II. 122.

P. 1179. **Steinechirchen,** *ecclesia et parochia;*

Steinerkirchen, alte, ansehnliche Stiftspfarre von Kremsmünster,
mit der Kirche zum heiligen Martin, auf einer mässigen
Anhöhe zwischen Kremsmünster und Lambach; vielleicht,
dass die in der Urkunde von 791 erwähnte *capella in
honorem St. Martini in Alburch,* das heutige Steinerkirchen
gewesen sei (?).

U. B. II. 3, 343.
U. B. des Stiftes
Kremsmünster.
3.

1179. **Vischenhaim,** *ecclesia filialis;*

Fischelham, ehevor die „P e t e r s k i r c h e a m S a n d", seit
1268 Pfarre, ebenfalls dem Stifte Kremsmünster gehörig;
nahe an der Traun.

U. B. des Stiftes
Kremsmünster,
49.

1170, 1189. **Pernowe, Bernowe,**

Pernau, Bernau. Stammsitz der Herren von P e r n a u, heute
Schloss und Bräuhaus unweit der Traun.

U. B. des Stiftes
Kremsmünster,
60.
U. B. II. 343.

1189. **Albekke, Almegg,** *castrum;*

Almeck, noch wohlerhaltenes Schloss auf einer Anhöhe über
dem rechten Albenufer, zwischen Wimsbach und Steinerkirchen.

U. B. des Stiftes
Kremsmünster,
60.

Anno
vel circa eanem.

Quellen-Citat.

1183. P. 1220.	**Witinspach, Widemspach**, *ecclesia et parochia*; Wimsbach, bis a. 1803 eine dem Stifte St. Nicola bei Passau einverleibte Pfarre zum heiligen Stephan, seit a. 1470 Markt und Schloss, drei Viertel Stunden südlich von Lambach.	U. B. II. 124, 603.
1220.	**Pauraue, Bauran**, *capella*; Paura, heute prächtige Dreifaltigkeitskirche am Zusammenflusse der Ager und Traun, eine Viertel Stunde südlich von Lambach.	U. B. II. 627.
1056, 1183.	**Buchunloch**, *silva*; die vom Traunfalle bis Lambach sich hinziehende Waldung: das „lange,“ oder „Fall-Holz“ genannt, an dessen östlichem Saume die Ortschaften: Ober-, Mitter- und Unter-Bachlach liegen.	U. B. II. 92, 124.
	Eine Viertel Stunde südlich von Wimsbach:	
1200.	**Nithartingen, Neilhartingen,** Neidharting, Ortschaft und verfallenes Schloss.	U. B. II. 474.
1135.	**Custilwanchin,** Köstelwang, Dorf und Sitz der Herren von Custilwanchin, mit einem Kirchlein zum heiligen Georg, nahe an der Laudach.	U. B. II. 176. Filz, Gesch. von Michelbeuern, 748.
1191.	**Riuthelmen**, *praedium*; Reitham, ehemals Filiale von Wimsbach, seit a. 1360 eigene Pfarre zum heiligen Jakob, die a. 1660 an das Kloster St. Nicola abgetreten wurde; heute Pfarrdorf an der Strasse von Lambach nach Gmunden, eine halbe Stunde vom Traun-Falle.	U. B. II. 427.
1130, 1150.	**Lindach, Lintahe**, *praedium*; Lindach, Pfarrort mit einem Schlosse; die ehemalige Schloss-capelle zur heiligen Margaretha wurde a. 1784 zur Pfarrkirche.	U. R. I. 220, 226.
1165. P. 1280.	**Lohchirchen, Lachkirchen**, *parochia*; Lahkirchen, Pfarre zum heiligen Valentin, am rechten Traun-ufer, eine und eine halbe Stunde von Gmunden. A. 1280	Mar. Pachm. Crem. 84. U. B. I. 567.

eine Pfarre genannt, erscheint sie a. 1484 wieder als Filiale a. 1490 als Vicariat von Gmunden. In der Nähe die Reste des einstigen Schlosses Hofegg.

In einer der herrlichsten Gegenden des Landes ob der Ens, welche die grossartige Pracht des Gebirgslandes mit den Vorzügen und der Bequemlichkeit des Flachlandes vereinet, am Ausflusse des Traunflusses aus dem Traun-See, amphitheatralisch hingebaut, liegt:

1049 (?), 1106, 1188.

Gemünde, Gmünden, Gemunda, *oppidum;*

U. B. II. 85.
Pillweins Traunkreis, 300.

Gmunden, eine sehr hübsche, belebte landesfürstliche Stadt, mit freundlichen Vorstädten und Landhäusern umgeben, ein wichtiger Handels- und Stapelplatz, und die Haupt-Salzniederlage. Schon a. 1188 soll Gmunden zur Landstadt geworden, und mit Mauern umgeben gewesen sein; a. 1213 war es herzogliche Zollstätte, a. 1262 eine einträgliche Maut, und die Hauptniederlage für das Ischler- und Hallstädter-Salz; die Stadt, a. 1478 eine landesfürstliche genannt, erhielt ansehnliche und vortheilhafte Privilegien.

Auf der Höhe entstand als eine Bruckhut die Wunderburg, von der nur wenige Reste erübrigen. Die Stadtpfarrkirche zur heiligen Maria erhielt seit 1626 das Patrocinnium zu den heiligen drei Königen; neben derselben befand sich die Anna-Capelle. C. a. 1484 war die Pfarre Gmunden dem Nonnenkloster Niedernburg in Passau einverleibt. Die Gründung des Spitales fällt in das vierzehnte Jahrhundert; die Spitalkirche ist dem heiligen Jakob geweiht. In der Nähe der Stadt sind mehrere Freisitze und die Schlösser: Mühlwang und Oberweis.

Buchinger, Geschichte von Passau, II. 190.

1092, 1110.

Unweit davon auf einer Insel des Traun-Sees wurde zum Schutze des Ortes Gmunden das Schloss Ort erbaut, zugleich der Sitz eigener Edlen von Ort; a. 1340 entstand das Landschloss Ort; heute mit Traunkirchen ein landesfürstliches Kammergut [1]).

U. B. II. 123.
Pillweins Traunkreis, 389.

Die Schlosscapelle zu Ehren des heiligen Jakob wurde a. 1786 zu einer Pfarrkirche.

[1]) Ob vor dem Jahre 1186 Gmunden, Ort etc. zum Gebiete von Steiermark, wie das obere Salzkammergut gehört habe, oder ob zum übrigen Traungau oder Atergau kann mit Bestimmtheit nicht angegeben werde n.

1196, 1249. **Chirchaim,** *capella St. Laurentii;*

Kirchheim, einst Filiale von Vorchdorf, jetzt Stiftspfarre von Kremsmünster, an der grösseren Laudach; eine Viertel Stunde oberhalb der Kirche sind noch Mauerreste, welche für die Trümmer des ehemaligen Schlosses Untersberg oder Jattersberg ausgegeben werden.

U. B. des Stiftes Kremsmünster, 61, 96.
Pillweins Traunkreis, 332.

**1196, 1249.
P. 1280.** **Vorchdorf,** *ecclesia et parochia;*

Vorchdorf, eine dem Stifte Kremsmünster einverleibte Pfarre zur heiligen Maria, und hübscher Pfarrort an der Laudach, und an den Strassen von Lambach nach Kirchdorf, von Gmunden nach Steyer; gegenüber der Kirche das ehemalige Schloss Hochhaus, urkundlich Hohus.

U. B. des Stiftes Kremsmünster, 62.
U. B. II. 457.

788.

Inv. P. II. 5, 43.

992, 1136. **Turdina, Tucurwanch, Tegrenwange,**

Teuerwang, Hof der Teuerwanger, die im vierzehnten Jahrhunderte blühten, heute Gast- und Mayrhof am rechten Alben-Ufer.

U. B. I. 647.
U. B. des Stiftes Kremsmünster, 27, 216.

Eine halbe Stunde südlich von Vorchdorf:

1287. **Eginperg,**

Egenberg, Edelsitz der Egenperger, heute Bräuhaus; die Schlosscapelle zu Ehren der heiligen Petrus und Paulus wurde a. 1783 abgebrochen.

U. B. des Stiftes Kremsmünster, 143, 144.

1249. **Ainsideling,** *capella;*

Einsiedling, Ortschaft in der Pfarre Vorchdorf mit dem Kirchlein zum heiligen Bartholomäus.

U. B. des Stiftes Kremsmünster, 96.

993. **Egininstein,**

Egenstein, zur Pfarre Petenbach gehörige Ortschaft, am rechten Alben-Ufer.

U. B. II. 69.

993. **Harda superior,** *silva;*

der obere Hart, eine Waldung, die östlich vom Aiter-Bache, längs des Sip-Baches und Leom-Baches sich hindehnt.

U. B. II. 69.

Nahe am Aiter-Bache, westlich vom Pfarrorte Ried:

1170. **Rechperge, Rechperch, Rehperhe,**

Rechberg, ein nur in wenigen Ueberbleibseln erkennbares Schloss der Rechperger, Dienstmannen der Polheimer.

U. B. des Stiftes Kremsmünster, 60, 249.
Pillweins Traunkreis, 387.

Anno vel circa annum.		Quellen-Citat.
P. 1179, 1249.	**Riut. Riede.** *ecclesia et parochia;* Ried. die dem Stifte Kremsmünster gehörige Pfarre zum heiligen Nicolaus.	U. B. des Stiftes Kremsmünster, 49, 96. U. B. II. 363.
1162.	**Wigantesdorf, Waeigantsdorf,** *locus cum praediis, et ecclesia St. Jacobi;* Weigerstorf, zur Pfarre Ried gehörende Ortschaft und Filial-kirche, drei Viertel Stunden westlich von Kremsmünster.	U. B. II. 317.
	Zu beiden Seiten der Krems, zwischen Kremsmünster und Schlierbach:	
1083, P. 1179, 1249.	**Wartperch, Wartpehre.** *praedium, ecclesia et parochia in pago Olesburgensi;* Wartberg, ein ansehnliches Pfarrdorf; die Pfarrkirche zum heiligen Kilian baute u. 1083 das Kloster Kremsmünster, welchem auch die Pfarre einverleibt wurde; später kam Wartberg, wie Kirchdorf an das Nonnenstift Schlierbach; neben der Pfarrkirche die St. Anna-Capelle, mit der Jahres-zahl 1127.	U. B. II. 719, 363. U. B. des Stiftes Kremsmünster. 31, 60.
1110. 1270.	**Nuzbach.** Nussbach, dem Stifte Schlierbach gehörige Pfarre zum heiligen Leonhard; früher Filiale von Wartberg wurde sie u. 1784 zur selbstständigen Pfarre. Eine Viertel Stunde nördlich davon in erhabener Lage das Schloss Sinzendorf, im Besitze des Edelgeschlechtes der Sinzendorfer, heute nur noch ein Burgstall.	U. B. II. 135. U. B. des Stiftes Kremsmünster, 147. Hohenock, II. 424.
903, 1005.	**Oulinpestale.** *vallis, pagus.* **Olespurgensis** *pagus;* Das obere Kremsthal, wie es sich von Micheldorf, über Kirch-dorf, Schlierbach bis Wartberg hin erstreckt; Rapoto wird comes in pago Oulinpestale genannt.	U. B. II. 51, 71, 719.
927, 1005, 1137, 1138.	**Slierbach,** *praedium in pago Oulinpestale, postea monasterium;* Schlierbach, Schloss und Sitz der Herren von Schlierbach, später im Besitze der Herren von Capell; Eberhard von Wallsee gestaltete u. 1355 das Schloss in ein Kloster für Cistercienser-Nonnen um, die aber in der Reformations-zeit vertrieben wurden. Von 1554—1620 administrirt, wurde das Kloster dann Cistercienser-Mönchen aus Rain	U. B. I. 123. U. B. II. 71, 180. Inv. II. 126. 214.

übergeben: heute eine schöne Abtei (Marien-Saal) mit
prächtiger Kirche; ausser der Klosterpfarre gehören dem
Stifte noch die Pfarren: Wartberg, Nussbach, Kirchdorf,
Heiligenkreuz, Steinbach am Ziehberg und Klaus. Die
St. Catharinakirche zu Hofern a. 1784 demolirt.

903, P. 1083, 1093.	**Olluspespurch, Òtllespurch, Otllespurc. Olspurch,** *ecclesia et parochia, locus et forum* des Hochstiftes **Bamberg;** das heutige **Kirchdorf,** ein schöner belebter Markt (a. 1437) in dem hier wunderherrlichen Kremsthale, an der durch das Garstenthal nach Steyermark (vormals nach Venedig) sich hinziehenden Handelsstrasse, eine alte, dem Stifte Kremsmünster, seit a. 1488 dem Stifte Schlierbach einverleibte Pfarre; die Pfarrkirche wurde a. 1113 gebaut, und a. 1119 zu Ehren des heiligen Gregor M. eingeweiht, und war Mutterkirche von Windischgarsten, Schlierbach und selbst von Wartberg; aus Kirchdorf bildeten sich in neuerer Zeit noch die Pfarren: Klaus, Steinbach am Ziehberg, Heiligenkreuz; die St. Barbara-Capelle wurde a. 1784 gesperrt.	U. B. II. 71, 719. U. B. des Stiftes Kremsmünster, p. 31.
	Hoch auf einem schroffen Felsen hingebaut, eine Stunde südlich von Kirchdorf:	
1036, 1179, 1190.	**Pernstein,** *castrum;* das Schloss **Alt-Pernstein,** Sitz der Pernsteiner, zum Theile noch gut erhalten.	U. B. I. 191, U. B. II. 368.
	Diesem gegenüber, am linken Kremsufer, ebenfalls auf steilen Felsen:	
1170.	**Scellenstaine,** Schellenstein, Schloss und Sitz der Schellensteiner, nur in spärlichen Mauerresten vorhanden.	U. B. I. 179.
	In der Thalebene, zu beiden Seiten der Krems:	
1110, 1143.	**Michilindorf, Michlendorf,** Micheldorf, eine bedeutende gewerbsame Ortschaft der Pfarre Kirchdorf.	U. B. II. 135, 210.
1050, 1110, 1188.	**Imelnesdorf, Ynzinsdorf,** Inzersdorf, Sitz der Inzersdorfer, heute nach Kirchdorf gehörige Ortschaft.	U. B. I. 629. U. B. II. 411.

777, 791. P. 1100, 1189.	**Pettinpah, Petinpach.** *locus, praedium, ecclesia et parochia;* Petenbach, ein ansehnliches Pfarrdorf, unferne des Albenflusses; alte, dem Stifte Kremsmünster einverleibte Pfarre zum heiligen Benedict, die vor 1784 Magdalenaberg zur Filiale hatte; das Schloss war einst der Sitz eines eigenen Geschlechtes der von Pettenbach.	U. B. I. 307. U. B. II. 3, 5, 417.
1126.	**Seisenburg,** Schloss der Polheimer, ein prachtvoller, auf dunklem Waldgebirge thronender Lug ins Land, südlich von Petenbach.	Pillweins Traunkreis, 418.
992.	**Steinvelda, Stainfeld,** Steinfeld, zur Pfarre Viechtwang gehörige Ortschaft am Albenflusse.	U. B. I. 307. U. B. II. 69.
1159, P. 1178, 1280.	**Viehtwanch,** *locus, ecclesia et parochia;* Viechtwang, Ortschaft, und nach Kremsmünster gehörige Stiftspfarre, am linken Albenufer; die Pfarrkirche zum heiligen Johannes Evang., wurde a. 1146 durch den Grafen Albert von Rebgau gestiftet, a. 1159 eingeweiht.	U. B. II. 299, 345. U. B. I. 307. U. B. des Stiftes Kremsmünster, 41, 373. A. VII.
1204.	**Scharensteine, Scernstein,** *castrum;* Alt-Scharnstein, Schloss und Sitz der Herren von Scharnstein, auf hohen Felsen über dem rechten Ufer des Albenflusses, jetzt in Ruinen; diesem gegenüber steht in mässiger Anhöhe das dem Kloster Kremsmünster gehörige Schloss Neu-Scharnstein (Schäferleiten).	U. B. I. 321.
1160, 1212.	**Gruonna, Grunowe, Gruennawe, Grünah,** *locus et regio;* Grünau, ehemals Gegend am sogenannten Grünauer-Bache, dem Kloster Lambach gehörig, heute Ortschaft, und nach Kremsmünster gehörige Stiftspfarre zum heiligen Jakob M. (a. 1418 als Pfarre genannt) am rechten Albenufer.	U. B. II. 306, 347.
992, 1060.	**Chasiperg,** *Mons;* Der Kas-Berg, der sich zwischen dem Alben-See und der Grünau zu einer Höhe von 5496 Wiener Fuss über das Meer erhebt, mit Alpen und Weiden.	U. B. II. 718, 306.

Anno
vel circa annos.

Quellen-Cital.

777, 791, 1061. | **Albina, Albana,** *fluvius, flumen;*
der dem Alben-See entströmende Alm- oder Alben-Fluss, der, theilweise flossbar, in nördlicher Richtung sich zwischen Gebüsch und Gerölle fortwindet, und bei Lambach mit der Traun sich vereiniget.

U. B. II. 3, 5, 18, 91.

882, 992. | **Alpansse, Alpense,** *Lacus, Stagnum;*
Alben-See, ein am Fusse der höchsten Gebirge (zwischen Oesterreich und Steyermark) gelagertes Seebecken mit 156½ Joch Flächeninhaltes; Kaiser Carl der Grosse schenkte ihn sammt aller Nutzung dem Kloster Kremsmünster.

U. B. II. 7, 718.

Marchionatus Styria,

et

Pars Carantaniae.

Unter der **Marchionatus Stiria** wird hiemit jener Theil des Traungaues begriffen, den die steyrischen Ottokare, die ursprünglichen Traungaugrafen, an der Ens und Steyer hinein, und an der oberen Traun hinauf, als Allodium besassen, mit Zuthun Kaiser Heinrich III. mit der obercarautanischen Mark, die sie nach dem Tode des Grafen Gottfried von Wels und Lambach a. 1056 erhalten hatten, vereinigten, und für diese reichs-unmittelbare Gesammtbesitzung, weil sie gröstentheils auf der Styraburg walteten, die Benennung: **marchionatus stiria,** Steyer-**Mark, Steyermark,** (seit 1070) in Vordergrund treten liessen.

1070.

Doch die Abgränzung der steyrischen Mark, so weit sie diesseits des norischen Alpenzuges gegen den noch übrigen Theil des Traungaues, der unter der Herrschaft der Herzoge von Baiern, seit a. 1156 aber der österreichischen Herzoge stand, herein-reichte, lässt sich kaum mit Präcision angeben; so viel steht fest, dass der diesseitige Theil der Steyermark in sich begriffen habe:

A) Das Wassergebiet der Ens und Steyer vom Frenzbache (bei Altenmarkt) und dem Hochgebirge heraus bis zum Ramingbache, über die Stadt Steyer, bis Dietach und Sier-ning, somit das Ensthal bis Altenmarkt, sammt dem Gaflenz- und

Pritz, Gesch. d. Landes ob der Ens. I. 253, 256.

Reichramingthale, das Steyerthal bis zum Ursprung dieses Flusses hinauf, sammt dem Garstenthale, den Stoder- und Steyerlingthälern.

B) Das heutige Salzkammergut, nämlich die Gegend am Hallstätter-See, über Goisern, Laufen, Ischel, Traunkirchen herab bis gegen das Ende desTraun-See's, kurz das Wassergebiet der oberen Traun, mit Ausschluss des Gosach- und Ischel-Thales und der Gegend am Aber-See hinauf.

Die Ottokare besassen wohl auch die **Ensburg**, aber diese gehörte kaum zur eigentlichen Mark; sie mochten selbe c. a. 1030 als Lehen von Passau erhalten haben.

A. 1186 war das Herzogthum Steyermark an den babenbergischen Herzog Leopold VI. von Oesterreich übergeben worden, und in der Folge wurde die Stadt Steyer sammt dem hiezu gehörigen Gebiete diesseits der Alpen, zum Herzogthume Oesterreich geschlagen, und hörte auf, die Residenz der Landesfürsten zu sein, wurde aber dafür der Sitz der Burggrafen, die unabhängig vom Landeshauptmanne, und aus dem angesehensten Adel des Landes waren [1]).

985, 1110, 1125.

C. a. 980 hatte Ottokar II. als eine Wehr gegen die weiteren Einfälle der Ungarn, auf den Felsen am Zusammenflusse der Ens und Steyer die **Stirapuhre, Styrapurhe, Styraburg, castrum Stire, Styrie**, erbaut; am Fusse des Berges entstand, allmälig, der Ort **Styra, Styre, Styer, Styria, Stira, Steyer**, zuerst die Berggasse, dann die untere Stadt, das Ensdorf, später am Steyerflusse erhoben sich die Häuser, Mühlen, Hammerwerke, Schleifen und andere Eisenwerkstätten des Steyerdorfes.

U. B. I. 172, 472.
U. B. II. 168.
Pritz, Gesch. d. Stadt Steyer, 82.

1082, 1110, 1170.

Schon a. 1082 wird **Styra, Steyer** eine Stadt (*urbs*) genannt; durch die Eisen- und Stahlarbeiten, von denen manche fast an den Ursprung der Stadt hinanreichen, nahm diese immer zu; die Zahl der Bewohner und der Vermögensstand vermehrte sich stets. Noch mehr für die Emporbringung des Wohlstandes

U. B. II. 116, 133.
U. B. I. 173

---

[1]) Preuenhuber (in seinen Annalen von Steyer p. 367—380) hat von anno 1284—1631 folgende Burggrafen aufgezeichnet: Seusenegger, Neidegger, Rorer, Volkenstorfer, Panhalme, Schechken, Kerschperger, Hayden, Preuhaven, Wallseer, Anhanger, Zethlinger, Khresslinger, Kraft, Polheimer, Stahrembergker, Lichtensteine, Rogendorfer, Hofmann, endlich die Freiherren von Lamberg.

Schon zur Zeit der Ottokare sassen auf der Burg zu Steyer Burggrafen, die sich de Styra schrieben (a. 1092—1111), von welchen die nachmaligen Stahrembergke und Losensteine abstammten.

Pritz, Gesch. d. Landes ob der Ens, I. 350.

sorgten die Landesfürsten durch Verleihung ansehnlicher Privilegien; dieses, wie die Niederlage des Eisens, und der Handel in die fernsten Gegenden bewirkte, dass Steyer alle österreichischen Städte, Wien ausgenommen, an Geld und Credit übertraf, darum grosse Wechselgeschäfte nach allen Richtungen der Welt treiben konnte. Indessen drückten den errungenen Wohlstand der Stadt Unglücke aller Art allmälig immer mehr herab; Auswanderung der reicheren Privaten, grosse Sterbefälle, Wassergüsse, Feuersbrünste, Kriege; und doch ist Steyer anheute noch einer der rührigsten Industrie- und Handelsorte des Landes, in einem herrlich-romantischen Thale, am Fusse der Berge, welche die letzte Abdachung der hohen Alpen ausmachen.

A. 1287 wird der Kirche *St. Aegidii et Colomanni in urbe Styra* gedacht; a. 1305 wird sie, eine Filiale von Garsten, dem Kloster Garsten mit allen pfarrlichen Rechten übergeben, und a. 1437 zu einer selbstständigen Pfarre erhoben; zwischen 1443—1522 wurde die Stadtpfarrkirche in ihrer gegenwärtigen Gestalt gebaut; daneben die St. Margarethen-Capelle im altdeutschen Geschmacke; die Capellen zur heiligen Dreifaltigkeit und zum heiligen Michael wurden demolirt, so wie die Kirche der Cölestinerinnen (zur Verkündigung Mariens a. 1693 eingeweiht) u. 1784 gesperrt, und zu profanen Zwecken umgestaltet wurde. A. 1305 stiftete und baute Elisabetha, die Gemalin Kaiser Albrecht I. das Bürgerspital mit Kirche, welch letztere a. 1785 zum Pfarrhofe für die Vorstadtpfarre umgebaut wurde; a. 1472 bis 1478 wurde das Kloster der Dominicaner errichtet; a. 1478 bis 1480 wird die Stadt mit Mauern und Gräben umgeben; a. 1631 begann der Bau des Jesuiten-Collegiums; a. 1677 war die St. Michaelskirche vollendet; von 1632 bis 1773 blühte das Gymnasium. Das Rathhaus besteht seit 1422. Das prächtige Schloss Steyer (die einstige Stirapurhe) mit der dazu gehörigen Herrschaft, war a. 1666 durch Kauf an die Grafen von Lamberg gediehen, und ist anjetzt noch im Besitze der Fürsten von Lamberg.

An der Stadt Steyer vermält sich mit der stärkeren Ens:

Styra, Stiria, Steyer, *flumen;*

der Steyer-Fluss, dieser hat seinen Ursprung am Anfange des Hinterstoderthales mitten unter den höchsten Gebirgen Oesterreichs, nimmt als die vorzüglicheren Nebenflüsse die Teichel, die Steyerling und die krumme Steyerling auf, und in ein tiefes Rinnsaal gebannt, und viele Mühlen,

Hämmer und Gewerke treibend, wälzt er seine klaren Fluthen gegen die Stadt Steyer, die von ihm den Namen borgte.

985, 1082, 1110.

Sapiniheen, Sabiniche, *locus et riculus;*
der **Sarming-Bach,** auch **Teufels-Bach,** unweit der Stadt Steyer in den Steyerfluss stürzend; die Ortschaft **Sarminggasse** erhielt davon den Namen.

U. B. I. 472, 122.
U. B. II. 116.

Eine halbe Stunde südlich von der Stadt Steyer, hart am linken Ufer der Ens:

983, 1082, 1110, 1143.

Garstina, Garstyna, Gaerstin, Gerstina, *locus, ecclesia, parochia et monasterium;*
Steyer-Garsten; war a. 983 eine Filiale von Sierning, wurde a. 1082 durch den Markgrafen Ottokar V. gegen die Pfarre Behamberg unter der Ens vom Bischofe Altmann von Passau, mit allen geistlichen Rechten und Zehenten zu dem Zwecke eingetauscht, um daselbst ein Kloster (monasterium) für Kleriker errichten zu können, und wirklich begann Markgraf Ottokar den Bau zu Ehren der heiligen Maria, und stattete die Stiftung mit verschiedenen Gütern und Liegenschaften aus, die vom Frenzbache, und vom oberen Ramingflusse bis zum unteren Ramingbache, dann zwischen der Ens und Steyer bis zum Rötenbach reichten. A. 1107 übergab Markgraf Ottokar VI. das Kloster Benediktiner-Mönchen aus Götweih, denen Berthold, aus einem angesehenen Edelgeschlechte entsprossen, von 1111—1142 als heiliger Abt vorstand, und der das Kloster in jeder Beziehung zu hohem Flor emporbrachte. Im weiteren Verlaufe erhielt das Stift Garsten folgende Pfarren und Kirchen: Steyer, Aschach an der Steyer, Steinbach an der Steyer, Gaflenz mit Weyer, Neustift und Raming (Grossraming), Losenstein, Ternberg, Molln mit Frauenstein, Haselbach (St. Magdalena bei Linz), zuletzt Christkindl. A. 1443 wurde die Pfarrkirche zu Garsten gebaut, die aber nach der a. 1787 erfolgten Auflösung des Stiftes, a. 1792 niedergerissen wurde; dafür wurde die schöne Stiftskirche Pfarrgotteshaus; die Klostergebäude sind dermals zur Haft-Anstalt für männliche Sträflinge verwendet.

U. B. I. 472.
115 — 202.
U. B. II. 116,
123, 209.

1110, 1143.

Tanberch, Danbere, *mons et silva;*
der **Damberg, Dammberg,** Berg und Wald, am rechten Ensufer, eine Stunde südlich von Steyer, eigentlich

U. B. I. 122.
U. B. II. 209.

ein Riesendamm der hier beginnenden, nach Steyermark sich hineinziehenden Alpen.

Südlich davon stürzt aus einer Schlucht

1110, 1143.   der **Tanpach, Tampach, Danbach, Tanbahe,** rivus, fluviolus, amnis, **Danbach** hervor, und vereiniget sich mit der Ens, so wie westlich davon: — U. B. II. 134. 209, 384.

1183.   der **Mulipah, Mühlbach** mit der Ens sich vereiniget. — U. B. I. 161.

An den nördlichen Abfällen des Dammberges, Garsten gegenüber, liegt:

1110.   St. Ulrich, a. 1411 zuerst als eine grössere Capelle erbaut, seit 1785 Pfarre; unferne die Ortschaft: **Jagirinberge,** Jagernberg, in der Stiftungsurkunde für Garsten genannt. — U. B. II. 134.

Eine halbe Stunde unterhalb der Stadt Steyer, vereiniget sich mit der Ens:

1082, 1110.   Die **Rubinicha, Rubicha, Robinicha, Rubnicha inferior,** fluvius; der untere **Ramlng-Bach,** aus den Neustifter Bergen herabkommend, und wie ehemals die Gränze zwischen dem Gebiete der Ottokare und der Ostmark, so heute zwischen dem Lande ob und unter der Ens bildend. — U. B. I. 122. U. B. II. 116. 133.

Drei Viertel Stunden nördlich von Steyer, in einer angenehmen Ebene:

1121, 1125, 1126.   **Glanik, Gluniche, Glunichi, Gleunich,** praedium, castrum, dein monasterium; Gleink, ehemals Schloss des Edlen Arnhalm von Glunich, der c. a. 1121 den Entschluss fasste, seine Burg in ein Kloster für Mönche des Benedictiner-Ordens umzuwandeln; das Werk vollbrachte jedoch dessen Sohn Brunno mit Beihilfe der Markgrafen Ottokar VI. und Leopold des Starken von Steyer, welche verschiedene Liegenschaften, insbesondere im Garstenthale dazu gaben: die geistliche Obsorge führten die Bischöfe von Bamberg; das Kloster, dem heiligen Apostel Andreas geweiht, erhielt a. 1192 die Pfarrkirche Dietach, und a. 1271 die Pfarre Hadershofen jenseits der Ens. Nach der a. 1784 ausgesprochenen Auflösung wurde Gleink, wie Garsten, zur Dotationsherrschaft des Bischofes — U. B. II. 165. 169.

von Linz. A. 1832 wurden in das ehemalige Convent Nonnen vom Orden der Salesianerinnen eingeführt. Zu Stela, einer zur Pfarre Gleink gehörigen Ortschaft, befand sich vormals eine Kirche, die a. 1476 als Pfarre aufgezeichnet ist.

Nördlich von Gleink:

Anno		Quellen-Citat
777, 791, P. 1088, 1192.	**Tuedich, Tudeche, Twedick,** *capella, dein parochia;* **Todicha,** *ricus;* die ursprünglich zu Sierning gehörige Filiale **Dietach** wurde a. 1088 zur Pfarre gestaltet, und a. 1192 dem Kloster Gleink übergeben; die Pfarrkirche vom Bischofe Altmann zu Passau zu Ehren der heiligen Petrus und Paulus eingeweiht.	U. B. II. 3, 5, 7, 118, 436.
1074, 1110.	**Stadelen, Stadile, Stadelin,** Stadelkirchen, zur Pfarre Dietach gehörige Ortschaft, mit einem Schlosse, dem Stammhause der S t a d l e r, und einer vom Bischofe Altmann a. 1074 zu Ehren der heiligen Margaretha geweihten Kirche.	U. B. I. 124, 134. U. B. II. 135, 140, 145.
1145.	**Taenin,** Tana, Dorf bei Stadlkirchen, wo noch Ueberreste des vormaligen Edelsitzes der Herren von T a e n i n ersichtlich sind.	U. B. II. 217.
1111.	**Wolwarin, Wolfarn,** *praedium;* Wolfern, einst Filiale von Sierning, jetzt Pfarre zum heiligen Martin.	U. B. II. 141.
1160, 1180.	**Brunnaren,** *praedium;* **Brunnern,** ehemaliger Edelsitz;	U. B. I. 169, 183.
1110, 1150.	**Parschalchin, Parschalchingen,** Parschalling;	U. B. I. 124. U. B. II. 133.

zur Pfarre Sierning gehörige Ortschaften.

Auf einer Anhöhe nicht weit vom Steyerflusse:

Anno		Quellen-Citat
77, 791, 802, 985, 1150, 1183.	**Sirnicha, Sirniche, Sirnik,** *rivus, forestum, ecclesia et parochia cum decimis;* Sierning, ein ansehnliches gewerbühriges Dorf, und umfangreiche Pfarre zum heiligen Stephan, die einst Thanstetten, Wolfern, Maria-Lah, ja Dietach und Garsten zu Tochterkirchen hatte. Vor dem Jahre 1784 besass das Domcapitel Passau die Herrschaft Sierning in der Eigenschaft einer Pfarrpfründe.	U. B. I. 472, 480. U. B. II. 17, 256, 382. Pillweins Traunkreis, 420.

1110.

Ascha, Aschaa, *ecclesia St. Martini, praedium;*
Aschach an der Steyer; a. 1108—1110 dem Kloster Garsten übergeben, und von dort aus versehen, heute Pfarre über dem rechten Ufer der Steyer in freier Lage.

U. B. I. 122.
U. B. II. 134

1300.

Neunchirchen, *parochia;*
Waldneukirchen, seit 1330 schon Pfarre mit der Kirche zu den heiligen Aposteln Petrus und Paulus. Die Kirche zum heiligen Nicolaus wurde im vorigen Jahrhunderte gesperrt und abgetragen. Eine Viertel Stunde von Waldneukirchen, sind die Ruinen eines Schlosses ersichtlich, heute der Teufelsthurm genannt, wahrscheinlich ein Werk der Rorer.

U. B. des Stiftes
Kremsmünster.
A. IX. 374.

1130, 1140.

Grunnenpurch, Grunnenburg, Grunbure, Gronibure,
Grünburg, am linken Ufer des Steyerflusses, vormals Schloss und Sitz der Edlen von Grunnenburg, das mit Leonstein a. 1380 zerstört worden war; aus den Ueberresten des Schlosses scheint die Kirche zum heiligen Georg entstanden zu sein, die, früher eine Filiale von Waldneukirchen, a. 1457 schon Pfarre genannt wurde. Beide Orte, Ober- und Unter-Grünburg liegen, an der Strasse von Steyer nach Klaus.

U. B. I. 250.
U. B. II. 109.
Pillweins Traun-
kreis, 372.

Am rechten Ufer der Steyer:

**1120, 1140.
1150.**

Steinpach, Steinbach,
Steinbach an der Steyer, auch **Messerer-Steinbach,** einst Schloss und Sitz eigener Edlen von Steinbach: schon a. 1450 war Steinbach eine nach Garsten gehörige Klosterpfarre; die Pfarrkirche dem heiligen Bartholomäus geweiht; der Ort sehr industriös und ehemals wohlhabend.

U. B. I. 143.
U. B. II. 251.

Unferne davon:

1120, 1140.

Peusinwanc, Posenwanc, *praedium;*
Pieselwang, ehemaliger Edelsitz, und zerstreut gelegene Ortschaft.

U. B. I. 141, 151.
U. B. II. 123.

1110, 1143.

Terinperch, Terniperch, Dernbere, Ternberch, *ecclesia et parochia St. Viti;*
Ternberg, Pfarrort am rechten Ufer der Ens, und an der Strasse nach Steyermark; bereits a. 1110 als Kirche dem Kloster Garsten übergeben.

U. B. I. 122.
U. B. II. 134,
143, 210.

Anno vel circa annum.		Quellen-Citat.
	Weiter an der Ens hinauf, in einem von hohen Bergen eingeschlossenen Thale:	
1180, 1252.	**Losstein, Losinstein**, *castrum;* Losenstein, umfangreiche Pfarre, Pfarrdorf und Schlossruine des ehemaligen Stammhauses der Edlen von Losenstein, die, wie die Stahremberger, von Gundacar von Steyer abstammten, und a. 1692 ausstarben; die Pfarrkirche, vormals dem Kloster Garsten zuständig, ist dem heiligen Blasius geweiht.	U. B. II. 404. Pritz, Gesch. d. Landes ob der Ens, I. 356.
1255.	Arsberg, Ortschaft an der Ens, wurde a. 1255 an das Kloster Garsten gegeben.	Pritz, Gesch. d. Kl. Garsten, 427.
1300.	**Ecclesia de Rubnich, Raming,** Gross-Raming an der Ens, einst Filiale von Neustift, seit a. 1392 nach Garsten gehörige Stiftspfarre zum heiligen Jacobus M.	Pritz, Gesch. d. Kl. Garsten, 453. U. B. II. 468.
1300, 1124 (?).	**Niunstifte, Neunstifte,** *parochia;* Neustift, vormals zum Kloster Garsten gehörige Pfarre zum heiligen Oswald, heute marianischer Wallfahrtsort, in hochgelegener Berggegend; ursprünglich Filiale von Gaflenz.	U. B. I. 200. U. B. II. 468.
1140, 1160, 1180.	**Abilenze, Gavientz,** *fluvius;* Der Gaflenz-Bach, der durch verschiedene Nebenbäche verstärkt, unweit des Marktes Weyer in die Ens fällt; das Thal längs dieses Baches hiess: **provincia seu pagus Abelenze**, **Gaflenzgau.**	U. B. I. 120, 193. U. B. II. 188.
1140, 1160.	**Avelenze, Aulenz, Abelenzi, Gabelenz, Gauelenz,** *locus, praedium, ecclesia et parochia St. Andreae;* Pfarre und Markt Gaflenz, an der Strasse von Waidhofen über Weyer zur Ens; ursprünglich eine Filiale von Waidhofen, wird die Kirche a. 1140 durch den Bischof Reginbert von Passau eingeweiht, und dem Kloster Garsten übergeben.	U. B. I. 119, 125. U. B. II. 188, 253.
	Auf einem hohen Berge südwestlich von Gaflenz, steht die Kirche: Heiligenstein, Sebaldstein, dem heiligen Sebald geweiht, der hier c. a. 720 durch 15 Jahre als Einsiedler gelebt haben soll.	

1138 (V).

Weyer, *locus;*

Das stattliche Weyer, a. 1392 zum Markte erhoben, a. 1443 wurde die Kirche zum heilgen Johannes Evang., chevor Filiale von Gaflenz, gebaut und geweiht; a. 1643 wurde sie ein Vicariat, und eine zum Kloster Garsten gehörige Pfarre; die Benennung des Ortes leitet sich von einem vor Zeiten daselbst befindlichen See (Weiher) her.

Prilz, Gesch. v. Kl.Garsten.Linz, 1841. 126, 127.

Vier Stunden südlich von Weyer bildet die in die Ens stürzende:

1110.

Frudnitz, Frudenize, Fruznich, Frodniz, *flurius, rivus;*

der **Frenz-Bach** die Gränze zwischen Oesterreich und Steyermark, wie ehemals die Markung des dem Kloster Garsten übergebenen Districtes.

U. B. II. 134, 185.

Der Ortschaft Arzberg gegenüber, mündet in die Ens:

1082, 1110.

Rubinicha, Rubicha, Rubnicha, Robinicha superior, *fluvius;*

der **Reich-Ramiag-Fluss,** an dessen beiden Ufern die gleichnamige bedeutende Ortschaft mit verschiedenen Gewerken sich ausbreitet.

*U. B. I. 122.
U. B. II. 116, 133.*

Westlich davon, windet sich durch tiefe Gebirgsschluchten gegen Mollen und den Steyerfluss hin, die **krumme Steyerling;** nahe am Zusammenflusse der beiden Bergwässer:

1242.

Mollen. Molln,

Mollen, Pfarre mit der Kirche des heiligen Laurenz, die a. 1443 gebaut und eingeweiht wurde, bis a. 1787 Stiftspfarre von Garsten; a. 1242 wird M o l l n mit dem Hofe bei der Kirche, die Hube zu **Galsberg** (Berg und Ortschaft nördlich von Molln), und die **Garawide** (das südwärts von Molln sich hinaufziehende Thal: „in der Garaweid") urkundlich genannt.

Prilz, Gesch. d. Landes ob der Ens, I. 340.

Weiter aufwärts an der Steyer, stand die nach Pernstein gehörige Veste:

1300.

Frauenstein; die Kirche dortselbst wurde c. a. 1488 bis 1492 gebaut, a. 1784 aus Molln die Pfarre gebrochen.

Pillweiss Traunkreis, 272.

1138, 1200.

Ramesowe, Ramsawe,

Ramsau, vormals zum Kloster Garsten zehentpflichtige Ortschaft und Thal, südlich von Frauenstein.

*U. B. I. 138.
U. B. II. 623, 624.*

Am linken Steyerufer, auf der Spitze des sogenannten Heu-
berges, stand die fast unbezwingbare, den Rorern gehörige Veste
Leonstein, die a. 1390 durch Zacharias Haderer zerstört wurde;
in der Ebene befindet sich das neuere Schloss und der Pfarrort
Leonstein, mit der Kirche zum heiligen Stephan; die ehemalige
Capelle zur heiligen Anna demolirt.

Pritz, Gesch. d.
Landes ob der
Ens, II. 73.

1192.

Clûs, Cluse, Clusa. Klusen, Chlaus, *castrum,*
das **Tutatio** der Römer;

Klaus, vormalige Bergveste, Engpass, von hohen Gebirgen
und dem Steyerflusse gebildet und geschlossen; heute sind
auf einem Felsenberge das verfallene, und verfallende Schloss
noch ersichtlich; die Pfarre, mit der Kirche zum heiligen
Johannes den Täufer, vormals zu Kirchdorf gehörend, ist
dem Stifte Schlierbach einverleibt. Schon a. 1287 ging der
Waarenzug der Steyer-Bürger nach Innerösterreich und
Venedig über Klaus.

U. B. II. 439.
Pillweins Traun-
kreis, 424.

1260.

Preisekke,

Preiseck, eine halbe Stunde südlich von Klaus, am Zusammenflusse der Steyerling und der Steyer.

U. B. I. 304.

1160.

Stirnich.

Steyerling, Fluss, Thal und Ortschaft in der Pfarre Klaus.

U. B. II. 306.

1082, 1110.

**Rotenbach, Rotebach. Rotinpach, Rottin-
bach.** *rivus;*

der **Vorder-Rötenbach, Rettenbach.** der bei St. Pankraz in
die Steyer fällt, und einst die Gränzmarke des a. 1082
dem Kloster Garsten zugewiesenen Bezirkes bildete.

U. B. I. 122.
U. B. II. 116, 133.

1125, 1163.

Tyecha, *flumen, flurius;*

der **Teichl-Fluss** entspringt aus dem, am östlichen Fusse des
Warscheneck gelagerten Wilden-See, verliert sich unter-
halb des rodelnden Luegs in die Erde, und erscheint am
Pyrhn-Berge wieder, fliesst an Spital, Windischgarsten und
St. Pankraz vorüber, und vereiniget sich bei Dürnbach mit
der Steyer.

Die Teichel hat folgende Nebenbäche: *A)* den mit
dem **Erlipahe, Erllbahe.** Edel-Bach, und mit dem
Tratten-Bach vereinigten **Tanpahe, Dam-Bach;** *B)* den

U. B. II. 165, 383.

1190.

U. B. II. 384.

Anno vel circa annum.		Quellen-Citat.

hinteren oder inneren **Rotinpach**, **Röttenbach;** *C)* den

1125. aus dem Gleinker-See abfliessenden **Sepach, Sebach,** | U. B. II. 165.

1190. Seebach; *D)* den **Plesling-Bach, Plznie, Pleznich,** | U. B. II. 424.
flucius.

1190. Das Thalgelände längs der Teichl, vom Fusse des Pyrhn-
Berges, bis zum Steyerflusse hin, hiess ehedem das **Garsten-** | U. B. II. 424.
thal, Gerstenthal, vallis Gersten.

1125, 1183. In der Stiftungsurkunde für das Kloster Gleink vom Jahre | U. B. II. 167, 383.
1125 werden folgende Objecte genannt: **Pyrnus, Pirnus,**
der **Pyrdo, Pirtlo, Piren,** *mons;*
der heutige **Pyrhn-Berg,** die Gränzmarke zwischen Oesterreich
und Steyermark, über welchen, wie heute, so auch zur
Römerzeit die Heerstrasse, und im Mittelalter die Handelsstrasse nach Illyrien und Italien sich hinüberzog.

1125. **Wurchogel**, *Mons;* in der Nähe von Spital. | U. B. II. 167.

1125. **Chaelzerawe**, *silra;* | U. B. II. 167.
Kaiseran, die heutige **Gleinkerau,** auch insgemein die „Au"
genannt; sie zog sich von Spital bis Windischgarsten längs
des rechten Ufers der Teichl hin.

1125. **Stagnum, de quo nomen sumsit Sebach,** der | U. B. II. 167.
Gleinker-See.

Lacus **Lawn, Lawen;** etwa der **Windhager-See.** | U. B. II. 167.

1125. **Thorstacin,** *rupes;* etwa der **Warscheneck** und die **Todten-** | U. B. II. 167.
mauer.

1125. **Willese, Willense,** der **Wild-** oder **Wilden-See,** aus | U. B. II. 167.
dem die Teichl entspringt.

1125. **Pirnse,** Teich auf dem Pyrhn-Berge. | U. B. II. 167.

1125, 1223. **Swerzenberch, Suarzinperge,** *mons;* | U. B. II. 168,
Schwarzenberg, ein westwärts von Spital sich erhebender | 383, 643.
Gebirgsstock.

1099, 1119, **Windischgersten, Windisgersten, Windiske-** | U. B. II. 167,
1125, 1170, **gaersten,** *villa, ecclesia;* | 384, 385.
1183, 1197. **Windischgarsten,** ein hübscher Markt (seit 1444) an der Han- | U. B. des Stiftes
delsstrasse von Oesterreich nach Steyermark, in dem herr- | Kremsmünster,
lichen Garstenthale; a. 1099 wurde die Kirche durch den | 371.
Abt Alram von Kremsmünster erbaut, und a. 1119 zu
Ehren der heiligen Maria eingeweiht; blieb bis a. 1197
eine Filiale von Kirchdorf, in welchem Jahre sie von dem

Taufrechte der Kirche Wartberg-Kirchdorf eximirt wurde,
und wird a. 1179 unter den nach Kremsmünster gehörigen
Pfarreien aufgeführt. Die Pfarrkirche erhielt später die
Weihe zu Ehren des heiligen Jacobus des Gr., nachdem
sie dem Collegiatstifte Spital übergeben worden war;
St. Pankraz und Vorderstoder waren nach Windischgarsten
gehörende Filialen.

Eine und eine halbe Stunde südwärts, am Fusse des Pyrhn-
Berges, in romantischer Gegend: das

1190.   **Hospitale St. Mariae ad montem Pyrnum;**   U. B. II. 423.
Spital am Pyrhn. Zur Zeit der Kreuzzüge und der Wan-
derungen zum Grabe des Erlösers, als viele Pilger auf der
Strasse durch das Garstenthal über den Pyrhn zum Welt-
meere hinzogen, bestand dortselbst zu Anfang des zwölften
Jahrhunderts eine kleine Herberge für Reisende. Otto II.
Bischof von Bamberg gründete zur Zeit des Kreuzzuges
a. 1189 — 1190 ein Hospitium für Pilger und Reisende,
und übergab dasselbe sammt der Kirche zur heiligen Maria
einem geistlichen Vereine. Später, als die Kreuzzüge auf-
gehört hatten, verwandelte Bischof Albert von Bamberg,
das mit ansehnlichen Besitzungen ausgestattete Hospitium
in ein weltpriesterliches Collegiatstift (a. 1418), das
a. 1605 zur Probstei wurde. A. 1807 aufgelöset, wurde
Spital den Benedictinern von St. Blasien (im Schwarzwalde)
übergeben, die es aber a. 1809 wieder verliessen.
Die geschmackvoll gebaute Stiftskirche jetzt Pfarrkirche
des Ortes; die Stiftsgebäude grösstentheils Ruinen. Eine Viertel
Stunde südlich auf einem Felsen ist das Filialgotteshaus zum
heiligen Leonhard aus der Zeit von a. 1443.

Jenseits des Pyrhn-Berges, und südlich des Gebirgszuges,
in *Carantania superiori*:

1005, 1110,   **Enstal, Ensital, Ensitala, Vallis anensis,** *pagus;*   Juv. II. 215.
1115.   das Ensthal, längs des Ensflusses von Schladming bis Ad-   U. B. II. 134, 130.
mont hinabreichend.

860, 930, 1005,   **Adamunta, Ademundi, Ad Montem,** *vallis,*   Juv. II. 94, 134,
1074.   *praedium, coenobium, locus patellarum;*   200, 215, 281.
Admont, am rechten Ufer der Ens, seit a. 1074 vom Erzbischofe
Gebhard von Salzburg gestiftete, heute ansehnliche

Benedictiner-Abtei zum heiligen Blasius, mit bedeutendem Gütercomplex, Studienanstalten, herrlicher Bibliothek, Museum; von a. 1128—1590 bestand dahier auch ein Nonnenkloster; westlich vom Stifte der gleichnamige Marktflecken.

Nördlich von Admont:

1170.	**Weng, ad Wenge,** *forestum;*	Inv. II. 260, 281.
1170, 1074.	**Halle,** *salina et locus patellarum, ad anasum in valle admuntina;*	
	Weng und Hall, eingegangene Salzstätten, jetzt zwei Kirchdörfer.	
1170, 1074, 1183.	**Arnleck, Arnich,** *villae duae;*	Inv. II. 260, 281, U.B. II. 337, 390.
	Ardning, Localcuratie zum heiligen Johannes Bapt. im Ensthale zwischen Admont und Liezen.	
978, 1074, 1170, 1186.	**Palta, Palte,** *silva, flumen, vallis;*	Inv. II. 201, 260. U.B. II. 337, 402.
	der Palten-Fluss, unterhalb Liezen in die Ens mündend; das Paltenthal, von Gaishorn über St. Lorenzen, Rotenmann bis zur Ens reichend.	
1074, 1110, 1143, 1160.	**Strechowe, Strechowa, Strechouu,** *castrum;*	Inv. II. 260. U.B.I. 122, 184. U.B.II. 135, 210.
	Strechau, eine umfangreiche, noch wohlerhaltene Burg und Bergfestung, auf einem steilen Felsenrücken im Paltenthale, bei Rotenmann; vormals Burggebiet.	
1074, 1093, 1139, 1168, 1170.	**(ad) Luezen, Liuzen, Luzen, Luzin,**	Inv. II. 260, 281. U. B. II. 184, 234, 338.
	Liezen, grosse, ansehnliche Ortschaft mit der Pfarrkirche zum heiligen Vitus, im Ensthale an der Strasse von Pyrhn nach Zeyring.	
1139.	**Mitterndorf,**	U.B.II. 185, 391.
	Mitterndorf, Pfarre zur heiligen Margaretha, an der Strasse von Aussee in das Ensthal.	
1192.	**Aussee, Avsse,** *salina, forum;*	U. B. II. 435.
	Aussee, ein ansehnlicher belebter Markt, am Zusammenflusse des Aussee-Baches und der Traun, im steyermärkischen Salzkammergute, mit Salzbergwerken am nahen Sandling, und Salzpfannen; gehörte, wie Ischel, den steyrischen Otto-karen. So wie Aussee ursprünglich zum Gebiete des Traun-gaues gehörte, ebenso gehörte es in geistlicher Beziehung zur Diöcese Passau.	

777, 800, 1292. **Halle, Halstat, Halstad,** *locus cum patenis duabus ad sal coquendum. salina major, in Traungau;*

Hallstatt, seit a. 1311 landesfürstlicher Marktflecken, am westlichen Ufer des gleichnamigen See's, von ungeheuren Felsen eingeschlossen, von aller Welt abgeschieden; einst, wie Aussee, eine Filiale von Traunkirchen, nachher von Goisern; a. 1320 wurde die Kirche zur heiligen Maria geweiht; ehedem soll die St. Michaelskirche das Pfarrgotteshaus gewesen sein.

Schon die Celten, und nach ihnen die Römer gruben in dem nahen Salzberge auf Salz; a. 777 kömmt dieses Salzbergwerk als salina major vor; a. 1284 baute Herzog Albrecht I. von Oesterreich den Thurm als Vertheidigungsplatz für die österreichische und steyrische Gränze, und nannte ihn Rudolfsthurm. A. 1309—1311 wurden die Salzwerke am Hallstätter-Berge eröffnet.

Chron. Lunaelac. 44.
U. B. II. 4.
Pritz, Gesch. d. Landes ob der Ens, L. 182.
Pillweins Traunkreis, 42.
U. B. des Stiftes Kremsmünster, 180.

1292. In der **Gosach. Chuchenthal. Kühthal,** *vallis, regio;*

das heutige Gosauthal, ehemals zu Salzburg gehörig, ein wahres Bild der Schweiz, durchflossen von dem aus den zwei Gosau-Seen entströmenden Gosach-Flüsschen. An den Gränzen, die Oesterreich von Salzburg schieden (etwa am Pass Gschütt), stand ein Salzberg, auf welchem Herzog Albrecht I. von Oesterreich ein Salzwerk eröffnen, Salzpfannen errichten, und für die Salzarbeiter den Flecken **Traunau** (wahrscheinlich am Ausflusse der Traun aus dem Hallstätter-See) erbauen liess. Doch Erzbischof Conrad IV. von Salzburg liess diese Salzstätte, wie den Ort Traunau, zerstören.

Pillweins Traunkreis, 472.
Kurz, Friedrich der Schöne, 444, 446.

1292.

Südwestlich von Goisern das Thal und die Ortschaft: **Ramsau, Ramesowe.**

1013. **Goisern,**

Goisern, eine bedeutende Ortschaft und Pfarre zum heiligen Martin, in wunderschöner Thalgegend am rechten Traunufer, an der Strasse von Ischel nach Aussee; einst die Mutterpfarre des oberen Salzkammergutes; unweit soll die **Goisernburg** gestanden sein; heute zeigt sich ausserhalb des Ortes das Schloss **Neuwildenstein.**

Pillweins Traunkreis, 178, 470.

Anno vel circa annum.		Quellen-Citat.

800, 807, 899. **Lauppa, Louppa** *(locus in pago Traungauue)*, **Loufl, Loufun**,

Laufea, Laufen, ein landesfürstlicher Burgflecken, am rechten Ufer der Traun, die hier schnell und reissend über einen Felsen stürzt (der wilde Lanffen), vormals Stapelplatz der Abtei Traunkirchen für das Hallstätter-Salz; die Pfarrkirche zur heiligen Maria wird a. 1320 als solche genannt.

Chron. Lunaelac. 41.

U. B. I. 28.
Pritz, Gesch. d. Landes ob der Ens, I. 336.
Pillweins Traunkreis, 343.

748, 829, 849. **Iscila, Iscala, Yscula, Iscla**, *rivus, fluvius*; der Ischel-Fluss, Abfluss des Aber-See's in die Traun.

Chron. Lunaelac. 4, 151.
U. B. I. 94.
U. B. II. 12, 19.

An der Vereinigung der Ischel mit der Traun, der Strassen von Aussee, Salzburg und Gmunden, im Mittelpunkte mehrerer Thäler, in einer mit Naturschönheiten reich ausgestatteten Gegend liegt der landesfürstliche freie, ansehnliche Markt und Curort europäischen Rufes mit schönen, palastähnlichen Gebäuden, Villen, Badanstalten (Soolbädern)

890, 978, 1192, 1257. **Ischel, Iskila, Iskala** im Traungau, seit ältester Zeit bekannt als Saline. Schon im neunten Jahrhunderte scheint die Salzstätte in Ischel bestanden zu haben, und das Pfannhaus war damals gewiss im sogenannten Pfanndl, eine halbe Stunde westlich von Ischel; zur Zeit der steyrischen Ottokare war die Ischler-Saline im regen Betriebe; der gegenwärtige, eine Stunde südöstlich gelegene Salzberg wurde a. 1563 eröffnet. A. 1257 kommt das **praedium an der Iselen, Ischelen** vor, und damals wird der Salzmeister von **Ischel** genannt. Die Kirche zum heiligen Nicolaus, ursprünglich eine Filiale von Traunkirchen, war schon im zwölften Jahrhunderte erbaut, und wurde a. 1320 reconcilirt; a. 1554 wurde Ischel als Pfarre von Goisern getrennt. A. 1392 erhielt der Ort volle Handelsfreiheit der Städte, und a. 1466 die Marktprivilegien.

Juv. II. 112, 201.
U. B. II. 435.

Pillweins Traunkreis, 339, 340

Die Gegend um Ischel, so wie der ganze Landstrich von Hallstatt bis Altmünster hinab wurde als ein für sich bestehender Landstrich betrachtet und behandelt, und hiess: **provincia Ischelen, Ischelland**, das heutige Salzkammergut. Dieses Gebiet wurde a. 1254 vom K. Ottokar von der Steyermark abgetrennt, und dem Herzogthume Oesterreich einverleibt. Die Aufsicht darüber führte der Salzmeister, mit seinem Pfleger und **1250.** Richter auf dem Schlosse: **Wildenstein**, heute die in waldiger Höhe befindliche Ruine: **Alt-Wildenstein**.

Chron. Lunaelac. 151, 154.
Pillweins Traunkreis, 178, 340.

Pritz, Gesch. d. Landes ob der Ens, I. 304.

Anno vel circa annum.		Quellen-Citat.

975, 890. **Wassinperch,** *acutus mons*, **Wachsenberg,** in Traungau; der Scharfen bei Ischel.

lav. II. 112, 201.

748. **Wizzinpah,** *rivus*; der innere, der Traun zufliessende **Weissenbach,** drei Viertel Stunden unterhalb Ischel.

U. B. I. 94.

788. **Trunse, Trunseo,** *lacus*; der **Traun-** oder **Gmundner-See,** ein prachtvolles, durch den Traunfluss gefülltes Seebecken (mit 6650 österreichischen Joch Flächeninhaltes), an dessen östlichem Ufer der Traunstein, wie ein Vorposten der östlichen Alpen sich erhebt.

lav. II. 32.

An der westlichen Bucht dieses Traun-See's, an der Stelle des heutigen Altmünster, mochte etwa im neunten Jahrhunderte schon, das Kloster für Benedictiner-Mönche:

900, 909, 1181. **Trunse, Trunseo** entstanden sein; a. 909 übergab König Ludwig IV. diese Abtei (abbatia regia) sammt aller Zugehör dem Erzbischofe Pilgrim von Salzburg, und dem Grafen Aribo.

lav. II. 25, 121.
U. B. II. 56, 374.

Bei der grossen Verwüstung durch die Ungarn a. 910 war auch diese Abtei zu Grunde gegangen. Die Ottokare, denen diese Gegend gehörte, bauten an einer anderen Stelle, mehr südwärts, auf einem in den See vorspringenden Felsen, das Kloster wieder auf; doch die Stiftung vollendeten der Markgraf Ottokar VI. und dessen Sohn Leopold von Steyer, und übergaben sie Benedictiner-Nonnen (c. a. 1110); so entstand die neue Abtei: **Traunsee.**

Pritz, Gesch. d. Landes ob der Ens, I. 343.

1110. **1191.** **Trunseo, Neumünster, Traunkirchen, Trunchirchen, Traunensis ecclesia,** *abbatia, coenobium*; A. 1174 kommt **Traunkirchen** als Pfarre vor; a. 1332 wird diese Pfarre, mit den Kirchen und Pfarren: Ischel, Goisern, Hallstatt, Aussee und Nussdorf dem Kloster einverleibt; a. 1573 löste sich das Nonnenkloster auf, wurde bis a. 1622 administrirt, dann als eine Residenz den Jesuiten von Passau übergeben. Die schöne Klosterkirche ist zu Ehren der heiligen Dreifaltigkeit und Mariens geweiht; auf dem Felsenberge die Kirche des heiligen Johannes; die Nicolaus-Capelle profanirt.

U. B. I. 191.
U. B. II. 427.

Ueber dem Schutte des alten Münsters erhob sich wieder die Kirche des heiligen Benedict als Pfarre für den Bezirk längs des Traun-See's und bis an Ater-See hinüber:

Anno wel circa annum.		Quellen-Citat.

834, 900. **Altmünster**, *ecclesia et antiquissima parochia* genannt; a. 1269 wird diese Pfarre dem Nonnenkloster Imbach (Minnbach) im Lande unter der Ens übergeben. — Unweit davon:

Pillweins Traunkreis, 39, 383.

1292. **Ebenswaer**, *praedium*, Ebensweyer, ein schönes Schloss und herrschaftliche Sommerresidenz.

Pillweins Traunkreis, 41.

Ater-Gau.

748, 773, 788. **Atragave, Adragave, Ataragaw, Atargaw, Atergov**, *pagus*;

der Atergau dehnte sich südwestlich vom Traungau, zu beiden Seiten des Ater-See's aus, von welchem er auch den Namen borgte. Seine Gränzlinie gegen den Traungau zog sich vom Hausruckberge über die Ager, und Traun an den Traun-See hin, dann wieder längs der Viechtauer-Berge hinauf zum Hochlecken, lief zwischen den beiden Weissenbach über den Leons-Berg zur Ischel hinüber; und wieder aufwärts längs des oberen Weissenbaches zum hohen Zinken und zum Königsberge (Abgränzung gegen den Pongau). Vom Königsberge lief die Gränze am Zinken-Bache zum Aber-See zurück, über den Tinnel-Bach, und den Schafberg zum Mond-See hinüber (Abgränzung gegen den Salzburggau). Vom Mond-See weg gränzten den Atergau der Dachspüchel, die Waugau, der Powanger-Wald, der Sprenzel-Bach, das Nesselthal (bei Pöndorf) und der obere Hausruck-Wald vom Matichgau ab.

Im Atergau lagen die beiden Landgerichte: **Wartenburg** und **Kamer**; jenes umfasste den östlichen Theil des Gaues, dieses lag westlich davon, und lag am Ater-See hinauf. Auch über diesen Gau walteten eigene Grafen, die auf

Inv. II. 21, 29, 31, 40, 42.
U. B. I. 24, 32.
U. B. II. 74.

788, 800, 885, 829, 1000, 1147, 1164. **Atarseo, Aterse, Atarhof**, *castrum, locus*;

Alt-Atersee sassen, einer stattlichen Burg am westlichen Ufer des Ater-See's, und am Fusse des Buch-Berges; u. 1007 wurde der Ort und die Herrschaft **Atarhof** (in comitatu Gebehardi comitis) vom Kaiser Heinrich II. an das Bisthum Bamberg geschenkt: von der zerstörten Veste sind nur

Inv. II. 20, 113, 201, 261.
U. B. I. 33, 62, 94
U. B. II. 27, 35, 74, 242, 330.

wenige Spuren ersichtlich; nur die Schlosscapelle, aus welcher die gegenwärtige Pfarr- und marianische Wall-fahrtskirche gestaltet wurde, hat sich erhalten; die einstige Kirche zum heiligen Martin scheint das Gotteshaus der a. 1276 urkundlich genannten Pfarre Atersee gewesen zu sein.

In späterer Zeit wurde landeinwärts auf einem kegelförmigen Berge das Schloss:

1263.   **Neu-Atersee** oder **Kogel** erbaut, heute ebenfalls Ruine.   Pillweins Haus-
Am Fusse desselben Berges steht das neuere Schloss **Kogel**.   ruckkreis, 293.

700, 748, 889,   **Aterse, Aterseo, Atrolacus, lacus Atragav,**   Inv. II. 42, 113.
979,   **Atersee.** lacus, piscatio ;
der Ater- oder Kamer-See, der grösste, wie auch der schönste   Chron. Lunelac.
und angenehmste Oesterreichs, dessen meergrüner Spiegel   72.
8161½ österreichische Joch Flächenmass hält.
An seinem oberen Ende empfängt er aus dem Mond-See   U. B. I. 20, 94.
die Ache, sein Abfluss am unteren Ende bildet die Ager.   U. B. II. 35.

1142, 1150.   **Appatesdorf, Abbatesdorf, Abbatisdorf,**   U. B. II. 200.
Abtstorf, ecclesia ;
Abtsdorf, unweit des westlichen Seeufers, Pfarre zum heiligen   U. B. I. 480.
Laurenz, ehemals zum Kloster Mondsee gehörend.

1115.   **St. Georgii in Atergau, Atergaudorf,** ecclesia ;   Pillweins Haus-
St. Georgen im Atergau, Pfarre und Markt im Thale an der   ruckkreis, 292.
dürren Ager ;
Die Entstehung dieser Kirche fällt in das eilfte Jahrhundert,   Pritz, Gesch. d.
wo die Bischöfe von Bamberg mit Atersee diese Gegend herum   Landes ob der
zum Eigenthum erhielten und cultivirten. Der unverbürgten Sage   Ens, I. 334.
zufolge sollte sie zuvor zur Pfarre Altmünster am Traunsee gehört
haben. Sie hatte ehemals einen grossen Umfang, und aus ihren
Filialen bildeten sich nachmals die Pfarrbezirke Weissen-
kirchen, Unterach, Atersee, Weieregg und Steinbach; heutigen Tages hat sie nur noch die, den beiden Apostelfürsten geweihte Kirche zu Berg, und die Kirche zum heiligen
Johannes Bapt. am Ahberge zu Filialen; die St. Veitskirche zu
Buch wurde a. 1787 abgebrochen.

810.	**Pattindorf,** *locus in pago Atergau;*	U. B. I. 40
	etwa die bei Atersee gelegene Ortschaft **Palastorf.**	
1220.	**Wildenhage,**	U. B. I. 482.
	Wildenhag, Ortschaft in der Pfarre St. Georgen, mit den Ruinen des einstigen Schlosses.	
1101, 1104.	**Bubenwang, Puobenwanc, Ponninwanch,** *silva et locus;*	Chron.Lunaelac. 113.
	Powang, Waldgebiet, dem Kloster Mondsee gehörig, auch nach St. Georgen gehörende Ortschaft.	U. B. II. 125.
748, 1000.	**Sprenzala, Sprensala, Sprenzlaha,** *rivus;*	Chron.Lunaelac. 4.
	der in die Veckla fliessende **Sprenzel-Bach.**	
748, 1000.	**Nezzelthal,** *vallis et locus;*	U. B. I. 94, 100.
	Nesselthal, Thal und Ortschaft, westlich von Pöndorf.	U. B. I. 94, 100.
809, 1143.	**Pogindorf;**	U. B. I. 34.
	wahrscheinlich **Pöndorf,** vormals Pfarre, heute Expositur von Frankenmarkt mit der Kirche zum heiligen Maximilian.	Pritz, Gesch. d. Landes ob der Ens, I. 334.
1225.	**Frankenmarkt,** *villa* [1]);	U. B. II. 657.
	Frankenmarkt, ehemals den Bischöfen von Bamberg gehörend, erhielt es von Kaiser Friedrich II. das Privilegium, vierzehntägige Jahrmärkte zu halten; heute ein bedeutender Markt, und zum Stifte Matsee gehörige Pfarre zum heiligen Nicolaus, am linken Veckla-Ufer, und an der Reichsstrasse von Linz nach Salzburg.	
748, 1000.	**Stuophe,** *mons;*	U. B. I. 94, 100.
	Stauf, jetzt Ortschaft und Freisitz an der Veckla, bei Frankenmarkt.	Pillwein Hausruckkreis, 392.
1197, 1200.	**Walhen,**	U. B. I. 769.
	Walchen, vormals Sitz des Edelgeschlechtes der von W a l c h e n, heute Schloss bei Vecklamarkt.	

[1]) Das Bisthum Bamberg hatte a. 1007 vom Kaiser Heinrich II. verschiedene Besitzungen im Atergau erhalten. Zur Colonisirung dieser Gegenden an der dürren Ager, Veckla und am Rödl-Bache schickte es viele Franken herein, die sich dortselbst neue Ansiedlungen gründeten, z. B. Frankenmarkt, Frankenberg; die Endungen vieler Ortsnamen auf „igen" deuten auf fränkische und schwäbische Abstammung.

Anno vel circa annum.		Quellen-Citat.

1075, 1110, 1111, 1280. **Vekklesdorf, Vekkelstorf, Vekehelstorf, Vekkilstorf, Vehilsdorf,** *ecclesia parochialis;* Vecklamarkt, zum Stifte Matsee gehörige Pfarre zur heiligen Maria, die einst Frankenburg, Neukirchen, Puchkirchen, Gampern und Fornach zu Filialen hatte; Marktflecken am rechten Ufer der Veckla: die Capelle am Pfarrsitze zu Pfaffing ist der heiligen Margaretha geweiht.
U. B. II. 105, 131, 138, 606.

750, 800. **Forhheld,** von einigen für das bei Vecklamarkt gelegene Forsterreut, einem verfallenen Rittersitze gehalten; wahrscheinlicher, wie das Fornapah (a. 1000) im Sundgau zu suchen.
U. B. I. 50, 55.

750, 770. **Waltkisinga, Walchesingen,** etwa das heutige Schloss Walkering, nordöstlich von Vecklamarkt, auf der Anhöhe über der Veckla: auch das bei Aldersbach im Vilsthale gelegene Schloss und Filialkirche Walchsing.
U. B. I. 16, 17.

1288. **Viehte,** Viecht, einstmaliger Edelsitz, unweit der Veckla.
U.B.II.417,676.

1160. **Franckenbure,** *castrum;* Frankenburg, einst ein stattliches Schloss auf steilem Gipfel eines vom Hausruckberge auslaufenden Sprossen, zum Schutze der bambergischen Besitzungen erbaut, später im Pfandbesitze der Schauenberge, Walseer, Polheimer, kam a. 1581 an die Khevenhiller, seit 1600 eine Ruine, von welcher nur spärliche Ueberreste vorhanden sind.

Drei Viertel Stunden südlich von diesem Hofberge, am Rödl-Bache erbaute sich der Ort Zwischwalden, auf welchen, als er a. 1621 zum Markte erhoben wurde, der Name Frankenburg übertragen wurde; die Kirche zum heiligen Martin, bis a.1689 Filiale von Vecklamarkt, jetzt Vicariat.

Ausserhalb des Marktes das freundliche Schloss Freyn.
U. B. II. 301.
Pillweins Hausruckkreis, 267.

1180. **Amphenwane, Amphelwanch,** Ampfelwang, am südlichen Fusse des Hausruckberges, ehemals Filiale, jetzt zu Atzbach gehöriges Pfarrvicariat mit der Kirche zum heiligen Martin; daselbst sassen Freie von Amphewanch; unweit davon der abgekommene Edelsitz Eyzing.
U. B. I. 383.

Anno vel circa annum.		Quellen-Citat.

1144, 1180. **Otenaneh, Ottenange,**

Otnang. Sitz der Herren von Otnang, heutigen Tages zu Atzbach gehöriges Pfarrvicariat zum heiligen Stephan; im Thale
an der Rödl.

U. B. I. 92, 263.
U. B. II. 216.

Auf der Spitze eines Ausläufers vom Hausruckberge, thront,
weithin sichtbar, darum die entzückendste Fernsicht in das Land
gewährend, das Schloss:

1176, 1191. **Wolfseeke, Wolfesec, Woluesekke,**

Wolfseck, Wolfsegg, auf welchem das Edelgeschlecht der
Wolfsegger sass; am Fusse des Schlossberges herum
lagert sich der gleichnamige Markt mit der Georgienkirche,
die bis a. 1784 als Filiale nach Atzbach gehörte.

U. B. I. 349, 375.
U. B. II. 428.

P. 1222. **Otespach,** ecclesia et parochia;

Atzbach, ansehnliche Pfarre mit hübscher Marienkirche, früher
Mutterkirche von Otnang, Wolfsegg, Ungenach, Zell und
Ampfelwang, an der Strasse vom Innkreise nach Schwanen-
stadt.

U. B. II. 642.

1144, 1228. **Chottpach, Chutbach, Chottbach,**

Köppach, Sitz der Herren von Chottbach, dann Schloss
der Anhanger, Jörger, heute fürstlich Auersberg'sches
Eigenthum.

U. B. II. 216, 674.

800, 824. **Puhllespuh, Puhllesbach,** in Atergau;

Ober- und Unter-Pilsbach, zwei Ortschaften in der Pfarre Atnang.
Die Kirche zu Atnang zum heiligen Martin, ohne Zweifel
alt, wird erst a. 1387 genannt.

U. B. I. 29, 39.

In lieblicher Lage nahe an der Ager, und an der Reichsstrasse nach Salzburg:

1173, 1200,
1235. **Puchelm, Puhhem,**

Puchheim, schönes Schloss, das Stammhaus der Herren, nachmals Grafen von Puchheim, kam an die österreichischen
Landesfürsten (a. 1348), später an die Polheim-Wartenburg; a. 1242 wird der Schlosscapelle zum heiligen
Georg gedacht.
Unweit Puchheim münden die dürre Aurach, und die
grosse Aurach in die Ager.

U. B. II. 374.
U. B. I. 523, 704.
Pillweins Haus-
ruckkreis, 343.

Anno vel circa annum.		Quellen-Citat.

In hoher Lage zwischen der Traun und Aurach:

750, P. 1290. **Ollesdorf, Olnstorf, Alsdorf** *in Atergau, parochia;* **Ohlsdorf,** früher die Pfarre, heute Expositur von Gmunden; die Pfarrkirche, einst dem heiligen Martin, ist jetzt der heiligen Maria gewidmet; westlich davon befindet sich in der Ortschaft **Aurach** die Nebenkirche zum heiligen Nicolaus.

U. B. I. 29, 40, 307.
Pillweins Traunkreis, 42.

823. **Mose,** das heutige **Rusenmos** in der Pfarre Regau, Sitz des Pastorates.

U. B. I. 27.

800, 823, 1134, **Repagaune, Repagouui, Repagouue, Reb-**
1140, 1170, **gowe, Rebegau, Rebgau,** *regio et locus in*
1189. *Atergau;*
Ober- und Unter-Regau, Bezirk am östlichen Ufer der Ager, zugleich Sitz der Grafen von Rebgau, die a. 1185 ausstarben; a. 1190 tritt ein Dienstmannengeschlecht von Regau auf; die dem Stifte St. Florian gehörige Pfarre mit der, in der Ehre der heiligen Apostelfürsten geweihten Kirche, war vor a. 1784 Tochterkirche von Vecklabruck; zu **Ober-Regau** befindet sich die Kirche zum heiligen Vitus.

U. B. II. 174, 241, 299, 414.

Am Zusammenflusse der Ager und Veckla:

1140, 1150. **Wachrain, Wagrain, Wagram,** *praedium* (Burgwarte, Burgwehr, Wartthurm); **Wagram,** einst Edelsitz, heute Besitzthum der Grafen von Engl.

U. B. I. 124, 338.

1143, 1147. **St. Aegidil in Veclabrucce,** *ecclesia et hospitale;* die St. Aegidien-Capelle am Pfarrhofe zu Vecklabruck (in Dörfl) am linken Veckla-Ufer; a. 1143 baute Pilgrim von Wenge und Sealchheymen zunächst der Brücke über die Veckla ein Spital für Arme und Reisende, und eine Capelle zum heiligen Aegidius, vom Bischofe Reginhert von Passau geweiht; a. 1151 vereinigte Bischof Conrad allen Nutzgenuss der Pfarre Schöndorf mit dem Spitale; a. 1159 kam diese Pfarre mit dem Spitale an das Stift St. Florian.

U. B. II. 208, 241, 263, 298.

Am rechten Ufer der Veckla, in lieblicher Gegend, an der Reichsstrasse von Linz nach Salzburg liegt die freundlich gebaute, landesfürstliche Stadt: Vecklabruck,

1143, 1147, **Veclabruche, Veclabrucce, Vechelaprouke,**
1151. **Vechelahebrouchke, Vehhelabrvceum,**
Vecklapontum, *villa, locus, praedium, ecclesia.*

U. B. II. 241, 263.

A. 1143 wird sie noch *villa* genannt; war a. 1215 schon ein bedeutenderer Ort, wurde aber wahrscheinlichst, c. a. 1350 erst, vom Herzoge Albrecht II. nach der Erwerbung des Schlosses Puchheim als eine landesfürstliche Stadt gefreit; c. a. 1400 wurde die Kirche zum heiligen Ulrich gebaut, a. 1785 als Pfarrkirche von Vecklabruck erklärt; doch die eigentliche Pfarrkirche war und ist das zu Ehren der heiligen Maria geweihte Gotteshaus zu:

824, 963, 1146, 1147, 1151, 1183.

Scugindorf, Seovendorf, Seovhendorf, Scvo-endorf, Scondorf, *ecclesia parochialis*;

Schöndorf, auf einer freien Anhöhe vor der Stadt; wie vorhin schon erwähnt, wurde diese Pfarrkirche mit dem Aegidien-Spitale im Dörfl a. 1159 dem Stifte St. Florian übergeben; war die Mutterkirche von Regau, Oberthalheim und Atzang.

Inv. II. 64, 193.

U. B. I. 39.
U. B. II. 241, 262, 281.

600, 788, 1061, 1103.

Vechiahaa, Vehelaha, Vechelaha, Fechelaha, Vehlaa, Fecchilesuha *torrens, fluvius*;

Fechel-aha, ein aus einer rauhen Gegend entspringendes Gewässer (im Powanger-Wald), der Veckla-Fluss, die Sprenzla, die vordere und hintere Rödl, und die dürre Ager aufnehmend, wird bei Klingerau flossbar, und bei Schön-dorf von der grossen Ager aufgenommen.

Inv. II. 21, 32.

U. B. II. 91, 124.

Steil über dem linken Ufer der Veckla:

1128, 1160.

Wartenperch, Wartenburc, Wartimburc, *castrum*;

die Veste **Wartenburg** (Alt-), Sitz der Herren von Warten-burg, Vasallen der Ottokare von Steyer, der im Atergau begüterten Grafen von Plain, dann der Herren von Schauen-berg, gedieh dann an die Polheimer, die eine eigene Linie: Polheim-Wartenburg gründeten (c. a. 1350); die Schlosscapelle zu Ehren der heiligen Georg und Erasmus ist wahrscheinlich so alt, wie die Burg; von dieser erübrigen nur noch ein halbabgetragener Thurm und Gebäude-überreste; am rechten Veckla-Ufer liegt das Schloss: Neu-Wartenburg.

U. B. I. 184, 188.

U. B. II. 171, 370, 374.

Eine halbe Stunde westlich von Vecklabruck, auf der Land-enge zwischen der Ager und der Veckla:

1130, 1191, 1225.

Talheim superius, Talhaim, Thalahem, *prae-dium*;

U. B. I. 647.

Ober-Thalheim, Landgut, auf welchem das Geschlecht der Thalheimer sass, und das in den Besitz der Polheimer auf Wartenburg kam; a. 1497 errichtete Freiherr Wolfgang von Polheim zu Talheim ein Kloster für den in Frankreich neu aufblühenden Paulaner-Orden; a. 1533 wurde das Kloster durch den Reformationsgeist zerstört, doch a. 1671 dem ursprünglichen Orden wieder zurückgegeben, bestand es bis a. 1784, in welchem Jahre es dem Stifte St. Florian übergeben, und in eine Pfarre (aus Vecklabruck gebrochen) umgestaltet wurde; die schöne Kirche ist der heiligen Anna geweiht. In diesem Pfarrbezirk liegt der Markt **Timelkam**, (seit 1500) mit der Kirche zum heiligen Johannes Nepomuk aus neuerer Zeit.

U. B. II. 428, 648. Stülz, zur Gesch. der Pfarre und Stadt Vöcklabruck. 1857. 52, 53.

772, 776, 800, 883.

Pirchinuuane, Pirchenwanch, *locus in Atargaw;* die in der Pfarre Ober-Thalheim gelegene Ortschaft: **Pichelwang,** mit der Kirche zum heiligen Andreas.

Chron. Lunaelac. 16, 57, 62. U.B. I. 29, 36, 37.

819.

Agira, *locus;* die Ortschaft **Ader,** an der dürren Ager bei Timelkam.

Chron. Lunaelac. 39.

800.

Campara, *locus in Atargaw;* **Gampern,** zu Vecklamarkt gehöriges Pfarrvicariat mit alter Kirche zum heiligen Remigius.

U. B. I. 29, 33, 34.

889, 978.

Piscofesdorf, *curtis;* **Pisdorf,** Ortschaft in der Pfarre Gampern, mit der Kirche zum heiligen Erasmus.

Inv. II. 113, 234. U. B. II. 35.

800, 822, 1135.

Cheminata, Chemenate, *locus in Atargaw;* **Kematen, Kemating,** zur Pfarre Seewalchen gehörige Ortschaft und Kirche zum heiligen Michael.

Chron. Lunaelac. 56. U. B. I. 29, 39. Fils, Geschichte v. Michelb. 686.

800.

Einuualhesdorf, et **Steindorf,** *in Atargau;* **Klawalchen** und **Steindorf,** zwei nach Seewalchen gehörige Dörfer.

Chron. Lunaelac. 37.

824.

Pohpere. *locus in Atargau;* **Buchberg,** Ortschaft und zu Seewalchen gehörige Filialkirche zum heil. Stephan, am nördlichen Ufer des Ater-See's. Unweit davon stand auf einer Insel des See's das Schloss **Lizelberg.**

U. B. I. 29, 30.

Am nördlichen Ende des Ater-See's, in freundlicher Höhe das Pfarrdorf:

1135, 1228. **Sewalhin, Seewalhen,** *parochia;*

Seewalchen, eine seit a. 1135 dem Benedictiner-Stifte Michelbenern einverleibte Pfarre zum heiligen Jakob den Grösseren.

Südöstlich davon, in die Spitze des Ater-See's so kühn hineingebaut, eine besondere Zierde dieser schönen Gegend, liegt das herrschaftliche Schloss:

1170, 1163, 1250. **Chamer, Chamera, Kamere,**

Kamer, Sitz eines Dienstmannengeschlechts von Chamer; ein Eigen der Grafen von Plain, gedieh es durch Erbschaft an die Herren von Schauenberg, a. 1383 an die österreichischen Landesfürsten, endlich a. 1581 durch Kauf an die Freiherren von Khevenhiller; heute noch im Besitze der gräflichen Familie Khevenhiller. Weil das vormalige Landgericht Kamer längs des Ater-See's sich ausdehnte, so erhielt dieser auch den Namen: Kamer-See.

Oestlich davon, auf der Höhe des Berges, mit schöner Fernsicht über See und Land, liegt das

803, 810, 1278. alte **Skerolvinga, Seerolfinga, Sehyrolfing, Schirolfing,** *parochia;*

Scherfling, erhielt a. 1499 die Freiheiten eines Marktes; die Pfarrkirche zum heiligen Gallus wurde a. 1190 gebaut, und hatte Aurach und Bergen als Filialen.

Ein und eine Viertel Stunde östlich von Scherfling, an eine rauhe Waldgegend angelehnt, liegt:

1140, 1181. **Urach, Ura, Uraha,**

das Pfarrdorf Aurach, mit der Kirche zum heiligen Alexius und Matthäus.

Am östlichen Ufer des oberen Ater-See's das Pfarrdorf:

810. **Steinpah,**

Steinbach am Ater-See; die Kirche zum heiligen Apostel Andreas soll, der Sage nach, aus einem Götzentempel entstanden sein. Die Gegend gehörte einst nach Altmünster, später nach Unterach; dermals ist Steinbach eine von St. Georgen abhängende Pfarrexpositur.

Anno vel circa annum.		Quellen-Citat.

748, 1000. **Wizzinpah,**
der **Aussere** oder **Ater-Weissenbach**, in den Ater-See ausmündend.

U. B. I. 94, 100.

Südlich davon:
748, 1000. **Liubensperch,** *mons;*
der **Leons-Berg**, oder die **Zimnlis**, ein zwischen dem Ater-See und dem Ischelflusse aufragender Gebirgstock. .

U. B. I. 94, 100.

748, 1000. **Alblinga, Alpigilin,**
die kleinen Alpen, zwischen dem Zinken- und dem Königsberge, hinter dem Aber-See, aber auch der bei Strobl in die Ischel stürzende **Weissen-Bach.**

Chron.Lunaelac. 4.
U. B. II. 94, 100.

748, 1000. **Cinkin, Cinchun,** *mons;*
der zu 5471 Fuss aufragende **hohe Zinken,** an dessen nördlichem Fusse der

U. B. II. 94, 100.

748, 1000. **Cinkinpah, Cinchinpach,** **Zinken-Bach** entspringt.

U. B. II. 94, 100.

Weiter westwärts der:
748, 1000. **Chuningesperg, Chunisperch,** *mons;*
der **Königs-Berg.**

U. B. II. 94, 100.

700, 780, 829, 843. **Abrialacus, Abrianus lacus, Aparnse, Apirinesseo,** *lacus;*
der am südlichen Fusse des Schaf-Berges zwischen St. Gilgen und Strobl gelagerte **Aber-** oder **Wolfganger-See,** mit 2344 österreichischen Joch Flächeninhaltes, an dessen östlichem Ende die Ischel abfliesst.

Inv. II. 22, 28, 33, 34, 35, 90.
U. B. I. 82, 86.
U. B. II. 12, 14.

819, 829, 843, 1182. **Aparnesseo, Abernsee, Abersee,** *forestum rastissimum, nemus, ecclesia St. Joannis;*
das grosse Wald- und Seegebiet zwischen Hof, Fuschel, St. Wolfgang und Weissenbach gegen Ischel; später bildete sich hieraus das Salzburgische Pfleggericht **Hüttenstein,** von der Veste Huetenstein am Krotten-See, dann nach St. Gilgen verlegt.

Chron.Lunaelac. 22, 28, 33, 35, 70, 72, 83, 90, 137.

Der heilige Wolfgang, Bischof von Regensburg, wohin das Kloster Mondsee damals gehörte, hatte in diesen Einöden längere Zeit verweilt, am nahen Falkenstein eine Zelle bewohnt, und die seit den Einfällen der Ungarn verscheuchten Einwohner wieder

U. B. I. 82, 86.

gesammelt. Er baute am nördlichen Ufer des See's die Kirche zum heiligen Johannes, woraus später der berühmte Wallfahrtsort und Burgflecken St. Wolfgang entstand, zuerst eine Filiale von Mondsee, dann eigene Pfarre; die vielfach merkwürdige Kirche, mit dem prachtvollen Hochaltare, wurde in ihrer gegenwärtigen Gestalt c. a. 1480 ausgebaut, und wie a. 1477, so auch a. 1504 zu Ehren des heiligen Wolfgang geweiht. Das einstmalige Burgstall ob St. Wolfgang, heute das Bürgel.

Eine Viertel Stunde westlich von St. Wolfgang stürzt von der Höhe des Schaf-Berges in den Aber-See:

788, 829, 843, 890, 978 — der **Tinilpach, Tinnilipah, Tinnulinpah**, *rivus*; der Tiadel-Bach, die Gränzscheide, wie einst zwischen dem Atergau und Salzburggau, so heute zwischen Oesterreich und Salzburg.

Chron.Lunaelac. 24, 90, 112, 201, 72, 78. U. B. I. 82, 88.

843. — **Skafesperc**, *mons*; der Schaf-Berg, zwischen dem Aber- Ater-, und Mond-See zu 5630 Fuss über die Fläche des Meeres sich erhebend; ebenfalls Gränzmarke gegen den Salzburggau.

Chron. Lunaelac. 79, 90. U. B. I. 88.

748, 1000. — **Untraha**, *fluvius et locus*; Unterach, der Abfluss des Mond-See's in den Ater-See; auch Pfarrort, und zu St. Georgen gehöriges Vicariat zum heiligen Bartholomäus, am westlichen Ufer des oberen Ater-See's.

Chron.Lunaelac. 4. U. B. I. 94, 100.

748. 955, 1050. — **Celle, Cella in Aterse**, *capella, ecclesia*; Zell, am Ater-See, Ortschaft in der Pfarre Nussdorf; wahrscheinlich durch Mönche von Mondsee entstanden, die hier die Gegend urbar machten, und darum sich Zellen bauten.

Chron.Lunaelac. 4, 93, 113. U. B. I. 94.

822, 951, 1145. — **Uuanghi, Uberwang, ecclesia St. Kiliani in Oberwang**, *decimae foresti*; Oberwang, Pfarrort zwischen St. Georgen und Mondsee an der Bachau, vormals Filiale von Mondsee; unweit davon die Kirche zum heiligen Martin, und weiter im Hochwalde hinauf der Conradsbrunnen und die Capelle an der Stelle, wo a. 1145 der heilige Conrad, Abt von Mondsee, ermordet wurde.

Chron.Lunaelac. 33, 96, 123. U. B. II. 55, 378.

Anno
vel circa annum.

Quellen-Citat.

Matich-Gau.

748, 760, 772,
788, 903, 1007,
1055.

Der **Matahgau, Matahgowe, Matichgowe, Matagave, Matergou, Mathagau, Matgouue, Matuggouuue, Matahcensis pagus, Maducianus pagus, Matichgau,**

Chron Lunnelac.
15, 29, 34, 35,
240.

von dem **Matich-Flüsschen** den Namen entlehnend, dehnte sich
westwärts vom Traun- und Atergau bis zum Inn, und zur
Salzach hin aus. Er begriff den heutigen Innkreis zum
Grosstheile, dann aber auch das Mondsee'rgebiet mit der
Herrschaft Wildenegg, Strasswalchen, die Herrschaft Mat-
see, überdiess das am linken Ufer der Salzach gelegene
Haiming in sich, schloss aber das Gebiet um Wildshut,
Ostermieting, weil Bestandtheile der Grafschaft Lebenau,
und zum Salzburgau gehörend, aus.

U. B. I. 25, 94.
U. B. II. 12, 48,
73.

Die Gränzlinie gegen den Salzburggau waren: die südlichen Ufer des Mond-See's, der Drachenstein, Schober-Berg,
Zirwanken-Berg und Irraberg, der Tannberg (bei Kestendorf),
von diesem lief die Gränze um die Mat-Seen herum bis zur
Absenkung des Haunsberges bei Berndorf; von dort zog sich die
Gränze nordwestwärts über das Ibner-Moos und gegen den Weil-
hart-Forst zur Salzach, und darüber zur Alz und zum Inn hin;
die Nordgränze dieses Gaues bildete muthmasslich die Donau.

1156.

Auf dem Reichstage zu Regensburg a. 1156 wurden der
Traungau, der Atergau, und das Machland vom Herzogthume
Baiern abgetrennt, so dass vom Lande ob der Ens nur der **Matich-
gau** bei Baiern verblieb, und die silva Rotensalah, der Hausruck,
und die obere Veckla die Gränze gegen das Herzogthum Oester-
reich bildete. A. 1506 kam auch das Gebiet von Mondsee und
Wildenegg an Oesterreich; Matsee, ein Eigenthum von Passau,
wurde a. 1390 an Salzburg verkauft; später wurden zwischen
Baiern und Salzburg die Territorial-Gränzen regulirt, so dass die
Moos-Ache die Gränze wurde.

Pritz, Gesch. d.
Landes ob der
Ens, I. 262.

Pillweius Salab.
248.

1162.

Der nördliche Theil des Matichgaues gehörte zur Ambacht
der mächtigen Grafen von Formbach-Neuburg, und bildete die
Grafschaft Schärding; um a. 1162 trat für den zu beiden Seiten
des Antissen-Flüsschen liegenden Bezirk die Benennung „Antissen-
Gau" in Vordergrund, ebenfalls den Formbächern gehörig. Als
Grafen im Matichgau werden urkundlich mehrere genannt, z. B.

Gewold. Metrop.
Salisb. T. III.
167.

a. 805 Richar, a. 890 Rapoto, a. 903 Aribo et ejus filius Isan-
grim, aber man weiss nicht bestimmt, wo sie eigentlich Grafen
waren. Später treten die herzoglichen Pfalzgrafen auf, die zu
Ostermundingen, Rantesdorf, Mattahhova ihre Pfalzburgen hatten,
und über das vom Weilharter-Forst-Gebiete östlich und nördlich
sich ausbreitende Pfalzgrafenland walteten. Auch Dynasten der
edlen Familie von Plain hatten Besitzungen in diesem Gaue. Im
späteren Zeitverlaufe theilten die Herzoge von Baiern den Innkreis
in die Landgerichte: Braunau mit dem Gerichte am Weilhart,
Wildshut, Friedburg, Mauerkirchen, Ried und Schärding ab, und
diese bildeten bis a. 1778 den unteren Theil des Rentamtes Burghausen.

748, 790, 829, 849, 878, 955.

Manse, Maninseo, Mansee, Lunaelacus, *lacus, piscatio;*

der **Mond-See,** Fischerei, Waldung und Seegebiet, mondför-
miges Wasserbecken mit 2504 österreichischen Joch
Flächeninhaltes, zwischen Felsen und dunklen Waldbergen
melancholisch gelagert, erhält seinen Zufluss durch die
Wangauer-Ache, Zeller-Ache, und die aus Thalgau kommende Fischer-Ache.

Am nördlichen Ende dieses See's, am Fusse waldiger
Berge liegt das gleichnamige:

748, 749, 777, 800, 840.

**Manse Maninseo, Manuse, Manise, Maninse,
Lunaelacum, monasterium et ecclesia
St. Michaelis,** *abbatia in Matahgauui;*

Mondsee, ein stattlicher Markt mit der ehemaligen schönen,
vom Herzog Odilo von Baiern zwischen a. 739 — 748
gestifteten Benedictiner-Abtei, wohin die ersten 20 Mönche
mit ihrem Abte Opportunus aus dem Kloster Monte-Cassino
kamen. Die ersten Stiftungsgüter lagen in Baiern im
Rotah-, Donau-, Quinzig- und Vils-Gau, an der Isar, und
im Traungau, und das Stift gelangte bald zu hohem Flor
und Bedeutung; a. 943 wurde es durch die Ungarn zerstört, aber durch den Herzog Berthold von Baiern wieder
hergestellt; stand 804—814 unter den Erzbischöfen von
Salzburg, von 831—1242 unter den Bischöfen von Regensburg. A. 955 erhielt Mondsee die Pfarre Zell an der
Pram, später die Pfarre und Wallfahrt St. Wolfgang am
Aber-See, Zell am Irr-See, Oberwang, Abtsdorf und

Chron.Lunaelac. 3, 4, 43.

U. B. I. 3, 20, 24, 25, 64, 68, 77, 93.
U. B. II. 12, 19. 20, 60.

Schönau bei Wallern. Zwischen a. 1470 — 1487 wurde die imposante Stiftskirche in ihrer gegenwärtigen Gestalt gebaut, a. 1514 das Gymnasium errichtet. A. 1786—1787 wurde das Stift aufgehoben, und als Dotationsgut des Bischofes von Linz erklärt, dasselbe aber a. 1809 als ein Lehen des französischen Reiches dem Fürsten von Wrede gegeben.

U. B. II. 12, 19, 29, 60.

Eine Stunde nördlich von Mondsee der:

1000.

Urisessee, *lacus;*

Irr-See, Zeller- oder Jungfern-See, dessen Spiegelfläche 600 Joch enthält, und der sein Gewässer als Zeller-Ache abgibt.

U. B. I. 89.

1107.

Celle, *ecclesia;*

Zell am Moos, ebenfalls durch Mönche aus Mondsee entstanden, welche die Gegend am Irr-See colonisirten; die Kirche zur heiligen Maria, früher Filiale von Mondsee, ist seit 1778 Pfarrkirche des am östlichen Seeufer gelegenen Ortes.

U. B. II. 127.

Am westlichen Ufer des See's:

1209, 1243.

Unildeneck, *castrum;*

Wildenegg, Wildeneck, Schloss und Herrschaft; a. 1242 zerstört; jetzt nur noch in wenigen Mauerresten erkennbar.

Chron.Lunaelac. 179, 236, 282.

820, 1000.

Ursesperge, Ursesperg, Urisespere, *mons;*

der südlich von Strasswalchen zu 2646 Fuss Höhe emporstrebende Irrsberg oder Irrsch-Berg.

*Chron.Lunaelac. 55.
U. B. I. 75, 89.*

Am Fusse des Irrsberges, und an der Strasse von Mondsee nach Strasswalchen:

**760, 788, 800,
824, 1107.**

Urisedorf, Urisesdorf, Ursisdorf, Urstorf, *villa;*

Irrstorf, uralte Filiale von Strasswalchen.

*Chron.Lunaelac. 63, 69.
U. B. I. 4, 76.
U. B. II. 127.*

**799, 837, 1104,
1143.**

Strazuualaha, Strasswalhen, Strahuual, *ecclesia et parochia;*

Strasswalchen, ein an der Reichsstrasse aus Oesterreich nach Salzburg gelegener Markt (seit 1462) mit der Pfarrkirche zum heiligen Martin, welche a. 799 vom Erzbischofe Arno von Salzburg an das Kloster Mondsee gegeben wurde, und die nebst Irrstorf auch Oberhofen (im Hausruckkreise) und Teichstätt (im Innkreise) zu Filialen hatte; gehörte bis

*Chron.Lunaelac. 24, 76, 112, 121, 137.
U. B. I. 4.
U.B.II. 125, 200.*

a. 1803 zu Passau; Strasswalchen, jetzt zum Kronlande
Salzburg gehörend, war auch der Sitz des Pflegamtes:
Höchfeld, und Zollstätte.

800.

Steindorf, Ortschaft westlich von Irraberge, und an der
Strasse nach Salzburg.

Westseits von Strasswalchen erhebt sich bis zu einer Höhe
von 2480 Fuss der:

1104.

Tanperch, Tanperch (*ad*), *mons*;
der an der Südgränze des Innkreises befindliche **Tannberg,**
mit genussreicher Fernsicht.

**820, 1173,
1183.**

Slehdorf, Sledorf, *locus*;
Schleedorf, Pfarre mit einer alten Kirche zum heiligen Stephan,
um 1300 Filiale von Astätt; Edle von Schledorf sollen
das Schloss Matsee gebaut haben.

An den Abfällen des Taun-Berges, des Buch-Berges und
des Hauns-Berges liegen die unter dem Collectiv-Namen **Mat-
See** begriffenen drei Seen: *a*) der eigentliche **Mat-See**
oder auch **Nieder-Trumer-See** mit 643 Joch; *b*) der
Ober-Trumer-See mit 844 Joch, und *c*) der **Graben-
See** mit 226 Joch Flächeninhaltes, alle mit einander in Verbindung. Deren Abfluss bildet den **Matich-Fluss:**

**799, 1040,
1195.**

Matcha, Maeticha, Matucha, *flumen, flurius*;
der durch das wiesenreiche, liebliche Matich-Thal dem Innstrome zueilt, und mit dem, aus dem Kobernauser-Walde
kommenden Riedl-Bache zur Triftung des Holzes verwendet ist.

An der südlichen Küste des schönen Ober-Trumer-See's

1143.

Trum, Drum, Drun, Trumm, *locus, ecclesia*;
Obertrum, Pfarrdorf mit der Kirche des heiligen Jakob, vom
Bischofe Reginbert von Passau dotirt, Kuchelpfarre des
Stiftsdecans von Matsee.

Am südwestlichen Ufer des Mat-See's liegt der gleichnamige Ort:

**760, 993, 1052,
1073.**

Matse, Matiseo, Matahse, Matisee, Matsee,
abbatia et locus, ecclesia collegiata;
hier gründete c. a. 760 — 777 Herzog Tassilo von Baiern ein
Kloster für Benedictiner, das a. 817 bereits den königlichen

Stiftern beigezählt wurde; a. 845 wurde es vom König
Ludwig dem Deutschen reichlich begabt, a. 876 vom König
Carlmann an die Abtei Altötting übergeben; a. 910 ergoss
sich auch über Matsee die Zerstörungswuth der Ungarn;
a. 993 vom K. Otto den Bischöfen von Passau geschenkt.
Der eigentliche Vorsteher dieses Stiftes, welches später
an weltliche Chorherren überging, war der Dechant; die
Probstei selbst nur eine Ehren-Auszeichnung. Das Stift
erhielt die Pfarreien: Ober-Trum mit Schledorf und See-
ham, Astätt-Lohen, Pöndorf-Frankenmarkt, Vecklamarkt
mit Frankenburg, Neukirchen und Gampern. Neben der
Stiftskirche zum heiligen Michael erhob sich die Pfarrkirche zum heiligen Laurenz.

C. a. 1200 entstand auf einer felsigen Halbinsel das
Schloss Matsee, womit die Grafschaft oder Herrschaft vereinigt
war. Matsee, wie Schledorf und Obertrum gehören dermals zum
Kronlande Salzburg.

Eine Stunde nördlich von Matsee, schon im heutigen Innkreise:

1110.	**Paldilingen,**	U. B. I. 231.
	Palting, eine dem Stifte Matsee gehörige Pfarre zum heiligen	Pritz, Gesch. d.
	Simon. In der Nähe:	Landes ob der
		Ens, I. 327.
1090.	**Riuta,**	Inv. II. 308, 309.
	Reut, vormals zur Herrschaft Matsee gehöriges Landgut.	Fils. Gesch. von
		Michelb. 685.
794, 800.	**Auistetti, Auuistetti, Ouuistat, Euuistetti,**	U. B. I. 7, 448,
	Awstetl, Austetl, Awstet,	469.
	Astätt, Ortschaft und Kirche zum heiligen Johannes Bapt. mit	Fils. Gesch. von
	dem Pfarrhofe von Lohen; auch Mallstätte für den oberen	Michelb. 702.
	Weilhart-Bezirk.	
1143.	**Lohen,** *ecclesia;*	Pritz, Gesch. d.
	die zum Stifte Matsee gehörige Pfarre Lohen, mit der Kirche	Landes ob der
	zur heiligen Maria, an dieser die St. Anna-Capelle; Astätt	Ens, I. 327.
	und Gebersham gehören als Filialen nach Lohen.	
	Ostwärts von Lohen:	
1145, 1155,	**Leagenowe, Lenginowe, Laugane, Liugane,**	U. B. I. 168.
1182.	*praedium;*	
	Leaugau, Ortschaft, mit der Pfarrkirche der Pfarre Friedburg	Chron.Lunaelac.
	zum heiligen Jacobus den Gr. einst Filiale von Schalchen;	121, 137.

als Filiale gehört hieher die von den Kuchlern c. a. 1400 erbaute Kirche zum heiligen Matthäus zu Heiligenstatt.

1180. **Friedburc,** *castrum;*
Friedburg, Schloss und Hofmark am südwestlichen Saume des grossen Kobernauser-Waldes, und an der Strasse von Strasswalchen nach Braunau. Die Bischöfe von Bamberg, in dieser Gegend begütert, bauten c. a. 1180 auf mässiger Höhe über dem Riedl-Bache zum Schutze der Gegend das Schloss; a. 1364 ward dieses ein Eigenthum der Kuchler, Ministerialen des Erzstiftes Salzburg; a. 1439 ging es in den Besitz der bairischen Landesfürsten über, die hier ein herzogliches Landgericht und Forstamt niedersetzten, a. 1810 aufgelöset. Das Schloss, wie die Georgencapelle ganz zerstört.

Pritz, Gesch. d. Landes ob der Ens. I. 334.

786, 800, 980. **Tistett,** *vicus;*
Teichstätt, Schloss und Dorf, mit einem merkwürdigen Kirchlein zum heiligen Laurenz, einst zur Pfarre Strasswalchen, und zum Kloster Mondsee gehörig.

*Chron.Lunaelac. 21.
U. B. L. 3, 89.*

Am westlichen Saume des Kobernauser- oder Höhuhart-Waldes:

777, 1035, 1141. **Manolfinga, Manolfingun,** *villa ad ecclesiam Maninseo pertinens;*
Munderfing, Munderfing, grosse Ortschaft, seit 1143 Pfarre zum heiligen Martin, dermals zu leging gehöriges Vicariat. Zirkelförmige Gräben und Wälle auf den Kuppen des nahen Spreitzen- und Buchberges deuten auf das Bestehen einstiger Burgen, die Kirche zum heiligen Kreuze zu Höllersberg wurde a. 1790 demolirt.

Chron.Lunaelac. 120.

U. B. I. 1, 424.

1135. **Ueging, Uging,**
Jeging, Pfarre zum heiligen Stephan, am Matigflusse; einstiger Edelsitz.

*Vils, Gesch. von Michelb. 686.
U. B. I. 213, 216.*

1179. **Hafte,** *praedium;*
Siegershaft bei Kirchberg, vielleicht auch Ober- und Unter-Haft mit der Kirche zum heiligen Valentin (Valentinshaft), letzteres zur Pfarre Munderfing zuständig.

U. B. II. 362, 375.

Anno vel circa annum.		Quellen-Citat.
796, 1150.	**Papsteti**, *locus super fluvio Matucha in pago Matagaune,* **Phapfsteti, Phafsteten,** Pfafstätt, zur Pfarre Kirchberg gehörige Filialkirche zum heiligen Johannes den Täufer, Schloss und Hofmark; das ehemalige Schloss der Edlinge von Pfafstetten stand weiter westlich auf dem Rücken des Siedlberges; die Capelle zum heiligen Vitus ist abgebrochen.	U. B. I. 434, 224.
1143.	**Chirchpere**, *ecclesia;* Kirchberg, zum Collegiatstifte Mattsee gehörige Pfarre zur heiligen Kunegunde, durch den Bischof Reginbert von Passau i. 1143 eingeweiht.	Pritz, Gesch. d. Landes ob der Ens, I. 327.
1000.	**Suldorf,** Sauldorf, zur Pfarre Kirchberg gehörige Ortschaft.	Inv. II. 391, 309.
869, 1040. 1148, 1182.	**Urpahe, Urebach, Auwerpach,** *ecclesia;* Auerbach, zur Pfarre Pischelsdorf gehöriges Vicariat mit der Kirche zum heiligen Remigius.	Chron. Lunaelac. 137. U. B. II. 246, 307, 378.
1142, 1174.	**Hering, Höringen,** *curia;* Höring, zur Pfarre Auerbach gehörige Ortschaft an der Enknach, mit einem Kirchlein zum heiligen Stephan; auch einstiger Edelsitz.	U. B. II. 349. Pillweins Innkreis, 14.
1141.	**Irmprethingen, Irmbertingen, Iremprechtingen,** Iremprechtingen, vormals Schloss und Edelsitz, am vorhandenen Wall und Graben noch erkennbar; auch ein zum Bisthum Regensburg gehöriges Amt.	U. B. I. 83. Chron. Lunaelac. 137. Filz, Gesch. von Michelb. 734.
1150, 1250. 1250.	**Weginhalm, Wagenham;** **Humprechtshaim, Humbertsheim,** Hummertsham, mit ehemaliger Kirche zum heiligen Andreas; } zur Pfarre Pischelsdorf gehörende Ortschaften.	Filz, Gesch. von Michelb. 735, 736.
	Ebenfalls an der Enknach:	
893, 1143. P. 1150, 1188.	**Piscolfesdorf, Piscolvestorf,** *ecclesia;* Pischelsdorf, Pfarre, mit der Kirche zur heiligen Gottesmutter Maria, die ehedem Uttendorf und Auerbach zu Filialen hatte; im Friedhofe stand auch die Capelle zur heiligen Anna.	U. B. I. 83, 358.

**780, 823, 861,
875, 885, 890,
1007, 1164.**

Maticha, Matacavi, Matuchove, Mattahhova, Mathchoven, Matughof, Matachove, *locus, villa vel curtis regia, castrum, ecclesia;*

U. B. I. 6.
U. B. II. 25, 38,
72, 330.
Chron. Lanaelac.
57.
Inv. II. 95, 100,
115.

Matighofen, ein stattlicher landesfürstlicher Markt und Schloss, in mässiger Erhöhung über dem freundlichen und triftenreichen Matichthale, an der Strasse von Strasswalchen nach Braunau; zwischen a. 757—788 war daselbst ein herzoglicher Weiler, a. 823 eine königliche Pfalz der Carolinger, später (c. a. 901) eine Pfalz der Herzoge von Baiern, die bisweilen sich hier aufhielten, Urkunden ausfertigten, aber auch die Gau- und Pfalzgrafen übten ihr Amt dahier. A. 932 ward die Pfalz durch die Ungarn zerstört. A. 1007 wird der Ort Matughof in pago Matuggouue et in comitatu Gebehardi comitis an das Bisthum Bamberg gegeben, das später wieder Güter und Zehente um Matighofen zur Gründung des Klosters Aspach (im Rotthale) spendete. Das Schloss und die Herrschaft gedieh später an die Grafen von Ortenburg, von denen es a. 1400 Cunrad der Kuchler käuflich erwarb. Dieser begann a. 1430 mit Beihilfe seines Bruders Hanns, die Gründung eines Stiftes für weltliche Chorherren (halben Domes mit einem Dechant und sieben Chorherren); die Stiftung vollbrachte Catharina, die Witwe des Hanns Kuchler a. 1438; unter den Stiftungsobjecten waren die Pfarre Kirchheim (im Rotthale), die Hofmarken: Saverstetten, Röting und Osternach. A. 1685 wurde die Collegiata in eine Probstei-Pfarre umgeschaffen; die schöne Pfarrkirche zu Ehren der heiligen Jungfrau Maria war ehedem Tochterkirche von Schalchen; die im Friedhofe befindliche Capelle zum heiligen Georg wurde a. 1823 abgebrochen.

Pritz, Abhandlung über die Gründung des Collegiat-Stiftes Matighofen.

Schon a. 1437 wird Matighofen ein Markt genannt, und a. 1511 geschah die Stiftung des heiligen Geist-Spitales.

Nordöstlich davon:

888.

Scalah,

Inv. II. 108.
U. B. I. 84, 282.
U. B. II. 241.

Schalchen, Ortschaft und zu Matighofen gehörige Filiale zum heiligen Jakob, die einst (von 1143—1438) die Mutterkirche von Matighofen und Leugau war; in den Urkunden des Klosters Aspach erscheinen Edle von Schalchheim; unweit davon stand in kleiner Erhöhung die St. Barbara-Kirche, und St. Kunigunden-Capelle.

Anno vel circa annum.		Quellen-Cital.

Ein und eine Viertel Stunde abwärts, am linken Matigufer:

1000, 1125. **Outtendorf, Utendorf. Utindorf**, *castrum*;

Utendorf, ein freundlicher landesfürstlicher Markt, an der Strasse nach Braunau; die hier befindliche Kirche zum heiligen Petrus und Paulus wurde a. 1385 gebaut; westwärts vom Markte auf dem steilen Bergrande sind die Mauer- und Wallreste des vormaligen Schlosses, auf welchem zuerst eigene Edle von Utendorf, später (seit 1225) die Granse von Utendorf sassen, und das a. 1481 an den Landesfürsten kam; schon a. 1303 wird Utendorf als Markt Helphawe genannt.

Denn die Pfarrkirche von Utendorf (zum heiligen Stephan) befindet sich am rechten Matigufer zu:

780, 800, 813, 1000. **Helphauua, Helphouua** *(locus in Mathahkauui)*, **Helphlwe**, *praedium*;

Helphau, Helpfau; nordöstlich davon die Kirche St. Florian, muthmasslich im vierzehnten Jahrhunderte entstanden.

Am rechten Ufer der Matich, an der Strasse von Matighofen nach Altheim:

913, P. 1276. **Mauerchirchen, Murchirchen.** *ecclesia*;

Mauerkirchen, ein schöner landesfürstlicher Bannmarkt: a. 912 soll die Pfarrkirche zu Ehren der seligsten Jungfrau gebaut, und in derselben zwei Statuen von Erz, des Herzogs Heinrichs von Baiern und seines Kriegsobersten Rapoto, zum Andenken des Sieges über die Ungarn, aufgestellt worden sein. A. 1276 ist Mauerkirchen bereits Pfarre genannt, zu welcher St. Peter, Burgkirchen und St. Georgen als Filialen gehörten; bereits a. 1450 war Mauerkirchen ein Markt mit ausgedehnten Rechten; an der Südseite des Marktes erhebt sich das Schloss Spitzenberg.

1040, 1162, P. 1220. **Puorkirchen, Purchirchen, Puchchirchen,** *ecclesia et parochia*;

Burgkirchen, Buchkirchen, an der Strasse von Mauerkirchen und Matighofen nach Braunau unweit der Matich; heute Pfarrexpositur mit der Kirche zum heiligen Maximilian, der vormaligen Pfarre von Mauerkirchen; daneben befand sich vor 1785 die Capelle zur heiligen Maria.

Quellencitate rechte Spalte:
U. B. I. 210, 830.
Fils, Gesch. von Michelb. 690.
Dr. Hundius, bair. Stammenb. I. Bd. 212.
Chron. Lunælac. 44, 137.
U. B. I. 2, 453. U. B. II. 379.
Mon. boic. III. 31. I. 339. Pritz, Gesch. d. Landes ob der Ens, I. 328.
U. B. I. 250.
U. B. II. 83, 320, 449.

Anno vel circa annum.		Quellen-Citat

788. — **Ankinaha, Enchinaha,** *fluenta;* — U. B. I. 444.
der **Enknach-Bach,** an der Südgränze des Innkreises entspringend, gegen Ranshofen fliessend, und im Waldgrunde versiegend.

800, 803, 868, 1125. — **Ankinaha,** *locus ad ecclesiam St. Mariae,* **Henchinaha,** *villa, praedium,* **ecclesia St. Mariae ad fluenta Enchinaha, Inchinaha, Enchnach, Engnach,** vielleicht identisch mit: — U. B. I. 400, 409. U. B. II. 161.

1147, 1157, 1170. — **Niunchirchen, Neunchirchen,** *capella, praedium;* **Neukirchen an der Enknach;** dieses wird a. 1125 als Gut und Kirche dem neugegründeten Kloster Ranshofen übergeben; a. 1147 eine nach Ranshofen gehörige Capelle, später Stiftspfarre; a. 1170 wird das Gut zu Neukirchen an das Stift gebracht; das dahier befindliche Schloss war ursprünglich im Besitz der Herren Apfenthaler; bis a. 1754 gehörte zu Neukirchen Schwand als Filiale. — U. B. II. 226, 284, 345.

1040. — **St. Georgii,** *capella;* **St. Georgen am Vilmansbach,** ehemals zu Feldkirchen gehörige Filiale, seit a. 1785 Localpfarre. Am Fusse des Hügels, und an der Strasse von Braunau nach Laufen, die Ortschaft: — U. B. II. 83.

1180, 1210. — **Vilmusbach, Vilmotzpach, Vilmannespach, Vilmansbach.** — U. B. I. 234. Filz, Gesch. von Michelb. 733.

1110, 1130. — **Assach,** **Aschach, Aschau,** Ortschaft in der Pfarre Feldkirchen, mit hübscher St. Bartholomäus-Kirche. — Filz, Gesch. von Michelb. 801.

1180, P. 1190, 1210. — **Althelm, Althaim,** *parochia;* **Wilhelms-Altheim,** Ortschaft mit alter Kirche zum heiligen Laurenz, dem vormaligen Pfarrgotteshause von Feldkirchen. — Filz, Gesch. von Michelb. 725. U. B. I. 240.

868, 1025, 1160. — **Veltchircha, Veltchirchen,** *ecclesia;* **Feldkirchen,** Pfarre zum heiligen Andreas seit a. 1450; in dieser Pfarre befinden sich noch die Filialgotteshäuser — Juv. II. 80, 105. Filz, Gesch. von Michelb. 716.
a) zu **Vormoos** zum heiligen Stephan;

1160. — b) zu **Stelge, Gstalg,** zu den beiden heiligen Aposteln Petrus und Paulus; — Filz, Gesch. von Michelb. 718.
c) zu **Buchkirchen am Wald** die dem Stifte Michelbeuern gehörige Capelle:

1160. — **Basilica St. Joannis Bapt. superior.** — Filz, Gesch. von Michelb. 713.

Anno vel circa annum.		Quellen-Citat.

Westlich hievon:

1150, 1180. **Mosdorf, Mosstorf,**
Moosdorf, die ehmals nach Eckelsberg gehörige Filiale zum
heiligen Stephan wurde a. 1785 Pfarre; der Kirchenhügel
trägt Spuren eines hier gestandenen Schlosses.

Fils, Gesch. von
Michelb. 702.

In der Nähe die beiden einstigen Edelsitze:

1130. **Elling, Olling,** und
1185. **Wihse, Weichse,** Weichsee.

Fils, Gesch. von
Michelb. 692,
717.

Zwischen dem Herdinger- und Ibner-See, auf einem kegelförmigen Hügel:

1070, 1090, **Iden, Yden, Idina, Idana, Idem,**
1130. Iben, Ibm, Ortschaft und Schlossruine, der einstige Stammsitz der Edlen von Idem, eines Ministerialgeschlechtes
der Grafen von Burghausen; nach dem Aussterben dieses
Geschlechtes c. a. 1400 wurden die Sonnendorfer und
Jägerreuter Besitzer des Schlosses; heute gräflich von
Taufkirchen'sches Eigen. Südwärts dehnt sich bis über
die Gränze des Innkreises das Ibner-Moos aus, einst ein,
durch die Moos-Ache abgeflossener See.

Fils, Gesch. von
Michelb. 686.
U. B. I. 214, 233.

Unweit Iben, und am Saume des gleichnamigen See's:

1140. **Herdinge, Herdigen,**
Herding, Hereding, einst Edelsitz, dessen Inhaber Vasallen
der Erzkirche Salzburg waren; daselbst stand bis a. 1785
das Kirchlein zur heiligen Catharina.

U. B. I. 96.
Fils, Gesch. von
Michelb. 713.

1120, 1147, **Geroltsberge, Gierolzberg, Geroltzberg,**
1157. **Geroldtsperge,** *capella;*
Geretsberg, Pfarre zum heiligen Petrus; ursprünglich dem
Stifte Ranshofen zugehörig, ging sie später an Weltpriester
über, und hatte Hochburg zur Filiale.

Fils, Gesch. von
Michelb. 716.
U. B. I. 212.
U. B. II. 226, 284.

Ostwärts davon in hoher Lage:

1143, 1190. **Ekkoltsperg, Ekkoltesperch, Ekkolsperch,**
Ekkolfsperge,
Eckelsberg, alte Pfarre mit hübscher Marienkirche, die ehevor Gstaig, Moosdorf, Herding und das St. Colomans-Kirch-
lein zu Haimhausen zu Filialen hatte.

Fils, Gesch. von
Michelb. 717.

Unweit:

1070, 1090, 1220. **Gundramshusen, Gundrameshusen, Gundramishusin,**
Gundertshausen, einstiger Edelsitz.

U. B. I. 216, 248, 254.

Gegen Norden, ebenfalls hochgelegen:

1112, 1125, 1140, 1147. **Hantinperch, Haentenperch, Haentenperg, Handenberge,** *capella, ecclesia St. Martini, praedium;*

U. B. I. 223, 253.

Hantenberg, seit a. 1125 dem Stifte Ranshofen einverleibte Kirche und Pfarre zum heiligen Martin; westlich erhebt sich der von mehreren Thälern durchschnittene Bergrücken Aten-Berg, und auf demselben stand das *praedium:*

U. B. II. 161, 226.

1180. **Atenberch,** die heutige Ortschaft: Atenberg [1]).

U. B. I. 241.

1110, 1112. **Skltere, Selder, Schitri,**
Gross-Schlder, Ortschaft der Pfarre Hantenberg, einst Sitz der Freien von Selder.

U. B. I. 215, 254.

1195. **Mons St. Aegidii,** *capella;*
Aegidienberg, Gligenberg, dem Stifte Ranshofen zugehörig, und bis a. 1785 Filiale von Hantenberg; in der Nähe der demselben Kloster zugehörige Meister- oder Pfaffenhof, dermals Pfarre am östlichen Saume des Waldes:

U. B. II. 448.

899, 1025. *Forestum* **Wilhart, Willinhart;**
der k. k. Cameralforst Weilhart, mit etwa 10.000 Joch Waldgrund, ein weitgedehntes Forstgebiet, das sich von den Ufern der Salzach gegen Osten bis Geretsberg, und von da bis Rotenbuch hinzieht; aber auch der ganze, südlich von Ranshofen gelegene Landstrich, so wie er im Westen von der Salzach, östlich von der Matich, im Süden vom Tann-Berge und Mat-See begränzt war, und ein Bestandtheil der Herrschaft Rantesdorf war, dann allmälig aus Waldstrecken zu einer wohlbebauten Gegend wurde, hiess: am „Weilhart" („Ober- und Nieder-Weilhart"), bildete ein eigenes Gericht, über das zur Verwaltung eigene Richter bestellt waren, die wohl zu Brannau wohnten, aber ihre Schranne im Weilharter-Gebiete z. B. zu Astätt halten mussten.

U. B. II. 45, 80.

[1]) Hantenberg von Hanto; Atenberg von Ato.

Anno vel circa annum.		Quellen-Citat.

878. 1025, 1120, 1130, 1150, 1170.

Hohenberchach, Hohonberchach, Hohberah-hah, Hoherabach (†), Hohperchach, Howerch, Hobercha, Hohenberge, Hohenberch, Hohnburch, *castrum in monte Weilhart,* **Hohinpurch,** *locus, capella, ecclesia;*

Hochburg, die ehemals zu Geretsberg gehörige Filiale zum heiligen Kreuze, später zur heiligen Maria, wurde a. 1785 zur Pfarre; a. 1150 war die Kirche Hohenberchach dem Kloster Ranshofen übergeben worden; auch sass auf dem einstigen Schlosse daselbst ein eigenes Dienstmannen-geschlecht von Hochperch.

Quellen: U. B. I. 212, 232, 430. U. B. II. 22, 80, 224, 230. Chron.Lunaelac. 83. Perts, Mon. Germ. XIII. 75.

1180.

Ache,

Maria Ach, seit 1780 Pfarre, an der Salzach, der Stadt Burg-hausen gegenüber; ehemals Herrensitz der Acher, die a. 1354 die Marienkirche bauten.

U. B. I. 379.

878, 900. 953, 1052.

Hufzahus, Ufzahus, Ufhusa, Hufhusen, Uf-husin, juxta fluvium Salzaha *australi parte fluminis, villa;*

Aufhausen, kleine Ortschaft an der Salzach, vormaliges Schloss und bis 1785 Kirchlein zur heiligen Magdalena, der Hoch-kirche Passau gehörig.

U. B. I. 471. U. B. II. 22, 87.

768, 1110, 1125, 1175, 1230.

Uparach, Uberachen, Uberacken, Ubrache, Uberechen, Iberache,

Ueberackern, Pfarrdorf am rechten Salzachufer, mit alter Kirche zum heiligen Petrus, früher einer Filiale von Haiming; unweit stand das Schloss und der Stammsitz des Edel-geschlechtes der Ueberacker.

U. B. I. 440, 242. U. B. II. 213, 231, 556, 557. 162.

764, 768, 780, 798, 800, 901, 963, P. 1075, 1110, 1180.

Am linken Ufer der Salzach, somit in Baiern:

Heiminga, (ad) Hemingas, Heminkas, Hei-mingen, Himingin, Himinga in **Matichgau, Haiming,** *locus, ecclesia et parochia;*

Haiming, Pfarre (seit 1075) mit der Kirche zum heiligen Stephan, die ehedem Aufhausen, Ueberackern, **Kemating (Chemnata a. 963),** Nieder-Gottesau **(Nidikel-tesauua a. 730,** *villa* **Nidergoltsawe), und**

Jav. II. 190, 292. 308. U. B. I. 88, 235, 439, 440. 441, 466, 471. U. B. II. 106, 111, 131.

Neuhofen zu Filialen hatte. Auf dem Schlosse sassen die Herren von Haiming [1]).

828, 901, 1180. **Holzhusa,**

Holzhausen, Ortschaft in der Pfarre Haiming, wo vormals Edle von Holzhausen sassen.

Am rechten Innufer, nahe bei der Salzach-Ausmündung ist die Stelle des einstigen Schlosses **Katzelhof, Katishof** erkennbar, dessen Materiale zum Baue der St. Johanns-Capelle in Schwand verwendet worden sein soll.

U. B. I. 11, 471.

1110, 1170. **Planchenpach,**

Blankenbach, Ortschaft am rechten Innufer, nahe bei Ranshofen, einst der Edelsitz der Herren von Blankenbach.

U. B. I. 215, 231.
U. B. II. 345.

Iu freundlicher Anhöhe, mit herrlicher Aussicht auf den Inn, stand einer der vorzüglichsten Orte des Matichganes:

788, 829. 885, das **Rantesdorf.** *curtis,* **Rantersdorf, Ranstorf.**
898, 1025, *capella et locus,* **Ratensdorf, Raushoven,**
1040, 1070, *praedium, ecclesia St. Pancratii, muta, parochia,*
1110,1125,1177. *monasterium;*

U. B. I. 207 bis
272, 82, 445.

Raushofen, zur Zeit der Agilolfinger *curta publica,* unter den Carolingern eine *villa regia, palatium,* und beliebter Aufenthalt derselben. später die zeitweilige Residenz der bairischen Herzoge, und der Pfalzgrafen [2]). Kaiser Arnulf baute und dotirte die Capelle zum heiligen Pancratius.

U. B. II. 13, 27,
39, 43, 45, 80,
82, 161, 213,
215, 347.

A. 1040 war sie *parochia cum decimis,* mit dem Bezirke der heutigen Pfarren: Ranshofen. Braunau, Neukirchen, Schwand, Hantenberg, Gilgenberg, Geretsberg und Hochburg. A. 1125 wurde an dieser Pfarrkirche vom salzburgischen Erzbischofe Conrad, mit Beihilfe des Herzog Heinrich des Schwarzen von Baiern, das regulirte Chorherrenstift gegründet, wozu eben dieser

[1]) Das Archidiaconat Matsee, dessen Gränzlinien mit denen des Matichganes zusammenfielen, war wiederum in die Decanate Haiming und Aspach abgetheilt.

[2]) Probst Benno Mayer von Ranshofen schreibt hierüber folgender Weise: „Regia, portorium, praetura, colonia quondam Ranshovium fuerat, habebatque olim suos Mareschallos, praepositos, camerarios, clavigeros, advocatos curiae et reddituum regalium seu ducalium, pincernas, amanuos, judices, praetores, magistros foresti, custodes ferarum, telonarios, cellerarios, praecones, milites, quo nomine fere nobiles veniebant, qui singuli singulis militum instructi manipulis pro rege vel duce domi militiaeque excubebant. Hinc circa circum Ranshovium magnus militum seu nobilium numerus, ut hodie vix ullum sit pretii alicujus praedium etc. etc.

Mayer apud
Finauer, II. 74.

Herzog Zehente *in pago Ranteskova*, und um den Weilhart herum, verschiedene Güter, dann die Kirchen zu Enknach und Hantenperch spendete; a. 1135 wurden zwei Gebäude aufgeführt, eines gegen Morgen für die Chorherren, ein zweites gegen Abend für die Chorfrauen; 1169 wurde die neue Pfarrkirche zum heiligen Michael eingeweiht [1]); a. 1256 wurde das Kloster durch die Krieger des Herzogs Ottokar von Böhmen zerstört; c. a 1240 erhielten die Pröbste von Ranshofen die Archidiakonats-Würde. A, 1810 wurde die Auflösung des Stiftes von der provisorisch-französischen Regierung zu Ried angekündigt, a. 1811 die Aufhebung vollzogen; die Stiftsgebäude sammt dem ansehnlichen Mayerhofe sind jetzt Eigenthum des Banquiers Wertheimer.

In der stattlichen Kloster- jetzt Pfarrkirche, die in ihrer dermaligen Gestalt a. 1634 vollendet wurde, ruhen Familienglieder der Edlen von: Hohenzollern, Königseck, Aham, Aufhausen, Stubenberg, Seifriedsdorf, Rorer, Lenberg, Braunau, Werdorfer, Gerstorf, Neisslinger, Ering, Reitenbuch, Schick, Wald, Blankenbach, Tarsdorf, Utendorf, Wolfsberg etc.

1110, 1150.

Osternperg,

Osternberg, Ortschaft zwischen Ranshofen und Braunau, einstiger Sitz der Herren von Osternberg.

In hübscher Gegend, hart am rechten Innufer:

1000, 1110, 1125, 1141, 1157, 1230.

Provnowe, Prunol, Praunawe, Brunewe, Braunau, *praedium, capella St. Stephani, oppidum, territorium;*

Braunau verdankt sein Entstehen und Emporblühen theilweise dem Stifte Ranshofen.

Ursprünglich war **Braunau** ein Landgut (praedium) der bairischen Herzoge, das später an das Kloster Ranshofen gegeben wurde; zu Braunau sass ein eigenes Geschlecht der von Braunau, wohnten auch die Richter des Gerichtes am Weilhart. A. 1138 wurde die Capelle des heiligen Stephan geweiht; a. 1204 wurde der Ort mit Mauern umgeben, zur Stadt erhoben, das Landgericht und die Maut von Ranshofen hieher übertragen; c. a. 1260 wurden Wälle und Gräben aufgeführt, die Thürme und das Schloss gebaut, die Brücke über den Strom geschlagen, die St. Stephans-Capelle, anfangs im Thale am Inn, in die Stadt gezogen, daraus wurde

---

[1]) Die St. Michaels-Kirche wurde a. 1799 abgebrochen, und das Materiale davon zum Festungsbaue in Braunau verwendet.

(a. 1439—1441) das gegenwärtige imposante Gotteshaus mit dem hohen Thurme gebaut. Die Seelsorge verrichteten Canoniker von Ranshofen, aber erst a. 1336 erhielt Braunau den ersten Pfarrer, jedoch musste das Pfarrrecht von Ranshofen anerkannt bleiben. A. 1400 entstand die St. Michaels-Kirche, a. 1413 das heiligen Geist-Spital, a. 1499 die St. Martins-Kirche an der Pfarrkirche. Die Stadt Braunau erhielt von den bairischen Herzogen ansehnliche Privilegien, um mit München, Burghausen gleiche Vortheile zu geniessen, hatte aber auch verschiedene Bedrängnisse und Belagerungen auszuhalten, war von a. 1703—1808 eine Realfestung. A. 1504 bekam Braunau das Schlösschen:

1180.   **Vorstarn, Forstern,** am rechten Ufer der Matig, das ursprünglich die Herren von Vorstarn besassen.   U. B. I. 237.

Unweit der Stadt Braunau:

1085, 1110, 1120.   **Hasilpach, Hasalpach, Haselbach,** *praedium, ecclesia;*   U. B. I. 207, 212, 215, 684.

Haselbach, zur Pfarre Ranshofen gehörige Ortschaft, einst der Stammsitz eigener Edlen von Haselbach, die c. a. 1070 die St. Valentins-Kirche gebaut haben sollen, und welche a. 1084 vom Bischofe Altmann von Passau geweiht wurde.

1140.   **St. Petri** (am Hart), **capella,** *a nobili Imnrico fundata;*   U. B. I. 299

St. Peter am Hart, Pfarrort in freier luftiger Lage, zu Mauerkirchen gehöriges Pfarrvicariat.

Unweit des Einflusses der Matich in den Inn:

1088, 1120, 1150.   **Hagenau, Hagenowe, Haganauua,** *praedium, castrum;*   U. B. I. 300, 507, 517, 635, 639.

Hagenau, Ortschaft, Schloss und Herrschaft in angenehmer Gegend; daselbst sassen die Edelfreien von Hagenau, theilweise Vasallen der Grafen von Formbach-Neuburg.   U. B. II. 119, 264.

A. 1150 vermachte Hartwik von Hagenau sein Schloss dem Kloster Reichersberg; von 1320—1538 besassen es die Absimer; die Schlosscapelle ist dem heiligen Nicolaus geweiht.   Appels Gesch. von Reichersberg, 33.

760, 800.   **Pochofa, Poginhova,**   Chron.Lunaelac. 42.

Pogenhofen, Ortschaft und Landgut in der Pfarre St. Peter, mit der Kirche zum heiligen Andreas.   Mon. boic. XI, 13.

Anno vel circa annum.		Quellen-Citat.

1140, 1150. **Aheim. Ahaim.**
Aham, kleine Ortschaft, hart am Inn, der einstige Stammsitz der Edlen von Aham, nachmals in Baiern angesehenen Freiherren, zuletzt Grafen von Aham, auf Wildenau und Neuhaus.

U. B. I. 563.
U. B. II. 725.

885, 904. **1140, 1150.** **Muninga, Munigen, Munien,** *curtis;*
Müning, Mining, Hof, von welchem, wie von Wels, Alarhof, Ostermieting, Ranshofen, Kaiser Carl der Dicke, den Neunten zur Capelle in Oeting gibt; heute Pfarrvicariat zur heiligen Maria; in der Nähe liegen die Schlösser Mamling, Sunzing, und das zur Herrschaft Ering (in Baiern) gehörige Frauenstein.

U. B. I. 84, 649.
U. B. II. 27, 53.
Filz, Gesch. von Michelb. 698.

1070, 1120. **1175.** **Wenge, Wengi,**
Weng, Pfarrdorf am Moos-Bache mit der Kirche zum heiligen Martin, ehedem, wie Müning, eine Filiale von Moosbach; im eilften und zwölften Jahrhunderte sass ein eigenes Geschlecht von Wenge dahier.

U. B. I. 216, 242.

1160. **Mosbach,** *fluvius;*
der aus dem Höhnhart entströmende, unterhalb Altheim mit der Ache sich vereinigende Moos-Bach. An diesem:

U. B. I. 337.

1090, 1125. **1130.** **Moscbach, Mosbach,**
Moosbach, Pfarre mit der Kirche zum heiligen Petrus von a. 1240, und zu welcher Weng und Müning als Filialen gehörten; auch Stammsitz der Edlen von Mosbach; unweit das verfallende Schloss Wasen.

U. B. I. 250.
U. B. II. 162.

803, 1140. **Triupah** *in Matahgau,* **Triupach, Tropach,**
Unter-Treubach, seit a. 1785 Pfarre zur heiligen Maria; zu Ober-Treubach stand bis a. 1784 die Kirche zur heiligen Barbara.

U. B. I. 7, 350.

1140. P. 1200. **Rosspach, Rossepach,**
Rossbach, Pfarre zum heiligen Jakob den Grösseren, mit der gegenwärtigen Curatfiliale St. Veit, und den ehemaligen Filialen: Ober- und Unter-Treubach; in der Dorfflur sind die Ueberreste des verfallenen Schlosses erkennbar; ausserdem befanden sich in der Nähe die Schlösser: Grünau und Wimhub.

U. B. I. 350, 393.

Anno vel circa annum.		Quellen-Citat.
1055, 1140.	**Isingrimesheim**, *locus juxta Marchluppa fluvium situs in pago Matichgau, praedium proscripti Botonis, ad ecclesiam Salisburgensem delegatum;* das heutige **Eisengrätsham** mit der Kirche zum heiligen Veit; dieser Ort, eine geraume Zeit von den Brunthalern	U. B. II. 89. U. B. I. 330.
1100.	besessen, hiess darum auch **Bruntal, Brunthal.**	U. B. I. 231.
771, 860, 927, 1055, 1140.	**Marcluppa, Marchiluppa, Marchluppe**, *villa et fluvius in australi Aeni fluminis littore;* **Mayrlup, Marlup**, kleine, zur Pfarre Rossbach gehörige Ortschaft.	Chron. Lunaelac. 17, 137. Jur. II. 234, 240. U. B. I. 8, 9, 723.
900—1000.	**Wildenau**, *castrum;* **Wildenau**, altes Schloss, der Sage zufolge zu Anfang des zehnten Jahrhunderts gegen die Ungarn erbaut; vom vierzehnten Jahrhunderte bis a. 1749 ein Eigenthum der Familie von Aham-Wildenau; die Schlosscapelle ist dem heiligen Georg geweiht. Zu **Au** stand das Kirchlein zum heiligen Kilian, so wie zu **Capellen** das Kirchlein zum heiligen Martin.	Pillweins Innkreis, 281.
P. 1067, 1075, 1120, 1150.	**Aspach**, *villa juxta silvam Honhart, praedium, ecclesia et parochia;* **Aspach**, alte Decanatspfarre zu Ehren der Himmelfahrt Mariens, die Höhnhart, Metmach und St. Johanna am Wald zu Filialen hatte [1]); wird a. 1074 dem Kloster Nicola zur Fundation übergeben; heute Schloss und Hofmark am gleichnamigen Bache.	Mon bole 28. II. 213. U. B. I. 331. U. B. II. 106, 111, 131. Filz, Gesch. von Michelb. 688.
903.	**Hohinhard**, *locus;* **Höhnhart, Hennhart**, Hofmark und Pfarrvicariat zum heiligen Jakob, dessen Kirche für ein Werk der Edlen von Hohenkuchler gehalten wird [2]).	U. B. II. 48.
898,1075,1110.	**Hohenhart forestum, silva Honhart, Hoehnhart, Hohinhard, Hochenhart**, der heutige **Höhenhart-** oder **Kobernauser-Wald**, ein weitgedehntes, von mächtigen Bergrücken und tiefen Thalschluchten durchzogenes Waldgebiet von vier Stunden	U. B. II. 43, 46, 111, 106, 131.

[1]) C. a. 1443 war Aeneas Sylvius Piccolomini, der nachmals als Pius II. den päbstlichen Stuhl bestiegen hatte, Pfarrer zu Aspach.

[2]) Ostwärts von Höhnhart auf dem Grindelsberge die ringförmige Lagerstelle eines Schlosses.

Länge, und drei Stunden Breite (22.030 österreichische
Joch enthaltend) ein Ausläufer des Hausruck-Waldes.
Kaiser Heinrich II. gab diesen Forst der Hochkirche Bamberg,
welche viele Strecken herum urbar machte, und auch die
Kirchen Aspach, Schiltarn und Eberschwang gründete. Die
Forstverwaltung war bei dem Gerichte Friedburg.

Metemenhaa, Metemnaha,

der Metmach-Bach, der aus dem Höhnhart-Walde hervor-
brechend mit der Waldzeller-Ache sich vereiniget, und
an Polling, Altheim und Mülheim vorüber in den Inn fliesst;
an diesem:

1039, 1150.	**Metemenhaa, Metemah.** *regalis mansus, locus in pago Matgouue, in comitatu Piligrimi;* der heutige Pfarrort **Metmach** und Pfarrexpositur zum heiligen Stephan.	U. B. II. 81. U. B. I. 226.
1222.	**Nyndlingen, Nunlingen.** Neundling, Ortschaft in der Pfarre Metmach, ehemals zum Schlosse **Lub** gehörig.	U. B. I. 550. U. B. II. 633.

An der Strasse von Ried über Altheim nach Braunau:

1140, 1160, 1180.	**Chircheim, Chirchaim.** Kirchheim, bevor der Sitz eines Geschlechtes von Chirch-heimen, heute Pfarre zum heiligen Nicolaus, aus der Mutterpfarre Gurten gebrochen.	U. B. I. 337, 377, 388, 350.
903, 1160.	**Pollinga,** Polling, zur Pfarre Altheim gehörige Expositur zum heiligen Andreas; c. a. 1160 befand sich daselbst ein zur Hoch-kirche Passau gehöriger Mayerhof.	U. B. II. 47. U. B. I. 518.
903, 1130. P. 1195.	**Altheim,** Altheim, ein bedeutender Markt am Vereinigungspunkte der Hauptstrassen zwischen Oesterreich und Baiern, zwischen Salzburg und Passau; a. 903 kam dieser Ort an die Kirche Passau; a. 1160 war daselbst ein zur Hochkirche Passau gehörender Mayerhof; a. 1195 wird Altheim eine Pfarre genannt. Die Pfarrkirche zu Ehren des heiligen **Laurentii** befindet sich eine Viertel Stunde vor dem Markte auf freiem Felde, wurde a. 1143 vom passauischen Bischofe Regin-bert dotirt, und in ihrer gegenwärtigen Gestalt a. 1516	U. B. II. 48, 449. U. B. I. 518, 546. Pillwein Inn-kreis, 277.

zu bauen angefangen; war einst die Mutterkirche von Polling, Mühlheim und St. Ulrich, (dieses seit a. 1785 abgebrochen) in älterer Zeit selbst von Geinberg und Nonsbach.

1180.

Murenperge, *praedium;*
Mauernberg, Landgut, wurde wie Elriching a. 1180 an das
Kloster Reichersberg gegeben; heute Pfarrhof von Altheim.

U. B. I. 388.

Nicht weit von der Einmündung der Waldzeller-Ache in
den Inn:

1120, 1130.

Mulchelm, Mulhelm, Mölchelmen,
Mülheim, Schloss, Hofmark und Marienkirche der von Altheim
abhängenden Pfarrexpositur; im zwölften und dreizehnten
Jahrhunderte erscheinen Edle von Mulheim.

U. B. I. 534.
U. B. II. 173.

Weiter abwärts am Inn:

1180, 1220.

Die Ortschaft **Graben;** wahrscheinlich mag hier das den Orten-
burgern gehörige Schloss **Graben** gestanden haben,
das in deren Fehde mit den Grafen von Pogen, und mit
dem Bischofe Wolfker von Passau zerstört, später wieder
aufgebaut wurde, und an Passau kam.

U. B. I. 385, 246.

1180, 1220.

Chirchdorf, Chirdorf,
Kirchdorf, Pfarrvicariat von Obernberg, mit der Kirche zu
Ehren der seligsten Gottesmutter.

U. B. I. 385, 246.

1181, 1254.

Chatzperch, Katzenberch, *castellum, castrum*
Pataviense;
Katzenberg, Schloss in schöner fruchtbarer Ebene, zugleich
in steiler Anhöhe über dem Inn; anfänglich passauisches
Eigenthum, später im Besitze der Herren Mautner, der
Ahaimer etc.

Mon. boir. III.
116.
U. B. I. 484, 187.

1130, 1230.

Geinperg, Geginperge, Gienberg,
Geinberg, auf freundlicher Anhöhe gelegenes Pfarrdorf, mit
der Kirche zum heiligen Michael, vor a. 1398 Filiale von
Altheim; auch sassen daselbst im zwölften und dreizehnten
Jahrhunderte Freie von Geinberg; südöstlich davon das
Schloss Neuhaus, seit a. 1380 im Besitze der Ahaimer.

U. B. I. 716, 293,
396, 401.

Anno vel circa annum.		Quellen-Citat.
1120, 1137, 1195.	**Nonsbach, Nospach,** *praedium, capella in parochia Altheim;* Nonsbach, zur Pfarre Geinberg zuständige Ortschaft in waldiger Höhe, vormals mit einer zum Stifte Ranshofen gehörigen Capelle zum heiligen Nicolaus.	U. B. I. 227, 328. U. B. II. 179, 449.
1140, 1200.	**St. Georgii, St. Georii** *(ad), ecclesia et parochia;* St. Georgen am Gartenbach, ursprünglich die Pfarre von Obernberg und Weilbach; ehemals stand daselbst ein passauisch-domkapitlischer Mayerhof.	U. B. I. 330, 395.
786, 800, 805, 903, 1160.	**Gurduna, Gurtana, Gurtina, Curtina, Curtuna, Gurth,** *locus in pago Mutahgaune, villa, praedium, ecclesia St. Stephani;* Gurten, Pfarre mit den vormaligen Filialen Kirchheim und Wippenham; wird a. 1160 als ein zur Kirche Passau gehöriger Mayerhof genannt [1]). Das Landgut war im zwölften und dreizehnten Jahrhunderte der Sitz eines eigenen Geschlechtes derer von Gurten, später der Thalheimer. Erst a. 1320 wird Wippenham erwähnt.	U. B. I. 9, 281, 221. 395, 444, 443, 818. U. B. II. 48.
786.	Die Thalgegend wird vom: **Gurten-Bache, Gurta, Gurtina, Gurduna,** *fluenta, flurius,* durchflossen, der bei Obernberg in den Inn ausmündet.	U. B. I. 444, 447.
1160, 1180, 1190, 1230, 1254.	Auf steiler Höhe über dem rechten Innufer, von wo der Blick weit über die jenseitige Ebene schweift, erbaute Bischof Wolfker von Passau, zum Schutze seiner Besitzungen am Inn, und um künftigen Angriffen die Stirne bieten zu können, die Veste: Obernberg, **Obernperge, Obernperig,** *castrum, muta, forum;* bald baute sich um das Schloss herum der Markt Obernberg an, der mit verschiedenen Privilegien ausgestattet wurde; a. 1242 wird Obernberg durch Herzog Friedrich den Streitbaren erobert und den Schaunbergern übergeben, späterhin mehrmals verpfändet. Obernberg mit Schalkheim, das jenseits des Inns befindliche Schloss Riedenburg, Aigen, Ekkolfing, Saverstetten bildeten bis a. 1803 eine eigene,	U. B. I. 237, 380, 392, 401, 483, 704.

[1]) Vielleicht darunter auch der bei Obernberg befindliche Gurtenhof zu verstehen.

zum Hochstifte Passau gehörige Herrschaft, so wie die
Maut ein passauisches Regale war. Die Kirche zu Ehren
der Einsetzung des heilgen Abendmahles entstand in der
ersteren Hälfte des dreizehnten Jahrhunderts zuerst als
Filiale von St. Georgen, erscheint dann später als Haupt-
kirche von St. Georgen, Kirchdorf, Merschwang, Murham,
Weilbach, Senftenbach und St. Ulrich. Heutigen Tages
ist Obernberg ein sehr ansehnlicher, wohlgebauter, landesfürstlicher Markt, von einer schönen, fruchtbaren Gegend
umgeben, mit zahlreichen Gewerben und lebhaftem Handel.
Am westlichen Fusse des Hügels, auf welchem das Schloss
und der Markt thronen, hart am Inngestade, liegt, der Vor-
markt Urfahr mit der Nicolaus-Kirche, hingebaut.

1130, 1140.	**Merschwanch, Merginswanch.**	U. B. I. 365, 372.
	Merschwang, einst der Sitz des mit den Herren von Ort stamm-	541.
	verwandten Geschlechtes von Merschwang, heute Pfarre	
	mit der St. Margarethen-Kirche.	
1166.	Nicht weit davon sass das Edelgeschlecht von Ratenperg	U. B. I. 365, 372.
	oder Rotenberg; zwischen Weilbach und Senftenbach zieht	
	sich der waldbedeckte Bergrücken „Rotenberg" hin.	
1150.	**Murheim, Muerheim,**	U. B. I. 302, 315.
	Klein-Murheim, Ortschaft in der Pfarre Weilbach, mit dem	
	Kirchlein zum heiligen Kreuze.	
1076, 1140.	**Uvanenbach, Wanenbach,** wahrscheinlichst das	Appels Gesch. v.
P. 1253.	spätere **Wilbach;**	Reichersberg. 9.
	das heutige **Weilbach,** Sitz eines eigenen Geschlechtes von	U. B. I. 549, 293.
	Wilbach, später der Chalinger, seit a. 1253 selbst-	388.
	ständiges Pfarrvicariat zur seligsten Jungfrau Maria; in	
	unmittelbarer Nähe die Edelsitze: **Kirichlagen** und **Velts-**	
	hofen.	
	Bis a. 1784 gehörte als Filiale zu Weilbach:	
1035, 1151.	**Semphtinpah, Semftinbach,** *praedium;*	U. B. I. 474, 543.
	Senftenbach, Pfarre mit der Kirche zum heiligen Kreuze zu	U. B. II. 262.
	Berg am Senften-Bache, welcher letzterer a. 1151 zum	
	Kloster Reichersberg hinzugeleitet wurde.	

Anno vel circa annum.		Quellen-Citat.
1150, 1200.	**Yzing, Izing, Ielugen,**	U. B. I. 303, 396.

Ober-Eising, Sitz der Herren Eizinger, später der von Gel-
ting; von dem Schlosse ist nur noch das Burgstall vorhanden.
Unter-Eising, seit a. 1785 Pfarre mit der Kirche zu Ehren der
heiligen Gottesmutter Maria.

In freundlicher Thalgegend an der Antiesen, an der Strasse
von Ried nach Schärding:

1130, P. 1273. **Uroltesmünster, Oroltismunstiure, Aurolez-
münster,** *ecclesia, parochia;*   U. B. I. 417, 553.

Aurolzmünster, Markt mit einem schönen, herrschaftlichen
Schlosse; ursprünglich ein Formbächisches Eigen hatten
es die Freien von Hals zu Lehen, von denen es a. 1312
pfandweise, a. 1375 im Kaufswege an die Herren von Tannberg gedieh (**Tannberger-Münster**); a. 1677 kam es an
die Grafen von der Wahl. Die Pfarrkirche in der Ehre des
heiligen Mauritius geweiht, war ehemals die Mutterkirche
von Peterskirchen und Eizing. die St. Anna-Capelle an der
Pfarrkirche wurde zum Schulhause umgestaltet.

Von dem Schlosse **Forichtenau, Forchtenau,** ebenfalls den
Tannbergern gehörig, hat sich nur noch der Mayerhof erhalten.

Ostwärts:

1130 (?). **Petreschirchen,**   U. B. I. 647.

Peterskirchen, seit a. 1513 Pfarre zum heiligen Petrus, im
Thale der Osternach.

903, 1130. **Prama,**   U. B. II. 48.
          U. B. I. 546.

Pram, Pramkirchen, am gleichnamigen Flüsschen, Pfarre zum
heiligen Stephan, zu welcher bis a. 1785 die St. Leonhards-
Kirche zu Geiersberg, und heute die Capelle St. Nicola als
Filialen gehören.

A. 903 wird der Ort Prama zur Kirche Passau gegeben;
auch sass dahier im dreizehnten Jahrhunderte ein Ministerial-
Geschlecht der Grafen von Viechtenstein. Das in der Nähe befindliche Schloss **Feldeck** ist neueren Ursprunges. Der Sage nach soll
Pram schon a. 903 von der Mutterkirche Hohenzell getrennt
worden sein. In der Nähe die Edelsitz **Gries.**

Anno vel circa annm.		Quellen-Citat.

Im Thale der Antissen:

1140, 1283. **Hocholzell, Hochaltzell, Cell circa Ried,** Hohenzell, alte Pfarre zum heiligen Michael, die ehedem Patigham und St. Thomas zu Filialen hatte.

U. B. II. 177.

1067, 1075, 1175, 1180, P. 1253. **Eberiswane, Ebereswanch, Eberswanch,** *ecclesia;* Eberschwang, alte Pfarre zum heiligen Michael, in deren Umfange ausser St. Marienkirchen (seit 1785 eigene Pfarre) noch die Kirchen: St. Peter, St. Pankras zu Feichtet, Albrechtskam und St. Nicolaus zu Pilgersheim lagen, die alle, wie jene neben der Pfarrkirche befindliche marianische Wallfahrtscapelle a. 1785 gesperrt und abgebrochen wurden. Zu Eberschwang wurden Schrannengerichte gehalten. In der Nähe sassen Edle und Freie auf **Murring,** c. a. 1180, **Idring, Albrechtsheim,** c. a. 1150, **Anhangen,** a. 1250, **Ecellnge,** a. 1180, **Irling, Pilgersheim,** a. 1180, deren Schlösser und Sitze, wie selbst das neuere Schloss **Mayerhof** zerstört sind.

Mon. boic. 28, II. 213.
U. B. I. 353.
U. B. II. 106. 111, 131.
Pritz, Gesch. d. Landes ob der Ens, I. 328.
U. B. I. 292, 383, 408, 705.

1160. **Patichinhaim,** Patigham, c. a. 1160 ein zur Passauer Hochkirche gehöriger Wirthschaftshof; heute Pfarre zum heiligen Laurenz, die aus Hohenzell gebrochen wurde. Eine Viertel Stunde davon erhob sich neben einem heilwirkenden Gesundheitsbrunnen zu Ende des vierzehnten Jahrhunderts die Kirche des **heiligen Thomas,** die a. 1785 zerstört wurde.

U. B. I. 519.

1067, 1075, 1110, 1130. **Scitarin, Schiltarn, Schiltern,** *ecclesia;* Schiltern, Pfarre zum heiligen Martin, die a. 1784 aus der Pfarre Waldzell gebrochen wurde; a. 1075 wurde die Kirche Schiltarn, wie Eberschwang und Aspach vom passauischen Bischofe Altmann zur Fundation des Klosters St. Nicola gegeben; zu Schiltarn stand auch eine Burg gleichnamiger Edlen, nach deren Erlöschen selbe an das Hochstift Passau fiel. In der Nähe hatte das Hochstift Bamberg c. a. 1250 die Capelle zum **heiligen Coloman** gebaut; dermals zerstört; die Hofmark **Pramet** gehörte bis a. 1803 Domcapitel Passau.

U. B. II. 106. 111, 131.
U. B. I. 712, 656.

Anno vel circa annum.		Quellen-Cital.

Lonespurch, Lonsberch,

Lonsburg, von a. 1160—1803 ein zur Hochkirche Passau gehöriger Mayerhof; die jetzige Pfarrkirche zum heiligen Nicolaus war bis a. 1785 Filiale von Walzell, und wird für ein Werk der Chuchler gehalten, die ihre Stammburg wahrscheinlicht auf dem Schlosse **Hohenchuchin, Hohenchuchen** hatten, das der Sage zufolge gegen die Einfälle der Ungarn schon a. 900 erbaut worden sein soll. Waldzell mit seinem Marien-Gotteshause wird a. 1379 als Pfarre aufgezählt.

U. B. I. 330, 319.
U. B. II. 366.

1146. 1150.

U. B. I. 304.
U. B. II. 222.
Appels Gesch. v. Reichersb. 133.

An der Waldzeller-Ache:

Ghunzingen,

1160.

U. B. I. 327.

Gunzlug, zur Pfarre Lonsberg gehörige Ortschaft, und ehemaliger Edelsitz der Gunziger, dann der Elrichinger, jetzt nur in den Spuren erkennbar.

Neunhoven, Newenhofen,

1230.

U. B. I. 740, 774.

Neuhofen bei Ried, seit 1785 Pfarre mit hübscher Kirche zum heiligen Nicolaus.

Merenpach, Meraupach, Mehrnbach,

1150. P. 1253. 1160.

U. B. I. 513, 519.
Prits. Geseb. d. Landes ob der Ens. I. 328.

Mornbach, alte Pfarre zum heiligen Martin, der einst Ried, Neuhofen und Tumeltsham als Tochterkirchen zuständig waren, heute Pfarrvicariat von Ried; a. 1160 war dahier ein zur Hochkirche Passau gehöriger Wirthschaftshof.

In der Nähe:

Aesenheim, Asenham; zweifelhaft, ob dahier, oder in dem

1130.

U. B. I. 646, 714.
U. B. II. 632.

zwischen Sulzbach und Engertsham (im bairischen Rotthale) gelegenen Asenham das Geschlecht der Aesenheimer geblüht habe.

Am Zusammenflusse der Breits-Ache und Ober-Ache, am Vereinigungspunkte der Strassen von Lambach, Frankenburg, Salzburg, Braunau, Schärding und Riedau liegt die hübsche, gewerbreiche, landesfürstliche Stadt: Ried,

Riede, *praedium, castrum, oppidum;*

1130. 1150. 1220. 1283.

U. B. I. 248. 305, 319, 547.

die Sage nennt einen gewissen Dietmar Ankanger, der den Kreuzzug in das heilige Land a. 1189 mitgemacht, und für den bewiesenen Muth und Geistesgegenwart mit dem

Namen: Anhanger, und mit einem District am Ried belehnt worden sei, als den Gründer von Ried; nach Lazius hätte Eckart, Graf von Plain, mit dem Beinamen: der Bundschuh, den Markt Ried erbaut. Urkundlich dagegen ist so viel erwiesen, dass bereits c. a. 1130 Edle von Riede erscheinen, von denen Reginger de Riede Schirmvogt des Klosters Reichersberg war; a. 1220 wird das castrum Riede genannt, etwa durch die Grafen von Formbach, denen dieser Bezirk gehörte, entstanden.

A. 1282 war Ried bereits ein befestigter Marktflecken, der in der Folgezeit mehrfache Belagerungen und Kriegsdrangsale zu bestehen hatte. Ried gehörte ursprünglich zur Pfarre Mernbach; a. 1360—1380 entstand die stattliche Kirche zu Ehren der Apostelfürsten Petrus und Paulus; a. 1519 verlegte der Pfarrer von Mernbach seinen Pfarrsitz nach Ried. Die Spitalkirche zum heiligen Geist stand bereits a. 1487, und die St. Anna-Kirche a. 1500. Auf der Ostseite des Ortes erhebt sich auf mässiger Anhöhe das Schloss, im Mittelalter der Sitz der landesfürstlichen Burgpfleger, seit a. 1779 des k. k. Innkreisamtes. Die Verleihung ansehnlicher Freiheiten und Privilegien, so wie die günstige Ortslage gaben dem Markte Ried einst und jetzt in commercieller wie gewerblicher Beziehung Blüthe und Bedeutung. Das südwärts von Ried gelegene Schloss Weglelten wurde abgetragen.

1122, 1130, 1150.	**Tumoltisheim, Tumoltsheim,** Tumeltsham; hier sass das Edelgeschlecht der von Tumoltsheim; heute Pfarrvicariat mit der Kirche zum heiligen Vitus.	U. B. I. 633, 671. U. B. II. 138.
1273.	**Antelichsfurt,** *praedium;* Audrichsfurt, ehemals Filiale von Taiskirchen zur heiligen Dreifaltigkeit, seit 1785 Pfarre.	U. B. I. 418.
1120, 1180, P. 1200.	**Taidischirchen, Taegdingeskiren, Tagidischirchin, Taischirchen,** *ecclesia et parochia;* [1] Taiskirchen, alte Pfarre zu den heiligen Aposteln Simon und Juda und Mutterkirche von Uesensich, Andrichsfurt, Dorf und Riedau; auch Freie von Taiskirchen werden in den Urkunden genannt.	U. B. I. 347, 531, 601.

[1] Dem Wortlaute nach ein Taidings- oder Gerichts-Ort.

Anno vel circa annum.		Quellen-Citat.

1178. **Ouchentobel;**
Auggentobel, einstmaliger Edelsitz der Herren Auggen-
tobler, die a. 1301 die Kirche Dorf erbaut haben sollen.

U. B. I. 749.

1120, 1140. **Winthaga,** *praedium;*
die in der Pfarre Uezensich gelegene Ortschaft **Windbag.**

U. B. I. 283, 782.

1140. **Hucenelche,**
Uezensich, am Antissen-Flüsschen, Pfarrvicariat (seit a. 1379)
zur heiligen Maria; auf dem ehmaligen Schlosse dahier
sassen: Uezensicher, Stoeker, Tannberger;
auf der Anhöhe stand bis a. 1795 die Kirche zum heiligen
Sigismund.

U. B. I. 656.
Appels Gesch. v. Reichersb. 133.

In reizender Lage und Umgebung an der Antissen, an der
Strasse von Ried nach Obernberg und Schärding das so liebliche
St. Martin,

1060, 1084, **Capella seu ecclesia St. Martini, Swente,**
1142. **Schwente,** *praedium;*
A. 1060 wurde dahier die Capelle gebaut, vom Passauer
Bischofe Altmann zu Ehren des heiligen Martin geweiht,
und a. 1084 sammt dem nach Passau lehenbaren Landgute
zur Dotation des Klosters Reichersberg gegeben; wird
a. 1153 Filiale von Münsteuer genannt, a. 1300 hierbei
das Beneficium gestiftet, das a. 1785 zur Pfarre umgestaltet
wurde. Das Gut und Schloss Swente besassen c. a. 1116
die Schwenter, von a. 1446 — 1600 die Herren von
Trenbach, dann die Grafen von Tattenbach und
Rheinstein, seit a. 1821 ist dieser elegante Herrensitz
Eigenthum des Grafen von Arco-Valley; westlich von
St. Martin stand bis a. 1790 das zur Pfarre Weilbach
gehörende St. Ulrichs-Kirchlein.

U. B. II. 196.
Appels Gesch. v. Reichersberg. 2.

An der Einmündung des Osternach-Baches in die Antissen:

1120, 1180, **Orth, Ort,** *ecclesia cum caemeterio;*
P. 1200. **Ort,** ursprünglich eine Filiale von Münsteuer, ist sie heute eine
dem Stifte Reichersberg einverleibte Pfarre mit der Kirche
zum heiligen Andreas; am Fusse des Aichberges stand das
Schloss der Herren von Ort, die theils Ministerialen der
Hochkirche Passau, theils der Grafen von Andechs auf
Neuburg waren; nach deren Erlöschen kam das Schloss

U. B. I. 376, 409, 331, 416.

Ort an die Messenbäcker (c. a. 1400), an das Bisthum Chiemsee (c. a. 1500). Am Fusse des Schlosshügels selbst erstand zu Anfang des vierzehnten Jahrhunderts die Marien-Capelle (Chiemseer-Capelle), die profanirt und abgebrochen wurde.

1150. Auf dem nahen **Aichberg** sass ein gleichnamiges Ministerial-Geschlecht der Aichperger. Gleicherweise erscheinen urkundlich Freie von: Drachselheim (1160), Chamer (1166), Tobele (1120), Friheim (1140—1260), Linah (1200) etc.

U. B. I. 200, 333, 286, 365. 532, 327, 408, 286 — 420, 761.

903, 1130. **Osterunaha, Osternahc,**
Osternach, zur Pfarre Ort zuständige Ortschaft mit der St. Vitus-Capelle; a. 903 wurde dieser Ort zur Kirche Passau gegeben; a. 1447 eignete Bischof Leonhard von Passau die Hofmark Osternach dem Collegiatstifte Matighofen zu; auch ein eigenes Edelgeschlecht blühte dahier.

U. B. II. 48.
U. B. I. 287, 650, 713.

1120, 1160. **Beneventenruth, Beneventenreut,** *ecclesia St. Lamberti;*
der heutige Pfarrort St. Lambrecht; die Herren von Morspach bauten c. a. 1110 die Capelle, die später zu einer Kirche umgebaut, und a. 1193 zu Ehren des heiligen Lambert eingeweiht wurde; die hierauf errichtete Seelsorgstation ging a. 1387 wieder ein; erst a. 1783 wurde sie zur Pfarre des Stiftes Reichersberg; c. a. 1187 gab es daselbst, wie am St. Martin, Weinberge.
Die zu Nennling gestandene Capelle zum heiligen Nicolaus wurde a. 1786 abgebrochen.

U. B. I. 334.
318.

1150. **Mezenbach, Mezscenpach, Mezzenbach.**
praedium;
Messenbach, Stammhaus der Messenbäcker, die sich später auf Ort, Schwent und Messenbach bei Vorchdorf ansässig machten.

U. B. I. 564.
381, 690.

1235. **Hohenschache, Hohenscahchen,** *silva, forestum, nemus, mons;*
der Hohe-Schachen, ein zwischen Eckerding und St. Lambrecht emporsteigender, waldgekrönter Bergknoten, von dessen Höhe eine lohnende Fernsicht über das Innthal sich darbietet.

U. B. 483.
699, 700.

Anno vel circa annum.		Quellen-Citat.
1126, 1149.	**Marcellinispach, Mercllinispach, Merspach, Marsbach,** *praedium;* **Marsbach,** in der Pfarre Antissenhofen gelegenes Landgut, Stammhaus der **Marspöcker.**	U. B. I. 426, . 283, 699.
788, 1131, 1162.	**Antesin,** *rivus, flurius;* das **Antissen-Flüsschen** entspringt am Nordabhange des Haus-ruck-Waldes, fliesst in nördlicher Richtung hastig dahin-eilend, und mehrere Bäche sich zueinigend, dem Innstrome zu; die Ausmündung war früher eine halbe Stunde weiter	U. B. I. 451. U. B. II. 318, 499.
1220.	abwärts, bei der Ortschaft **Antesen,** eigentlich **Antesenmünde.**	U. B. I. 460.
789, 853, 1018, 1095, 1125, P. 1230.	**Antesina, Antesana, villa Antesna, Antesin, Antesinhouen,** *curtis. villa, ecclesia cum decimis jureque parochiali;* **Antissenhofen,** Pfarre zum heiligen Aegidius, bis a. 1803 dem Kloster Formbach einverleibt. Hier, wie auf dem benach-	U. B. II. 59, 77, 169. U. B. I. 432, 448, 286, 696, 698.
1140.	barten **Antesensperg** sassen eigene Edelgeschlechter.	
1060, 1156.	**Münsteuer, Münstuer, Monesture, Münster,** *villa, praedium, ecclesia et parochia;* **Münsteuer,** schon a. 1084 eine zum Hochstifte Bamberg gehö-rige Kirche zu den heiligen Apostelfürsten Petrus und Paulus, von deren Pfarr- und Zehentrecht der Gründer von Reichersberg seine neue Stiftung frei machte; kam a. 1160 durch den Bischof Conrad von Passau an das Stift Reichers-berg selbst, und hatte Ort, Beverentenreut und St. Martin zu Filialen.	U. B. I. 310, 336, 342. U. B. II. 262, 263, 322. Appels Gesch. v. Reichersberg. 3.
	Ueber dem hohen Gestade des vielgearmten Innstromes prangel, weithin sichtbar, das **Augustiner-Chorherren-**Stift: **Reichersberg,**	
1084, 1137.	**Richerisperge, Richerisperch, Richersperg,** *castrum cum capella St. Sixti. monasterium;* C. a. 1084 verwandelte der Edelherr Werner (nach der Meinung einiger, aus dem Geschlechte der Plain) seine Burg, die der Sage nach, gegen die Einfälle der Ungarn, c. a. 950 erbaut worden sein soll, in ein Stift für Chorherren nach der Regel des heiligen Augustin, und stellte diese Stiftung unter den Schutz Gottes, des heiligen Michael, und unter den Schirm der Erzkirche Salzburg; a. 1126 wurde die Stiftskirche zu Ehren des Erzengels	U.B.I. 277—432. U. B. II. 178. Appels Gesch. v. Reichersberg

eingeweiht. Unter dem dritten Probste Gerhohus, seiner Frömmig-
keit, Weisheit, Gelehrsamkeit und Freimüthigkeit wegen, als
ein Stern erster Grösse weithin über Deutschlands Marken leuch-
tend, und das Stift zu hohem Flor und Ansehen emporbringend,
wurde a. 1138 auch für Chorfrauen ein Kloster errichtet, und
hiebei die Kirche zu Ehren der seligsten Jungfrau Maria geweiht;
nach der Mitte des fünfzehnten Jahrhunderts war das Erstere
spurlos, die Frauenkirche a. 1817—1822 allmälig verschwunden.
Das Kloster erhielt viele Stiftungsgüter in der Pitner-Mark (in
Unterösterreich, rückwärts Neustadt) und es sind demselben
ausser der Stiftspfarre folgende Pfarreien einverleibt: Münsteuer,
Ort, St. Lambrecht, Bromberg, Thernberg, Scheiblingkirchen,
Edlitz, Hollenthan, Püten und Walpersbach.

Etwas weiter abwärts, ebenfalls über dem steilen Inngestade, hatte Albuin, ein Stammverwandter des Edlen Wernher
von Reichersberg zwischen a. 1085—1100 die Burg Stein

Steine, Petra, *castrum,* erbaut; wegen der vielen unge-
rechten Angriffe, Gewaltthätigkeiten und Räubereien von
Seite der Herren von Stein wurde ihnen a. 1153 diese
Burg zerstört; noch sind davon hohe Wälle und tiefe
Gräben ersichtbar.

(Anno:) 1085, 1120, 1153, 1170.
(Quellen:) U. B. I. 533. 428 etc. Appels Gesch. v. Reicherab. 2, 36.

Den Herren von Stein und ihren Agnaten gehörte auch das
am rechten Antissen-Ufer gelegene Landgut: **Bodenhofen,**

Potenhof, Potenhouen, *curtis, villa, praedium,*
hier stand bis a. 1785 die Kirche zum heiligen Simon, so wie
zu **Durlashouen** (Dietrichshofen) das Kirchlein zum heiligen
Johannes Evang. und Lambert.

(Anno:) 1120, 1130, 1180. 1200.
(Quellen:) U. B. I. 216, 385, 782, 283, 349. U. B. I. 700.

Visinhart, *praedium, capella St. Catharinae;*
Visenhart, wie Bodenhofen, zur Pfarre St. Marienkirchen zuständige Ortschaft; die Catharinen-Capelle wurde urlängst
abgebrochen.

(Anno:) 1120, 1235.
(Quellen:) U. B. I. 781, 701.

Ekkarting, Eckharting, *locus cum praediolis;*
Eckerding, seit 1785 Pfarre zur heiligen Margaretha, ursprünglich Filiale von St. Florian—Schärding, später von St. Marienkirchen. In der Nähe das Schloss **Backlöd.**

(Anno:) 1190.
(Quellen:) U. B. I. 391.

Anno vel circa annum		Quellen-Citat.
1157.	**St. Marienchirehen, ecclesia St. Mariae, Samerskirchen,** St. Marienkirchen am Inn, anfangs eine Curatfiliale der Pfarre St. Florian-Schärding wurde es a. 1581 Vicariat, a. 1786 selbstständige Pfarre; auch eine Edelfamilie sass dahier.	U. B. I. 336, 382.
	Unweit:	
1195.	**Hakkenpuch, Hekkenpuch,** Hackenbuch, einstiges Schlösslein der Herren von Hackenbuch; weiter ostwärts stand das Schlösschen: **Laufenbach, Loifenpach,** Sitz der Herren von Laufenbach; von beiden nur ringförmige Gräben vorhanden.	U. B. I. 694, 708.
1140.		U. B. I. 631.
1160, 1170, 1190.	**Tiußnpach, Tufenbach, Tiefenbach, Teufenbach,** Tiefenbach, Ortschaft und Schloss, Stammsitz der Edlen von Teuffenbach, die c. a. 1350 erloschen.	U. B. I. 691, 678.
1126, 1150, 1158.	**Rumentingen, Rumtingen, Runting, Reumutingen, Rauntingen,** Raintlag, Ortschaft in der Pfarre St. Florian, einst der Sitz des Edelgeschlechtes der Reumutinger.	U. B. I. 367, 632.
		U. B. II. 284.
	Als einer der reizendsten Punkte längs des fruchtgesegneten Innthales, thront über dem steilen Uferrande die ehemalige Augustiner-Chorherren-Probstei: Suben,	
1040, 1126, 1148, 1150.	**Subene, Subana, Subuna,** *praedium, ecclesia St. Lamberti, monasterium;* Vor und um 1040 stand dahier eine Burg der Formbächer; Tuta, Tochter des Grafen Heinrich I. (Hesso) von Formbach wandelte sie c. a. 1050—1000 in ein Mannskloster um; doch weil das Kloster zu keiner Kraft emporkommen konnte, ja wieder zu zerfallen drohte, so nahm sich Bischof Altmann von Trient, ein Verwandter und Abkömmling der Tuta (Tutae Reginae) der Stiftung an, vermehrte deren Besitzungen (a. 1126), beschloss aber auch das Kloster umzugestalten und zu erneuern, und statt der Kleriker Chorherren nach der Regel des heiligen Augustin einzuführen; a. 1142 war die Stiftung zum heiligen Lambert vollendet, und unter die Obhut des Domcapitels Salzburg gestellt; Schirmvögte waren die Grafen von Schauenberg. Auch ein Convent für Chorfrauen scheint für einige Zeit in Verbindung gebracht	U.B.I.423—432.

U. B. II. 203. |

worden zu sein. Im weiteren Zeitverlaufe wurden dem Stifte ausser
St. Margarethen am Hengstberg (Unter-Steyermark) die Pfarreien:
Taufkirchen mit Reinbach und Dirsbach, Rab mit Ensenkirchen
und St. Willibald, und Zell bei Riedau einverleibt. A. 1787
wurde das Stift aufgelöset, auch die vor dem Klosterthore befindliche Frauenkirche gesperrt und profanirt. Seit a. 1856 ist Suben
eine Haftanstalt für weibliche Sträflinge unter der Leitung der
Ordensfrauen vom guten Hirten, mit einem Franziskaner-Hospiz.

Weiter abwärts, über dem Innufer erhöht, stand schon
a. 788 die Kirche:

788, 1150,
1160, P. 1182.

Wihenflorian, Wihnflorian, ecclesia Sanctae
Mariae in Wihenflorian, *parochia;*

U. B. I. 450,
508, 520.

St. Weih-Florian, St. Florian bei Schärding; ursprünglich eine
Filiale der Pfarre St. Severin bei Passau; a. 1100 wird
der zum Domcapitel Passau gehörige Mayer- oder Sedlhof
genannt; a. 1182 wird die Pfarre St. Florian mit Semers-
kirchen, nebst anderen, zur Erhaltung der Innbrücke in
Passau gegeben. Zur Pfarre St. Florian gehörten Schärding
mit Allerheiligen, St. Marienkirchen mit Eckerding, später
auch Maria-Brunnenthal als Filialen; die neben der Pfarrkirche befindliche St. Michaels-Capelle wurde a. 1765
zum Pfarrhause umgebaut.

Buchinger, Ge-
schichte von
Passau, I. 182.

Wo der Innstrom plötzlich durch eine Unzahl hervor-
stehender Felsenklippen cataraktenartig vorwärts brauset, und
neben dem Strom ein Felshügel senkrecht emporsteigt, entstand
auf steinigten und unebenen Boden der Ort: Schärding,

806, 903, 1110,
1120, 1140,
1160, 1235.

Scardinga, Scardingen, Scardingin, Sker-
dingen, Scaerdingen, Schardingen,
Scherding, *locus, portus et muta, castrum et*
oppidum;

U. B. I. 463,
729, 632, 426,
319, 701.

A. 806 ein Wirthschaftshof, der an die Kirche Passau
gegeben wird; ein wichtiger Anlandungsplatz, Ueberfähre *(tran-*
situs aquae), Mautstätte zur Einheischung des Fahrzolles, Mallstätte; wichtiger Stapelplatz für die aus dem Reiche nach Ungarn,
zu Wasser und zu Land gehenden Waaren, für Salz und Cerealien.
Zweifelsohne entstand im zehnten Jahrhunderte auf dem Felshügel zur Bewachung des Stromes eine Burg durch die Formbächer, deren Ambacht auch auf das rechte Innufer reichte, und
die sich darum Grafen von Formbach, Neuburg und Schärding

U. B. II. 48.

nannten. Die **Grafschaft Schärding**, bis an den Hausruck und
zur Metmach hinaufreichend, kam a. 1159 an die Grafen von
Andechs-Meran, a. 1230 als Morgengabe an H. Friedrich II. von
Oesterreich, wurde a. 1248, nach der Aechtung der Andechser
vom K. Friedrich II. als Reichslehen an die Herzoge von Baiern
verliehen. A. 1225 — 1230 war die Burg zu einem stattlichen
Schlosse umgestaltet worden; damals entstand die Schlosskirche
zum heiligen Johannes Evang. und um den Burgberg herum baute
sich ein befestigter Flecken an; dieser hatte, ein Zankapfel der
benachbarten Fürsten, mehrfache Belagerungen, Kriegsdrangsale,
Brände auszuhalten; erhielt a. 1316 und 1364 wegen der Tapfer-
keit seiner Bewohner die Rechte und Privilegien einer Stadt.
A. 1360 — 1370 wurde die Stadtkirche zum heiligen Georgius
gebaut, und c. a. 1380 zog der Pfarrer von St. Florian in die
Stadt; c. a. 1475 entstand das Bürgerspital, und daneben
a. 1495 — 1498 die Kirche zum heiligen Geist.

A. 1382 wurden die ersten Stadtmauern aufgeführt; und um
selbe Zeit geschah der Bau der Innbrücke, und am Ende derselben, der Brückenfeste: **Schärding am Bruckthurm**, und weiter
hinab des Schlosses **Newhaus**, als eines die Strompassage bewa-
chenden Vorwerkes; zwischen a. 1429 — 1437 wurde Schärding
zu einer der stärksten Festungen Baierns geschaffen.

Heute ist Schärding eine ziemlich wohlgebaute landesfürstliche Stadt am Vereinigungspunkte mehrerer bedeutenden Strassen; wie zu Braunau, ist auch dahier die gewerbliche, wie
merkantilische Rührigkeit geschwunden. Das einstige umfangreiche Schloss zeigt sich nur noch in wenigen Ueberresten [1]).

Ausserhalb der Stadt die Ausmündung der **Pram** in den Inn:

Prama, Brame, *fluvius;*

das Pram-Flösschen entspringt am Hausruck-Berge, und führt
sein Gewässer mit denen des Raber-, Pfudah-, Schnelzen-,
Rein-, Biber-, Messen-Baches vereiniget, in einem, durch ein
fruchtbares Thalgelände gewundenen Laufe dem Strome zu.

U. B. I. 286
230, 307.

[1]) In den Stiftungsurkunden für Formbach und Suben werden vorzüglich
noch folgende um Schärding herumgelegene Orte genannt: a. 1270
Mölpach, Allerheiligen, dessen Kirche a. 1785 gesperrt und verkauft
wurde; 1120 Sachsenberg; 1170 Razenberg; 1136 Walmersbaim;
1165 Ekkolsheim; 1126 Ekkisperge; 903, 1018 Wineringa, Wineringen;
1130 Oterbach; 1170 Dublngen; 1126 Pramardorf; 1180 Pramhoven;
1126 Oberinhofn; 1120 Lechelm; 1126 Rospach; 1190 Herellshofen;
1126 Suellindorf, Schnelldorf.

U. B. I. 382,
425, 427, 534,
587, 689, 738,
748, 782.
U. B. II. 77.

Anno vel circa annum		Quellen-Citat.

Ostwärts von Schärding:

Reinbach, Reinimpach, *praedium;*

1130, 1155, 1170.

Reinbach, Pfarrdorf mit der a. 1170 urkundlich genannten Kirche zum heiligen Petrus, bis 1785 Filiale von Taufkirchen; in der Thalsohle stand das Schlösschen und Edelsitz: Reinbach; in unbedeutender Entfernung der einstige Pfarrhof: Phaphluge mit der Catharina-Capelle, das heutige Mayergut zu Pfaffing.

U. B. I. 545, 639, 667, 425, 712, 733.

1230.

U. B. I. 698.

Sineingen, Sinzinge, *praedium;*

1130.

Sinsing, Sitz der Freien von Sineing, muthmaßlichen Erbauer der jetzt in Ruinen liegenden St. Jakobs-Kirche.

U. B. I. 639, 655.

Ueber einer waldigen Schlucht erhob sich das Schloss Waldeck,

Waldekke,

1130, 1170, 1180.

worauf bis a. 1370 die Herren von Waldeck, Ministerialen des Hochstiftes Passau, saßen [1]); heute noch das Burgstall ersichtlich.

U. B. I. 333, 733
U. B. II. 413, 422.

Aninsezza, Angeslze, Annenslezen,

794, 1130, 1150.

Angsiess, zur Pfarre Dirsbach gehörige Ortschaft, wo auch Freie von Angsiess seshaft waren.

U. B. I. 449, 331, 734.

Siegeharlingen, Sigharlingen, *praedium;*

1140, 1170.

Siegharling, Ortschaft an der Pfudach, und an der Reichsstrasse nach Baiern, mit einem Schlosse, worauf die Edlen von Siegehartingen, nach ihnen die Edlen von Pirching bis a. 1632 walteten; die vormalige Schlosscapelle zum heiligen Pancraz ist seit 1785 Pfarrkirche.

U. B. I. 230, 333, 855.

Chadelingen, Chaling, Kaling, *villa;*

1130, 1150, 1190.

Kaling, Ortschaft in der Pfarre Dirsbach, vormals zur Herrschaft Schwent gehörige Hofmark.

U. B. I. 648, 389, 675, 723.

Tirsbach,

1125.

Dirsbach, einst zu Taufkirchen gehörige Curatfiliale, seit 1785 Pfarre zum heiligen Martin.

U. B. I. 541, 634.

[1]) Nach Dr. W. Hundius b. Stammenbuch T. I, p. 340 für einen Nebenzweig der im bair. Hochgebirge ansäsigen Herren von Hohenwaldeck gehalten.

1130.

Swente, Suente,

Schwent, vormals herrschaftliches Schloss, das die Herren von
Schwent, Ministerialen der Grafen von Neuburg, und
nach ihnen die Messenbäcker inne hatten.

U. B. I. 666,
720, 476.

1160, P. 1200.

Taufchirchln, Taufchirchen, *ecclesia baptismalis,
parochia;*

Taufkirchen, an der Pram, und an der Reichsstrasse nach
Baiern; schon a. 1200 eine Pfarre zu Ehren der heiligen
Gottesmutter genannt; a. 1160 wird der zum Domstifte
Passau gehörige Mayerhof erwähnt; gleicher Weise befand
sich in dem nahen Winden ein domcapitlischer Mayerhof;
die zu **Wekalmingen, Wagholming** befindliche
St. Laurenz-Capelle entstand muthmasslich durch die
daselbst sesshaft gewesenen Herren von Wekalmingen.

U. B. I. 520,
707, 420, 754.

U. B. I. 741.

1170.

**1123, 1140,
P. 1236.**

An der Pram aufwärts, in freundlicher Thalgegend:

Annendorf, Ammandorf, Amdorf,

Andorf, eine ansehnliche Ortschaft, und seit a. 1236 dom-
capitliche Pfarre zum heiligen Stephan, so wie der vormalige Mayerhof ein Eigenthum des Passauer-Domcapitels
war; im zwölften Jahrhunderte sass daselbst ein eigenes
Geschlecht von Annendorf auf dem Schlosse, von dem
nur das Burgstall erübriget; ebenso waltete in dem nahen
Winhartsheim eine Edelfamilie.

U. B. I. 300,
424, 781.
U. B. II. 186.
Pritz, Gesch. d.
Landes ob der
Ens. I. 328.

U. B. I. 486,
652.

1140.

1150.

Scheregaren, Scergarn,
Gross-Schörgarn;
1222, 1262.
Hacutzinge, Heyzingen,
Halzing;

}
zwei Schlösser und vor-
malige Edelsitze in der
Pfarre Andorf.

U. B. I. 300.
U. B. I. 416.
U. B. II. 632.

**1130, 1150,
1160.**

Auf steiler Anhöhe, weit über das Pramthal schauend,
stand das Schloss:

**Ibenberc, Ybenbergen, Imberge, Iniberch,
Einberch;**

Einberg, Einburg; hier sassen Edle von Ybenberg, ein
Nebenzweig der Herren von Waldeck, zugleich Ministerialen
der Grafen von Neuburg, nach ihnen die Herren Trauner;
zu Einburg gehörte die grössere Hofmark Rab.

U. B. I. 714,
643, 668, 663,
387.

P. 955, 1130.

Celle, Cella, seella, *capella, parochia;*

Zell bei Riedau; ursprünglich eine Filiale von Rab wird sie a. 955 von dem Verbande der Mutterpfarre Rurippe getrennt, und als eine mit Gütern dotirte Pfarrkirche dem Kloster Mondsee übergeben; kam später an Weltpriester, und wurde dann mit Rab und Taufkirchen dem Kloster Suben incorporirt. Die Kirche, zu Ehren der seligsten Jungfrau Maria geweiht, in ihrer dermaligen modernen Gestalt rührt aus der Zeit 1783.

Unweit des Ortes hatten die Herren von Celle ihr Schloss, bauten sich aber später ihre Sitze zu Riedau, und im Orte Zelle; a. 1555 waren die Zeller auf Riedau und Zell ausgestorben.

U. B. I. 335,
635.

U. B. II. 60.

1140.

Zu **Uebling,** Jebling, wo das Kirchlein zum heiligen Johannes des Täufers sich befindet, waren ehedem Freie von Ubelingen ansässig.

U. B. I. 651.

1238.

Altswent, *curia villicalis;*

Altschwent, eine seit 1856 neuerrichtete, aus Rab gebrochene Pfarre zum heiligen Maximilian.

U. B. I. 702.

1150.
P. 955, 1084,
1130, 1140,
1200.

Ad rivum Rurippe, am Raber-Bache:

Rurippe, Röripe, Reurippe, Rurib, Raurippe, Rowrippe, Reep, *villa, praedium, ecclesia et parochia;*

Rab, eine uralte Pfarre, deren Kirche zum heiligen Michael, der Sage zufolge vom heiligen Bonifacius soll eingeweiht worden sein; hatte einst Zell, Enzenkirchen und St. Willibald zu Filialen. Auf dem hier befindlichen Schlosse sassen im zwölften und dreizehnten Jahrhunderte Edle von Rurippe; a. 1300 kam die Hofmark Rab an die Waldecker; später (1650) an die Grafen von Tattenbach-Rheinstein; a. 1812 wurde der Ort zum Markte erhoben.

U. B. I. 751,
314.

U. B. I. 333,
639, 643, 761.

Mon. boic. XXX.
II. I.

1130.

Das in der Pfarre Rab gelegene Gross-Prambach war einst der Sitz der Herren von Prambach.

U. B. I. 600,
631, 701.

1120, 1130,
1140.

Am Wietraun-Bache:

Witerun, Witrun, Witreven, *curtis, praedium;*

Wietraun, Ortschaften bei Enzenkirchen, die Wiege der Herren von Witerun, Ministerialen der Grafen von Neuburg.

U. B. I. 782,
633, 634, 724.

1130, 1140.

Enzinchirchin, Enzenchirchen, *ecclesia, praedium*;

Ensenkirchen, chevor zu Rab gehörige Curatfiliale zum heiligen Nicolaus, seit 1785 selbstständige Pfarre; auch Sitz der Edlen von Encenchirchen.

U. B. I. 512,
546, 640, 732.

Am westlichen Abhange des Passauer-Waldes:

1125, 1180.
P. 1253.

Chophingen, Chopfing, *parochia*;

Kopfing, eine (seit a. 1250) zum Innbruckamte Passau lehenbare Pfarre zum heiligen Johannes Bapt.

U. B. I. 552,
841.
Pritz, Gesch. d.
Landes ob der
Ens, I. 328.

Nördlich davon erhebt sich bis zu einer Meereshöhe von 2777 Fuss der auf Granit gelagerte, waldbedeckte Bergknoten: **Hochstein, Sau-Wald, Mons-Saaruck,** der seinen nördlichen Fuss in die Fluthen der Donau stellt, ein Appertinens der Herrschaft Viechtenstein.

Der nordwestliche Abhang trägt das so stolz in das Donauthal hinabschauende Schloss:

1070, 1094.
1120, 1218.

Viechtenstein, Viechtenstain, Vihtensteine, Fiechtenstein, *castrum*;

Viechtenstein, ursprünglich ein Werk und Eigen der Grafen von Formbach; als erster Besitzer von Viechtenstein wird Graf Gebhard I. von Formbach genannt; gedieh a. 1144 durch Heurat an die Grafen von Hall und Wasserburg; a. 1218 kam es pfandweise, und a. 1226 nach mannigfachen Transactionen durch Kauf an das Bisthum Passau, welches dasselbe mehrmals verpfändete; blieb bis a. 1803 eine Herrschaft des Hochstiftes. A. 1784 wurde die Schlosscapelle zum heiligen Hippolytus zur Pfarrkirche, die ihre Holden aus der Pfarre Oesternberg bekam.

U. B. I. 426, 537,
827.
U. B. II. 95, 898.

Ein weiteres Appertinens zu Viechtenstein war ausser den

1140, 1280.
1180, 1250.

zwei, an der Donau gelegenen Hofmarchen **Chasten, Kasten,** mit der Capelle zum heiligen Jakob, und **Pirchenwange, Pührawang,** mit dem Kirchlein zum heiligen Petrus, die so kühn über einen senkrechten Felsen der Donau hingebaute Veste:

U. B. I. 99, 632.
Mon. boic.
XXVIII. II. 475.
U. B. I. 406,
577.

1200.

Chramaeresteine, Krämpelstein, eine nach Passau lehenbare Burghut, im Munde des Volkes: „das Schneiderschlössel" genannt.

U. B. I. 601.

Anno vel circa annum.		Quellen-Citat.

1120, 1150, P. 1236.

Osternberg, Osterinperch, *curia, parochia;*
Oesternberg, seit a. 1236 eine Pfarre zum heiligen Bartholomäus genannt, die selbst auf das linke Donauufer einst
hinüberreichte; unweit davon stürzt in die Donau:
die **Kezelar superior, Chezinhaha superior,**
fluvius, der perlenreiche obere Kessla-Bach.

U. B. I. 781, 480.
Pritz, Gesch. d. Landes ob der Ens, I. 325.

In einem tiefen Thale liegt der Markt Münzkirchen:

1140, 1150, 1300, P. 1253.

**Museleschirchen, Musilischirchen, Muschir-
chen,** *locus et parochia;*
a. 1145 zum Innbruckamte Passau lehenbare Pfarre zur
heiligen Maria, die bis a. 1785 St. Roman als Filiale hatte;
Münzkirchen war ein passauisches Lehen, und es besassen solches
im dreizehnten und vierzehnten Jahrhunderte die Herren von
Wesen, Waldeck etc. In der Nähe die Lagerstelle des ehemaligen
Edelsitzes **Prackenberg.**

U. B. I. 505, 516, 678, 707.
Buching. Gesch. d. Fürst. Passau, II. 31.

Am Saume des Frohn-Waldes, hochgelegen, mit prachtvoller Fernsicht:

1084, 1130.

Scartenberge, Schartenperc, Schertinperch,
Schartenberg, ein zu Passau gehöriges Dominium, bis 1785
zu St. Severin bei Passau gehörige Filiale zum heiligen
Laurenz, nun selbstständige Pfarre.

Appels Gesch. v. Reichersberg, 2.
U. B. I. 648, 776.
U. B. II. 402, 669.

Nordwärts davon:

1179. 1182.

Friginperge, Frienberge, *praedium;*
Freyaberg; die Kirche zum heiligen Willibald gehörte ehevor
zu St. Severin bei Passau, wurde aber a. 1785 zur Pfarre;
östlich davon das mit Holz bewachsene Burgstall des
a. 1435 zerstörten Schlosses **Königstein;** westlich davon
am gleichnamigen Bache und hart an der Gränze des
passauischen Territoriums:

U. B. II. 342, 373.

1212.

der industriöse Ort **Halbach, Helbach.**

Filz, Gesch. von Michelbeuern, 753.

Unweit davon der Gränzort:

1075.

Soumingen, Savming,
Saumlag, Samlag, a. 1075 in der Stiftungsurkunde für das
Kl. St. Nicola genannt.

U. B. II. 106, 110.

Landstrich nordwärts der Donau.

(Der heutige Mühlkreis.)

Dieser Landstrich in seiner Ausdehnung von der Ilz bis zum Camp- und Isper-Flusse, von einigen für den Grunzwiten-Gau gehalten [1]), war in früherer Zeit mit den Gauen ob der Ens, deren Herrschern und Vorstehern wenig im Verbande, trat auch viel später in die Cultur und in die Geschichte ein, und die lange Reihe seiner Berge bedeckte, mit nur geringen Ausnahmen, der grosse Nordwald (*silva Nordica*), der von der Wasserscheide bis an die Donau sich herabzog, und nur in der Nähe der Donau, und an den Ausmündungen der grösseren Bäche finden sich, sporadisch, die ersten Ansiedlungen; so an der Rotel, Gusen, Narn, Aist, Clam etc. die ein schwaches Dämmerlicht über den Zustand dieses Landstriches verbreiten. Es scheint daher, dass K. Carl der Grosse hieraus keinen Gau geschaffen, sondern die Verwaltung den benachbarten Traungau-Grafen zugewiesen habe; denn von eigenen Grafen damals ist keine Spur vorhanden.

653, 1010, 1145, 1150.

U. B. II. 17, 73. U. B. I. 164, 480.

Viel später (c. a. 1217 — 1220) wird der *Comitatus* **Ylsgowe, Comitia in Ylskeu, Yltsgev**, *cujus termini ab ylsa usque ad inferiorem Muhelam protenduntur*, genannt; möglich, dass dieser Ilzgau ein Untergau des Schwein-ach-Gaues gewesen, über welchen letzteren Adalbero als Gau-graf sass, und möglich, dass die Leonberger die alten Gaugrafen des Ilzgaues gewesen seien!

1217, 1222, 1256.

Mon. boic. XXVIII. II. 297.

A 1010 gab K. Heinrich II. auf Bitten seiner Gemalin Kunegunde, und der Abtissin Helica von Niedernburg, den von der Ilz bis zur Rotel hinabreichenden Theil des Nordwaldes (in der Grafschaft Albero's) dem Nonnenkloster Niedernburg; die

1010.

J. Strnadt Land-gericht Velden. 166.

U. B. II. 73.

[1]) Grunzwita, Grunzwitl, Grunzita, Crunzinwiten, *pagus, etiam locus*; Andreas Buchner in seiner Geschichte von Baiern suppl. Bd. II, p. 55 begreift unter dem Grunzwitl-Gau alles Land von der Ilz bis zur Camp und Isper, und führt darin an: den Summerberch, Grimbartisfelen, Grama-stetten; Agasta-Fl., Aist-Fluss; Nardina- Fl., Narn-Fluss; der Comi-tatus an der Ila sei ein Theil dieses Gaues gewesen. Andere suchen den Grunzwitigau im Lande unter der Ens, und Ritter von Koch-Stern-feld insbesondere nennt Grünzing bei Wien als den Hauptort dieses Gaues.

777, 810, 828, 878, 889, 890, 892.

luv. II. 62, 113, 118, 201. U.B.II. 4, 11, 35. Pritz, Gesch. des Landes ob der Ens, I. 178, 179.

Folge davon war die schnelle Colonisirung dieses Landstriches, so dass a. 1161 die Rede von Ministerialen, Höfen, Weingärten, Mühlen, Fischereien etc. ist; und so wie sich das Lehenwesen rasch entwickelt hatte, ebenso hatten sich Pfarreien gegründet.

Da aber das Kloster Niedernburg dem Hochstifte Passau einverleibt war, so kam die erwähnte Schenkung eigentlich den Bischöfen zu Guten, die hiedurch den Grund zur Landeshoheit über das Gebiet von der Ilz bis zur grossen Mühel hinab, und zu den zahlreichen Besitzungen im vorbesagten Landstriche sich legten. Weil diese Schenkung K. Heinrichs II. denn doch der Nonnen-Abtei Niedernburg zugewendet war, so hiess dieser Bezirk gewöhnlich das: „**Land der Abtei, Abtei-Land, Abbatia, Abbacia**", dessen Ausdehnung mit der des Ilzgaues fast identisch war.

1150, 1256.

U. B. I. 480, 490.
Stülz, Gesch. v. St. Florian, 200.

Nach einer Urkunde vom Jahre 1108 bildete die grössere Mühel die Gränze von Baiern, das damals noch die Landeshoheit über den Bezirk der Abtei besass. A. 1193 übergab K. Heinrich VI. dem Bischofe Wolfker von Passau das Frauenkloster Niedernburg sammt allen dessen Besitzungen jenseits der Donau, nebst der unumschränkten Landeshoheit, und a. 1217 übergab K. Friedrich II. dem Bischofe Ulrich den *„Comitatum praediorum ecclesiae Pataviensis sitorum per loca* **Ilsgowe** *nuncupata;"* hiedurch, mit dem Fahnlehen über den Ilzgau, war nicht nur die Landeshoheit festbegründet, sondern die Bischöfe von Passau erhielten damit auch die reichsfürstliche Würde und Vorrechte.

1217.

Dr. Erhard's Gesch. v. Passau. 74.
U. B. II. 587.
Dr. Erhard's Gesch. v. Passau. 79.

Zu Anfang des dreizehnten Jahrhunderts wurde das neugegründete Kloster Schlägel für die oberen Gegenden an der grossen Mühel ein Faktor der Colonisirung.

Der untere Theil dieses in Rede stehenden Landstriches (vom Haselgraben hinab) war im siebenten und achten Jahrhunderte in der Gewalt der Avaren, und zwar bis zu ihrer Bewältigung a. 700; darum in der Urkunde vom Jahre 823 noch der Ausdruck: *„Reoda, Nardinum, Saxinum in terra Hunnorum, in provincia Avarorum".*

823.

U. B. II. 8

Nach der Besiegung der Ungarn (a. 955) kam dieser Bezirk unter die Verwaltung der Grafen der Ostmark, welche, am linken Donauufer, zweifelsohne bis an die Aist heraufgerückt hatte.

A. 1050—1075 erklingt zum erstenmale der Name: **Machlant, Mahelant, Maclant, Machland,** das von der Isper, bis zum Haselgraben heraufreichte, und dessen

1050, 1075, 1125.

U. B. II. 113, 235, 164.

westlicher Theil seit a. 1115 mit der Benennung: „**Ried-marcha, Rietmarcha, Riedmarchia, Rieth-marchia**" bezeichnet wurde.

Sonach reichte, nach der Vereinigung der Mark ob der Ens mit der östlichen Mark, das Herzogthum Oesterreich, wie südwärts der Donau bis an die Rotensalah, so nordseits der Donau bis zur grösseren Mühel hinauf; doch in der Ländertheilung K. Friedrichs IV. mit seinem Bruder Herzog Albrecht VI. (a. 1457) erhielt letzterer das Land ob der Ens, wie auch das Machland, das von nun an definitiv zum Lande ob der Ens gezogen wurde.

Das Hochstift Passau hatte ausser dem bis zur Mühel reichenden Immediat-Gebiete noch andere Mediat-Besitzungen und Herrschaften, die bis an die Rotel, und selbst bis zum Haselgraben hin lagen; darum erscheint es als ein Hauptfaktor der Urbarmachung und Colonisirung des grossen Nordwaldes, und die zahlreichen Adelsgeschlechter, die aus Baiern hieher kamen, die Wälder lichteten, das Land beurbarten, sich Burgen erbauten, und die Gotteshäuser gründeten, traten mit dem Hochstifte vielfach in das Verhältniss der Lehen- und Dienstmannenschaft. Darum geschah es auch, dass die Bischöfe Passau's als Landes- und Kirchenfürsten so oftmals dort handelnd auftraten, in so vielseitige Wechselbeziehung zu den dort ansässigen Adelsfamilien und Kirchenholden kamen, Passau selbst, als der Fürsten- und Bischofs-Sitz hinwiederum der Centralpunkt der aus diplomatischen, gerichtlichen und kirchlichen Anlässen erwachsenen Verhandlungen wurde, desshalb finde auch hier die topographische Erläuterung der kirchlichen Metropole des Landes ob der Ens ihren Platz.

Patavia, Patavum, Patavis, Batubis, Pataviae civitas, Pattana, Pazauua, Bazzowa, Pazauge, Pazzaugense castrum, Bazaue, *(in pago Rotugowa,) castrum publicum, urbs, sedes episcopalis;*

Passau, eine ansehnliche Stadt in romantisch-reizender Lage, zwischen und neben den hier sich vereinigenden drei Flüssen, Donau, Inn und Ilz hingebaut, bis a. 1803 die Hauptstadt des Fürstenthums Passau, und später bis a. 1839 von Niederbaiern.

Im Sturme der Völkerwanderung war das *Batava castra* der Römer zerstört worden (a. 477); nur das vom heiligen Severin erbaute Klösterl scheint sich erhalten zu haben. A. 536 kommt Passau unter die Botmässigkeit der Bajuvarier; unter den Agilolfinger-Herzogen erhob sich der Ort wieder aus dem Schutte; und war von a. 702—712 die Residenz des Herzogs Theodoald von Ostbaiern. — A. 737 flüchtet sich Bischof Vivilo von Lorch, von den Avaren verdrängt, mit seinem Klerus nach Passau, und richtet daselbst seinen beständigen Bischofssitz auf, nachdem früher schon Bischöfe von Lorch hieher Zuflucht genommen hatten. Herzog Odilo räumt dem Bischofe Bauplätze und verschiedene

788. Cameralgefälle ein, Herzog Tassilo II. das Marktrecht sammt Zoll; unter den Carolingern vergrössert sich Passau über die Römerwehrmauern hinaus. A. 808 erlangt Bischof Richar vom K. Arnulf für die Stadt Passau einen Immunitätsbrief, und a. 999 wurde Passau, bisher eine bairische Provinzialstadt, sammt Markt- und Münzrecht, Zoll, hoher und niederer Gerichtsbarkeit, vom K. Otto III. dem Bischofe Christian übergeben; dadurch wurde der Grund zur Souverainität der Bischöfe gelegt, die sich aber erst a. 1193 mit der Erwerbung des Landes der Abtei, und a. 1217 des Comitates des Ilzgaues (Fahnlehens) ausbildete. Kaiser Otto II. gab der Kirche Passau die Ensburg; a. 1052

903, 976, 1052. waren der Kirche Passau die Klöster: St. Florian, St. Pölten, Kremsmünster, Matsee und Niedernburg einverleibt; wurden derselben a. 1025 durch K. Conrad II. sämmtliche Zehente in Oesterreich auf der nördlichen Seite der Donau zugetheilt.

Vom Jahre 818 beginnen von Seite der passauischen Bischöfe die Bewerbungen um das Pallium und um die auf der Kirche Lorch haftende erzbischöfliche Würde, die auf Salzburg übergegangen war; erst a. 1728 wurde die bischöfliche Kirche von Passau als exemt erklärt.

A. 1207 erwarb das Hochstift durch Kauf die Grafschaft Windberg, die oberhalb der Ilz von der Donau bis zum Böhmer-Walde reichte; auch erwarb und besass es zu verschiedenen Zeiten: Rannarigel, Marsbach, Velden, Pührnstein, Viehtenstein, Obernberg, Starhenberg, Ebelsberg, Eferding, Amstetten, St. Pölten etc.

Die Kirche zum heiligen Martyr Stephan in Passau traf schon der heilige Severin; c. a. 550—600 hatte sie sich aus dem Verfalle erhoben, wurde durch die Plektrudis vergrössert,

776, 782, 794. a. 737 zur Cathedrale des Lorchisch-Passanischen Bisthums; a. 768 wurde der Leib des heiligen Valentin dahin überbracht und beigesetzt; daher: „basilica St. Stephani, ubi S. Valentinus requiescit in corpore" genannt; a. 1288 kam auch der Leib des

Buchdg. Gesch.
d. Fürst. Passau.
I. 68.
Dr. Erhard's
Gesch. v. Passau.
34.
Dr. Erhard's
Gesch. v. Passau.
43.

Dr. Erhard's
Gesch. v. Passau.
36.
Dr. Erhard's
Gesch. v. Passau.
55.
U. B. II. 63, 65
67, 87.
Dr. Erhard's
Gesch. v. Passau.
58.

Dr. Erhard's
Gesch. v. Passau.
76.

Mon. boic.
XXVIII, II 35,
40, 63.
Dr. Erhard's
Gesch. v. Passau.
37.
U. B. II. 438.
442. 445.

heiligen Maximilian dahin; nach wiederholten Bränden wurde diese Domkirche von a. 1407—1450 mit seltener Pracht und grossem Kostenaufwande vom Grunde aus neu aufgeführt, wie denn dieses Münster eines der wenigen im altdeutschen Style erbauten war, die ganz im Einklange mit dem ursprünglichen Plane vollendet wurden; die grossartigen Brände von a. 1662 und 1680 liessen von der früheren Pracht nur das Chor, und den Untersatz des Mittelthurmes übrig; in seiner gegenwärtigen Gestalt wurde der Dom von a. 1690—1700 zu Stande gebracht.

739, 1140.   Mit Bischof Vivilo kamen auch Benedictiner-Nonnen nach Passau, denen der Herzog Odilo a. 739 das Kloster Niedernburg erbaute, und Bischof Vivilo zu Ehren der seligsten Jungfrau Maria einweihte *(coenobium St. Mariae)*; a. 980 gab K. Otto II. dieses Kloster dem Bischofe zum Lohne, und so blieb es durch eine lange Zeit dem Hochstifte einverleibt. In der vormals byzantinisch gebauten Kirche ruhen die als Heilige verehrten Aebtissinnen, Helica, eine Muhme K. Heinrich II. † 1020, und Gisela, Schwester K. Heinrich II., und Gemahlin des K. Stephan von Ungarn, † 1095.

U. B. I. 510, 512.
Dr. Erhard's Gesch. v. Passau. 36.

Kramer's heil. Passau. 90.

1179, 1183.   Die Pfarrkirche zu **St. Paul** unter den Linden weihte c. a. 1060 Bischof Engelbert; a. 1179 wurde sie dem Domcapitel übergeben.

Schöllers Bisch. v. Passau. 40.
U. B. II. 262, 275.

C. a. 1212 entstand das Spital zum heiligen Johannes, a. 1360 jenes zum heiligen Geist. A. 1387 wurde im Neumarkt das Kloster der Franziskaner zum heiligen Antonius gegründet, so wie a. 1615 das Jesuiten-Collegium mit der Kirche zum heiligen Michael den Anfang erhielt.

Schöllers Bisch. v. Passau. 54, 90.

1209.   A. 1209 wurde der ausserhalb der alten Wehrmauer entstandene Neumarkt mit Mauern und Thürmen umfangen.

Unter den Profangebäuden ist das am Domplatze befindliche Cardinalhaus wegen des darin a. 1552 abgeschlossenen Passauer-Religions-Friedens historisch merkwürdig, ausserdem die vormals fürstbischöfliche Residenz und das städtische Rathhaus vom Jahre 1298.

Dr. Erhard's Gesch. v. Passau. 76.
Schöllers Bisch. v. Passau. 199.

Passau, durch seine vortreffliche Lage an zwei mächtigen Strömen, und an dem nach Böhmen führenden goldenen Steige, wie auch durch verschiedene Vorrechte und Freiheiten begünstiget, gelangte bald zu einem blühenden Wohlstande, wurde ein belebter Handels- und Stapelplatz mit zahlreichen und schwunghaften Gewerben.

Diese Stadt besuchten: a. 788 K. Carl der Grosse, a. 1045 und 1051 K. Heinrich der III., a. 1052 derselbe mit Pabst Leo IX., a. 1058 K. Heinrich der IV., a. 1165, 1172 und 1179 K. Friedrich I., a. 1217 K. Friedrich II.

1143.

Durch eine a. 1143 über den Inn gespannte Brücke steht mit der Altstadt Passau die am rechten Innufer, an den Abfällen des Mariahilf-Berges hingebaute Innstadt, das einstige **Bojodurum der Römer, Bojotro, Boitro, Römerdorf,** oder **enthalb Inn,** in Verbindung; dieser Stadttheil erhielt erst a. 1411 seine Mauern und antiken Thürme;

Dr. Erhard's Gesch. v. Passau. 87.

1212.

a. 1160 wurde unterhalb der Innstadt das Leprosenhaus, und die Kirche zum heiligen Aegidius erbaut (1212 Pfarre der Innstadt). Zum Unterhalt dieses Spitales wurde die Pfarre Tetenweis, der Innbrücke aber die Pfarren: St. Severin, Museleskirchen, und St. Weih-Florian gegeben; am Ende der Brücke entstand die Capelle zum heiligen Kreuz (heute St. Gertraud).

Dr. Erhard's Gesch. v. Passau. 69.

1075, 1144.

An der Westseite der Innstadt mündet das Bächlein: **Peutra, Paevtra, Pevthra, Poutera, Boitro,** *rivulus,* in den Inn; an diesem Bächlein stand seit alter Zeit schon eine Kirche, neben welcher der heilige Severin für sich und seine Mönche ein Klösterl (cella) erbaute, die heute noch stehende Pfarrkirche zum heiligen Severin, zu welcher ehedem Freinberg, Schartenberg, Wernstein, ja selbst Oesternberg, Münzkirchen und St. Weih-Florian als Filialen gehörten.

U. B. II. 104, 106, 110, 213. Dr. Erhard's Gesch. v. Passau. 14.

1278.
1219.

A. 1278 entstand die erste Donaubrücke, über welcher auf der steilen Felsenhöhe bereits a. 1219, nicht sowohl zur Vertheidigung gegen äussere Feinde, als vielmehr um die widerspänstigen Passauer Bürger im Zaume zu halten, die mächtige **Veste Oberhaus, Georgenberg, Georgenburg** erbaut worden war, später der Sitz des Landesgerichtes über das Land der Abtei. Am Fusse des Georgenberges, und an der Erdspitze, wo die Ilz in die Donau fliesst, ist das **Schloss Niederhaus,** ein uralter Bau, der mehrmals den Nonnen von Niedernburg zur Wohnung diente, und worin die passauischen Landtage abgehalten wurden.

Schöller's Disch. v. Passau. 71.

Schöller's Disch. v. Passau. 58. Dr. Erhard's Gesch. v. Passau. 70.

Wie oben erinnert wurde, mündet gegenüber der Stadt Passau in die Donau:

1010, 1222, 1256.

Iltsa, Ylsa, Ilzisa, *fluvius,*
die dunkelfärbige Ilz, aus dem Böhmerwalde hervor-
quellend, und die grosse und kleine Ohe aufnehmend,
einst berühmt wegen ihres Perlen-Reichthums, auch Gold
wurde gewaschen, und a. 1383 wurden Münzen geprägt
mit der Aufschrift: *ex auro Ilsissi;* heutigen Tages dienstbar zur
Vertriftung des Holzes.

U. B. I. 491.

U. B. II. 75, 637.

1212, 1150, 1256.

Am linken Ilzufer, am Abhange des Fuchsberges liegt die:
Iltstat, Jltstat, Ilzstadt, ursprünglich bewohnt von
solchen, die von der Fischerei, so wie von dem Handel
nach Böhmen auf dem für Saumrosse gangbaren goldenen
Steige (via aurea) sich ernährten; auch Juden hatten sich
c. a. 1360 angesiedelt.
Die Pfarrkirche ist dem heiligen Bartholomäus geweiht.
Am rechten Ilzufer entstand a. 1483 über der Juden-Synagoge
die St. Salvator-Kirche, mit der Collegiat-Probstei, welche
wie die Nonnen-Abtei Niedernburg a. 1803 aufgelöset wurde,
in welchem Jahre Passau aufhörte, ein souveraines Fürstenthum
zu sein.

U. B. I. 480, 490.

Schöllers Bisch. v. Passau. 161.

1073, 1075, 1110, 1111, 1140.

St. Nicolai, *monasterium apud Pataviam, monasterium
in hon. b. Andreae apost. S. Pantaleonis mart. &
St. Nicolai confess. claustrum;*
vor den Mauern der Stadt Passau, am Gestade des Inn, wo
schon vorher eine Pfarrkirche zum heiligen Andreas
(inter lapides) bestand, gründete der fromme Bischof Altmann von Passau mit Beihilfe der Kaiserin Agnes, Gemahlin
K. Heinrich III. für Augustiner-Chorherren das **Stift:
St. Nicola** (a. 1067 — 1073 — 1075) und dotirte es
reichlich; insbesondere erhielt es die dortige Pfarrei,
den Strich Landes vor der Stadt, den Hafen am Inn, die
Zollfreiheit, Zehente, Höfe, Weinberge um Leonding,
Aschach, Schönbüchel, Mautern und in der Wachau, dann
die Kirchen und Pfarren zu Auenkirchen, Aidenbach, Gerg-
weis, Eichendorf, Alburg, Alehoven, Grieskirchen, (a. 1223)
Wimsbach, (a. 1144) Hartkirchen am Inn mit Pocking.

U. B. I. 312, 329—618.

U. B. II. 99, 103, 105, 109, 130, 134.

Schöllers Bisch. v. Passau. 46.

1110, 1220.

die Kirche Maria-Anger bei Lorch, die Capelle zur heiligen
Maria Magdalena *(in insula St. Jacobi in Burgo Pata-
viensi) in suburbio Pataviae.* Das später zu Baiern zuständig
gewordene Kloster erhob sich zu grosser Blüthe, erlag
aber im Kostersturme der Aufhebung; die Klosterkirche

U. B. II. 105, 612.

nicht nur profanirt, sondern auch die zierlich durch-
brochene Spitze des Thurmes — ein kunstvolles Baudenk-
mal des Mittelalters — destruirt!

Ein und eine halbe Stunde nördlich von Passau, an der
Strasse nach Böhmen (via bohemica):

1152. **Straschirchen**, *villa*;   U. B. II. 284.
Strasskirchen, Pfarre zum heiligen Aegidius.

Weiter nordwärts:

1075, 1110, **Houtaren, Hotaren, Hvtarn, Hotarn**, *ecclesia*   U. B. I. 807.
1200. *et parochia*;   U. B. II. 104,
Hutern, Hutthurn, Pfarre zum heiligen Martin, schon in der   106, 120.
Stiftungsurkunde für St. Nicola genannt.

1150. **Perlensreut**, *parochia*;   U. B. I. 480.
Perlesreut, Markt und Pfarre zum heiligen Andreas.

1075, 1124. **Rörnpach, Rorinbach**, *ecclesia*;   U. B. II. 112,
Röhrnbach, Pfarre zum heiligen Michael.   606.

1150, 1256. **Baltchirchen, Waltchirchen**, *ecclesia et parochia*;   U. B. I. 480,
Waldkirchen (Ober-), Markt und alte Pfarre zu den heiligen   492.
Apostelfürsten Petrus und Paulus.

1130. **Hucenberge, Hauzenberge,**   U. B. I. 733.
Hauzenberg, Markt und Pfarre zum heiligen Vitus.

1075, 1110, 1111, **Chelperch, Chellchperch, Chelehberc**, *parochia*;   U. B. II. 111,
1140. Kelberg, schon in der Stiftungsurkunde für St. Nicola als Pfarre   131, 138.
genannt, mit der Kirche zum heiligen Blasius.   U. B. I. 558.

Erlah, Erlau, Erla-Bach, zwei Stunden unterhalb Passau in die   Schöllers Bisch.
Donau stürzend; a. 1365 Kampf zwischen den Milizen des   v. Passau. 94.
Bischofes, und den aufrührerischen Bürgern Passau's, in
welchem letztere geschlagen wurden.

1112, 1125, 1170, **Griezbach, Griezpach**, *castrum*;   U. B. II. 592,
1217, 1220. Griesbach, zum Unterschiede von dem im Rotthale befindlichen   611, 164, 343.
Griesbach Unter-Griesbach, auch Griesbach am hohen   Stülz Wilhering
Markte genannt; das einstige Schloss war der Sitz der   Anhang.

Anno		Quellen-Citat.
vel circa annum.		

Edelfreien von Griesbach, die a. 1210 ausstarben, worauf selbes an die Wessenberger, dann an das Hochstift Passau fiel; seit a. 1255 das Schloss verfallen. Die Pfarrkirche zum heiligen Michael war a. 1223 nebst Pührawang noch eine Filiale von Oesternberg; c. a. 1260 verlieh Bischof Otto von Passau dem Orte die Rechte eines Marktes.

Schöllers Bisch. v. Passau. 55.

1220, 1300. **Cella, Griesbach infer. Nieder-Griesbach, Griesbach-Zell**, *forum*,
Obernzell, Hafnerzell, ein ansehnlicher Markt am Donaugestade mit einem a. 1426 erbauten Schlosse, und der Pfarrkirche zur heiligen Margaretha, Marktkirche zur heiligen Maria; Bischof Gottfried von Passau verlieh a. 1347 den Orten: Obernzell, Griesbach, Wegscheid, Hauzenberg und Kreuzberg besondere Freiheitsbriefe.

Schöllers Bisch. v. Passau. 89.

1130, 1224. **Wegisceda, Wegscheide,**
Wegscheid, Markt und Pfarre zum heiligen Johannes dem Täufer, unweit des Osterwassers.

U. B. I. 427.
U. B. II. 648.

1274. **Ranna, Wildenranna,**
Wildenranna, noch zum Königreiche Baiern gehörige Ortschaft.

J.Strondt, Landgericht Velden. 162.

1070, 1096. **Gottinisdorf, Gottinsdorf,**
Gottsdorf, Pfarre zum heiligen Jakob Maj., aus welcher a. 1786 die Pfarre Rannarigl gebrochen wurde, noch zu Baiern gehörig; im eilften Jahunderte sass daselbst das gleichnamige Edelgeschlecht. (?)

U. B. I. 626, 781.
U. B. II. 95.

1222. **Johenstain, Johannstain,** *castrum;*
der Jochenstein, ein aus den Donaufluthen hervorragender Fels, auf dem die gleichnamige Veste stand, worauf die Johensteiner sassen, und die a. 1300 an das Hochstift Passau kam; heutzutage nur noch eine mächtige Gränzmarke zwischen Oesterreich und Baiern; oberhalb auf der Bergkante die Ruinen des Thurmes Rigel.

U. B. II. 633.
Mon. boic. XXIX. II. 492.

1256, 1259. **Chapell prope Raenna, Chapelle**, *forum;*
Oberkapell, Pfarrort am Zusammenflusse der Ranna und des Osterwassers, mit der Kirche des heiligen Aegidius, bis a. 1785 Filiale von Pfarrkirchen.

U. B. I. 492.
Mon. boic. XXIX. II. 243.

Auf dem hohen Bergrücken zwischen der Donau, und der aus Norden hervorstürzenden:

1197, 1224. **Ranna, Ranaha, Raenna, Raennahe,** *rivus;* **Ranna-Bach,** steht

Mon. boic. XXIX, II. 482.

1268. das Schloss: **Rannarigel, Raennarigel, Rannariegel,** *castrum;*

Rannarigel, ursprünglich ein Eigen der Herren von Valchenstein; a. 1359 kam die Veste durch Kauf an das Hochstift Passau, wurde hierauf mehrmals verpfändet und verkauft, und kam a. 1765 abermals an Passau; a. 1786 wurde die Schlosscapelle zur heiligen Maria Pfarrkirche.

Am linken Ranna-Ufer:

1180. **Altenhoven,**

U. B. II 552.

Altenhof, ein herrschaftliches Schloss in der Pfarrei Pfarrkirchen.

Unweit davon, ebenfalls über dem Ranna-Flüsschen, auf steilem Felsen:

1140, 1163. 1180, 1200. **Valchenstein, Falkenstein,** *castrum firmissimum et quasi inexpugnabile;*

U. B. I. 378, 381, 607.

U. B. II. 324, 644, 725.

Pertz. Mon. Germ. XI. 715. ad ann. 1289.

Falkenstein, einstmals eine fast unbezwingbare Veste, auf welcher die Valchensteiner, ein angesehenes, mächtiges, aber auch fehdelustiges, ungeberdiges Ministerialgeschlecht, sassen, und deren Herrlichkeit von der Donau bis an die böhmische Gränze reichte.

R. Chalhohus II. von Valchenstein verewigte sich durch die Stiftung des Klosters Schlägel (a. 1209). Das Valchensteiner-Geschlecht starb a. 1412 aus; das Schloss kam a. 1346 an das Hochstift Passau, a. 1350 durch die Herzoge von Oesterreich an die Herren von Wallsee, a. 1440 an die Oberhaimer, a. 1601, wie Altenhof, an die Grafen von Salburg; heute liegt diese Veste in Ruinen.

1075, 1170, 1187, 1222, 1254. **Marspach, Morspach, Mortspach, Mordespach,** *castrum;*

U. B. I. 484, 485, 674.

U. B. II. 115, 416, 633.

Marsbach, ein noch wohlerhaltenes Schloss über dem steilen Ufer der Donau, einst der Sitz der Edlen von Morspach, die wahrscheinlich im Innkreise in einer zweiten Linie blühten. Die Marspäcker besassen dieses Schloss bis a. 1288, worauf es an das Hochstift Passau fiel, und bei diesem bis a. 1803 blieb; übrigens liegt dieses Schloss im Pfarrbezirke Hofkirchen.

1173, 1206.	**Haychenpach, Mayenpach, Haichenpach, Haichenbach,** *castrum;* **Haybach,** Schlossruine auf der durch die Donaubeuge bei Schlägen gebildeten Landzunge, einst der Sitz des passauischen Ministerial-Geschlechtes der von Haichenpach, die dieses Schloss a. 1337 an das Hochstift Passau verkauften; wie von Marsbach, so auch von diesem Schlosse aus, erlaubten sich die Oberhaimer an den Donau-Reisenden viele Gewaltthätigkeiten; seit a. 1520 verfiel das Schloss, das im Munde des Volkes den Namen: „Kerschbaumer-Schlössl" trägt.	U. B. II. 503, 604. Mon. boic. IV. 450.
1256.	**Chapelle, Chappellen, Chapellen, Capellen,** **Mallstätte im Lande der Abtei,** mit Lengenbach, Rorbach, Hofchirchen, Puzlinsdorf und Serlinspach; das heutige Nieder-Capell, ehemals Filiale von Pfarrkirchen, seit a. 1608 Pfarrvicariat zum heiligen Andreas; das Pfarrhaus soll einst das Schloss der Raspen gewesen sein.	U. B. I. 492. Buchivg. Fürst. Passau. I. 331.
1256.	**Hofchirchen,** **Hofkirchen,** Markt, und seit 1668 Pfarrvicariat von Pfarrkirchen, mit dem hübschen Gotteshause zum heiligen Ulrich; schon a. 1335 wurden die Freiheiten des Marktes bestätiget.	U. B. I. 492. Buching. Fürst. Passau. I. 331.
P. 1283.	**Pfarrchirchen,** *ecclesia parochialis;* **Pfarrkirchen,** mit Altenfelden, Waldkirchen, Feldkirchen und Gramastetten eine der ältesten Pfarren des oberen Mühellandes, die Mutterkirche von Ober- und Nieder-Capell, Hofkirchen, ja bis a. 1280 von Sarleinsbach; neben dem stattlichen Gotteshause zu Ehren der Himmelfahrt Mariens die Friedhofcapelle zu Maria-Loretto.	Original von Schlögel bei F. Wirmsberger Dynasten von Tannberg. 26.
1236, 1256.	**Puczlinstorf, Puzlinsdorf,** *forum;* **Puzleinsdorf,** seit a. 1236 Marktflecken, der a. 1604 die ersten Privilegien erhielt; ein seit 1668 aus Sarleinsbach gebrochenes Pfarrvicariat zum heiligen Vitus.	U. B. I. 492. Mon. boic. XXIX. II. 286.
1256.	**Lengenpach,** **Lembach,** westlich von der kleinen Mühel, seit a. 1612 zum Markte erhoben, und ein seit a. 1673 aus Sarleinsbach gebrochenes Pfarrvicariat zur heiligen Margaretha. Im	U. B. I. 492. Buching. I. 331. Priz, Gesch. d. Landes ob der Ens. II. 94.

fünfzehnten und sechzehnten Jahrhunderte stand zu Lembach eine den österreichischen Landesfürsten gehörige Veste.

1140, 1158,
1170, 1190,
1296, 1258.

Tannberg, Tannenberge, Tannenberch, *castrum;*

Tannberg, Schlossruine auf einem freistehenden gähen Felsen an der kleinen Mühel, die einstige Stammburg der Tannberger, eines angesehenen passauischen Ministerial-Geschlechtes, die a. 1410 ausstarben; das Schloss Tannberg war a. 1354 bereits dem Hochstifte Passau angefallen, das selbes als Pflege an die Jägerreuter, Hörleinsberger etc. verpfändete; im sechzehnten Jahrhunderte begann die Veste zu zerfallen. Auf Aurolzmünster blühte von a. 1312 bis 1678 eine andere Linie der Tannberger.

U. B. I. 589,
496, 649, 679.
U. B. II. 372,
422, 685.
Ferd. Wirmsberger Dynasten
von Tannberg.

Westseits von der kleinen Mühel:

1189, 1256.

Sarleinspach, Sarlinespach, Seirlinesbach, Serlinspach,

Sarleinsbach, Pfarre zum heiligen Petrus, die Peilstein, Julbach, Kollerschlag, Puzleinsdorf und Lembach zu Filialen hatte; c. a. 1430 wurde Peilstein als ein Vicariat gebildet. Im Friedhofe die Capelle zur heiligen Maria; eine halbe Stunde nördlich die jetzt profanirte Kirche zum heiligen Leonhard; a. 1533 wurde der Ort Sarleinsbach zum Markte erhoben.

U. B. I. 492.
U. B. II. 369.

Auf steilem Felsen über der kleinen Mühel:

1253.

Sprinzensteyn, Sprinzenstein,

diese Veste besassen a. 1253, 1264 die Edlen von Sprinzenstein, kam a. 1330 an die Morspäcker, die a. 1369 die Capelle zur heiligen Maria bauten; seit a. 1530 ist dieses noch wohlerhaltene Schloss im Besitze der Familie von Sprinzenstein (ursprünglich Ricci aus Tirol).

Original von
Schlögal.
Ferd. Wirmsberger, Dynasten
v. Tannberg, 15.

1289.

Gezendorf, Geezendorf,

Gezendorf, noch wohlerhaltenes herrschaftliches Schloss, und der einstige Sitz der Gezendorfer, die a. 1450 ausstarben.

J. Straudt, Landgericht Veldes.
174, 173.

Anno vel circa annum.		Quellen-Citat.

1170, 1254. **Liebensteine, Liebenstain,**
Liebenstein, Veste und Edelsitz der Liebensteiner, die im zwölften und dreizehnten Jahrhunderte passauische Dienstmannen waren; kam c. a. 1440 an das Hochstift Passau.

U. B. I. 370, 484. J. Strnadt, Landgericht Velden. 106.

1150, 1303. **Fluhtlnpach, Fluchtenpach, Fuchtenpach, Fevchtenpach,**
Ober-Feuchtenbach, wo bis a. 1260 ein passauisches Ministerial-Geschlecht sass; schon a. 1307 wird die Kirche genannt, seit a. 1790 gesperrt und abgetragen; Feuchtenbach, wie Liebenstein gehören zur Pfarre Altenfelden.

U. B. I. 584. J. Strnadt, Landgericht Velden. 115, 181.

1242, 1255. **Vellden, Velden, Altenvelden,** *parochia;*
Altenfelden, alte Pfarre zum heiligen Sixtus, a. 1242 urkundlich genannt, wohl viel älter, die Mutterkirche von Rorbach, Kirchberg und Neufelden; vor dem Entstehen der Burg an der Mühel ausschliesslich Velden genannt.

J. Strnadt, Landgericht Velden. 135.

Oestlich davon auf der Höhe über dem rechten Mühel-Ufer entstand die Burg:

1217, 1220. **Velden, Velten, Vellden, Newnvolden,** und um selbe herum der gleichnamige Flecken *forum, oppidum, civitas,* der zum Unterschiede von der Pfarre Altenvelden (c. a. 1390) Neuvelden genannt wurde. Als das Hochstift Passau den Comitat des Ilzgaues erworben hatte (a. 1217), wurde zu Velden das Landgericht des zwischen der Ranna, und der grossen Mühel liegenden Bezirkes (judicium provinciale cum officio) errichtet, welches jedoch häufig pfandweise vergeben wurde. A. 1266 wurde die Burg Velden sammt oppidum von den Baiern verwüstet; a. 1313 erhielt der Markt verschiedene Freiheiten, und wurde a. 1440 zum Stapelplatze zwischen Passau und Linz erhoben. Schon a. 1337 bestand die Kirche zu Ehren der heiligen Philipp und Jakob, die a. 1667 Vicariat wurde; heute ist Neufelden ein freundlicher Markt.

J. Strnadt, Landgericht Velden. 136, 137, 182, 234. U. B. II. 593, 611.

289, 1300. **Steinaperg, Steinerperg, Steinbereh,**
Steinerberg, Edelsitz, auf dem die Steinerberger sassen, von diesen aber a. 1362 an die Tannberger kam; seit dem fünfzehnten Jahrhunderte verfallen.

J. Strnadt, Landgericht Velden. 258.

Anno vel circa annum		Quellen Citat.

1109, 1142, 1256.

Muhéla, Muhla, sup. Movhelle, Movhile, *fluvius;*
die obere oder kleine Mühel entspringt in der Pfarre Julbach, und in einem von Wald- und Felsabhängen eingeschlossenen Rinnsale südwärts fliessend, mündet sie bei Kirchberg in die Donau.

U. B. I. 401.
U.B.II. 128. 203.

1256, 1262.

Chirichperch,
Kirchberg, auf der Anhöhe zwischen der grossen und kleinen Mühel; auf der hier befindlichen Veste sassen als passauische Vasallen die Kirchberger; Gundakar von Tannberg gründete a. 1411 die Pfarre Kirchberg, die aus Altenfelden gebrochen wurde, und baute die Kirche zum heiligen Othmar „schön und köstlich“.

J. Straadt, Landgericht Velden. 240, 153.

Nahe am Ausflusse der grossen Mühel in die Donau:

1262.

Portenstein, *castrum;*
Partenstein, einst passauische Veste, auf welcher die Harrocher, die nachmaligen Grafen von Harrach, als Burgpfleger sassen; heute Ruine.

J. Straadt, Landgericht Velden. 132, 192.
Mon. boic. XXIX. II. 180.

1261, 1282.

Grub, Groube, Grueb,
Grub, Landgut und Sitz der Gruber, heute Maierei und Bräuhaus am rechten Ufer der Mühel.

Mon. boic. V. 91.
J. Straadt, Landgericht Velden. 149.

Am linken Ufer der grossen Mühel, der Burg Velden gegenüber:

1165, 1300.

Schallenberg, Ruine; einst die Wiege der Schallenberger; a. 1308 brachte das Hochstift Passau von Christian von Urleinsberg dieses Schloss an sich.

J. Straadt, Landgericht Velden. 170.
Hoheneck. II. 264.

1166, 1170, 1180, 1190.

Blanchinbere, Planchenberge,
Blankenberg, Edelsitz der Blankenberger, von dem nur weniges Mauerwerk übrig ist.

Hoheneck. II. 105.
U. B. I. 364, 373, 571, 578, 586, 593.

1170, 1280.

Pirichenstain, Pirchinstein, Birchenstaine, *castrum;*
Pührnstein, festes Schloss auf steilen Felsen, ehemals ein Eigenthum des Hochstiftes Passau (bis a. 1803). A. 1448 wurden dabei zwei Schlosscapellen erbaut; a. 1340 besassen Pührnstein als passauisches Lehen die Tannberger, a. 1411 die Stahremberger, Harrach, Jörger ¹).

J. Straadt, Landgericht Velden. 193.
U. B. I. 570.

¹) Durch den Ankauf und die Erwerbungen der Herrschaften: Velden (1220), Morapach (1288), Jochenstein (1300), Schallenberg

10*

1234, 1300. **Sconenperge, Sconberg, Schoenperge,**
Schönberg, einst eine landesfürstliche Veste, jetzt in Ruinen
verfallen; unweit davon die Ruine Kochhaus.

U. B. I. 493.

Zwischen der grossen und kleinen Mühel, an der Strasse
nach Böhmen:

1256. **Rorpach,**
Rorbach, Rohrbach, heute ein ansehnlicher, durch stets
geschäftigen Handel belebter Markt; früher zu Altenfelden
gehörig, wird Rorbach a. 1306 ausdrücklich als Pfarre
genannt, und als solche a. 1321 dem Kloster Schlägel verliehen; die ansehnliche Pfarrkirche in der Ehre des heiligen
Jakob geweiht, wurde in ihrer dermaligen Gestalt a. 1680
gebaut; ausserhalb des Ortes stand die Capelle zum heiligen

U. B. I. 492.
J. Strandt, Land-
gericht Velden.
178, 183.

1289. Georg. Oestlich vom Markte das Schlösschen: **Perg,**
worauf von 1231 bis 1542 die Perger, passauische Edel-
knechte aassen.

J. Strandt, Land-
gericht Velden.
147, 170.

Zwischen Rorbach und Peilstein:

1289. **Epping,** eine dem Stifte Schlägel einverleibte Pfarre zur heiligen Magdalena.

J. Strandt, Land-
gericht Velden.
174.

1109, 1142, **Movhelle, Movhile, Muhela, Muhla major,**
1222, 1256. **inferior,** *fluvius;*
die untere oder grössere Mühel entspringt aus dem Plecken-
steiner-Walde (in Baiern), fliesst zuerst in südöstlicher,
dann mehr südlicher Richtung, zwischen waldbedeckten
Felsenbergen der Donau zu, mit welcher sie sich bei dem
Schlosse Neuhaus vereiniget.
Ihre vorzüglichsten Nebenzuflüsse sind:

U. B. II. 125,
262, 637.

U. B. I. 491, 493.

1303. der Finster-Bach, **Vinsterpach,** und der **Gegenbach,**
zugleich Gränz-Bäche;

J. Strandt, Land-
gericht Velden.
173.

(1205), Wesen (1336), Valchenstein (1346), Haychenbach
(1337), Tannberg (1354), Rannarigel (1339) und durch das Streben,
sich auch auf der Ostseite der Mühel festzusetzen, hatte das Hochstift
Passau sich übermässig angestrengt, und sah sich zur theilweisen Verpfän-
dung der erworbenen Herrschaften genöthiget; diese geriethen sonach
unter die Landeshoheit der österreichischen Herzoge, die seit a. 1280,
und später mehrmals im Mühellande wirkend auftraten, und den Grund
zur österreichischen Territorialhoheit legten; im fünfzehnten Jahrhunderte
war die passauische Herrschaft verdrängt, die österreichische Landeshoheit
vollendete Thatsache.

J. Strandt, Land-
gericht Velden.
213, 217, 224.

1264. der **Klaffer-Bach**, urkundlich **Chlaffunde - Wazzer** genannt [1]); — *J. Strnadt, Landgericht Velden. 155.*

1147, 1231. die aus dem Gugel-Walde kommende: **Viezissenmuhele, Rouschenmuhele**, die Böhmische, auch kleine Mühel genannt, die bei Haslach mit der grossen Mühel sich vereinigt. — *J. Strnadt, Landgericht Velden. 132.*

1190, 1209. Chirichen, die heutige Ortschaft: **Oedenkirchen** in der Pfarre Ulrichsberg; hier soll, der Sage nach, die erste Anlage des Klosters Maria-Schlag geschehen sein. — *J. Strnadt, Landgericht Velden. 173.*

Unweit das Purchstal:
1303. Haunstein, das heutige **Haunsteinergut.** — *J. Strnadt, Landgericht Velden. 173.*

Am linken Ufer der grossen Mühel gründete der Edle Chalhoch II. von Valchenstein auf seinen Besitzungen, die theilweise noch undurchdringliche Wildniss waren, c. a. 1209 ein Kloster:

1209, 1218, 1221. St. Mariae in Slag, Plaga-Mariae, Maria-Schlag, Monasterium St. Mariae in Slag, Slage, Mareinslag, Schlägel, und übergab es mit Bewilligung seines Lehensherrn, des Bischofes Manegold von Passau, dem Orden der grauen Brüder (Cistercienser), die aus dem Kl. Langheim in Franken kamen. Doch, weil die Gegend zu rauh, unfreundlich, und von aller Verbindung abgeschnitten war, verliessen diese nach 7½ Jahren das Kloster Schlägel, und kehrten nach Langheim zurück. Chalhoch, nachdem er vergeblich die Mönche zur Rückkehr zu bewegen versucht hatte, übertrug das Kloster (*coenobium exile*), das nun an einem anderen Orte erbaut wurde, den Praemonstratensern von Mühlhausen (Milewsk in Böhmen), a. 1218; doch die Ordens-Geistlichen kamen aus Osterhofen (in Baiern) a. 1236 [2]). — Ausser den Valchensteinern bewiesen sich als Wohlthäter des Stiftes auch die Rosenberge und Tannberge; a. 1308 erhielt das Stift von — *U. B. II. 527, 629.* *J. Strnadt Landgericht Velden. 120—123, 185, 234.*

1224. [1]) Unweit davon saszen zu **Klaffer**, **Chlafpach** (in der Pfarre Ulrichsberg), Falkensteinische Lehensleute; weiter abwärts in der Pfarre Aigen die Ortschaft: **Schlatav, Schlatelav**, *villa*, heute **Schindelau.** — *J. Strnadt, Landgericht Velden. 146.*

1264. [2]) Später dem Stifte Strahof bei Prag zugetheilt. — *J. Strnadt, Landgericht Velden. 185.*

Heinrich II. von Rosenberg den von der Gränze Baierns bis
zur Moldau sich erstreckenden Waldbezirk (Schlägler-
Wald). C. a. 1320 war das Stift der Auflösung nahe, und
erhielt desshalb a. 1321 die Pfarre Rorbach, so wie es
bereits a. 1258 die Pfarre Kirchschlag, und a. 1305 die
Pfarre Friedberg (beide in Böhmen) erhalten hatte; a. 1642
wurden die Pfarren St. Oswald und Haslach an Schlägel
abgetreten, und a. 1667 entstand aus Aigen die Pfarre
Ulrichsberg, aus der hinwiederum Schwarzenberg a. 1784
gebrochen wurde. Wie die Orte Leonfelden, Niederwaldkirchen, Sarleinsbach, Rohrbach, Haslach, wurde auch
Schlägel a. 1427 durch die Hussiten verwüstet, und
a. 1702 und 1730 abermals eingeäschert. Die Stiftskirche,
zu Ehren der Himmelfahrt Mariens, in ihrer neueren Gestalt,
rührt aus dem siebenzehnten Jahrhunderte; dort auch die
Ruhestätte des Stifters † 1238. Ausser dem Stifte die
Kirche Maria - Anger, und eine halbe Stunde westlich die
Kirche St. Wolfgang.

Nördlich vom Stifte, auf einer mässigen Anhöhe erhob sich
aus der Waldgegend das Dorf:

1242. **Algen, Aygen,**
worauf bald der schöne Markt Algen sich gestaltete; a. 1314
wird derselbe urkundlich genannt; a. 1486 soll die Kirche
zum heiligen Johannes Evang. entstanden sein; die Pfarre
ist dem Stifte Schlägel einverleibt.

Annalen des Kl.
Schlägel.
J. Stradt Land-
gericht Velden.
187.

Südostwärts von Schlägel:

1277, 1305. **St. Oswaldi,** *ecclesia et parochia;*
St. Oswald, Pfarrort nahe an der Gränze von Böhmen; die
Pfarre, a. 1277 urkundlich genannt, entstand aus jener
von St. Peter, und fasste auch Haslach in sich, und war
bis a. 1642 dem Stifte St. Florian einverleibt.

J. Stradt, Land-
gericht Velden.
168, 186.

1257. **Haselae, Hasilah,**
der schöne, ansehnliche, mit Mauern umgebene Markt Haslach,
auf der Höhe zwischen der grossen und böhmischen Mühel;
die Herren von Rosenberg besassen zu Anfang des
dreizehnten Jahrhunderts einen Landstrich an der Ostseite
der grossen Mühel, von St. Oswald bis an die Donau, mit
Haslach als ein freies Eigen; später kam dieses Landgericht

J. Stradt, Land-
gericht Velden
132, 133, 107.
U. B. I 493.

an das Hochstift Passau; a. 1341 kauften es die Rosenberge als passauisches Lehen an sich sammt dem Markte
Haslach, mussten sich aber bequemen, die im Markte
erbaute Veste niederzureissen. Die grosse Pfarrkirche
zum heiligen Nicolaus ist auffallend durch den gewaltigen
alterthümlichen Thurm, der für ein Werk der Rosenberge
gehalten wird; die Pfarre besteht· seit der Mitte des fünfzehnten Jahrhunderts; a. 1663 wurde der Markt an das
Stift Schlägel verkauft. Unweit das den Hörleinsbergern
gehörige Schloss Lichtenau.

Oestlich von Haslach in waldiger Gegend:

1147, 1231. **St. Stephani,** *ecclesia ;*
St. Stephan am Riedl, Pfarrexpositur von Helfenberg, anfänglich Filiale von St. Peter am Windberge, deren Kirche
a. 1147 eingeweiht wurde.

J. Strnadt, Land-
gericht Velden.
102, 249.

1264, 1269. **Helfenberch, Haelfenberch,**
der Pfarrort Helfenberg, in einem engen Thale an der böhmischen Mühel, mit der Kirche zum heiligen Erhart, ursprünglich einer Filiale von St. Peter, dann Vicariat von St. Johann,
seit a. 1682 Weltpriesterpfarre. Auf dem herrschaftlichen
Schlosse sassen im dreizehnten Jahrhunderte die von
Helfenberg.

J. Strnadt, Land-
gericht Velden.
155.
F. Wirmsberger,
Dynasten von
Tannberg. 21.
22.

Südöstlich davon:

1306, 1309. **Piberstein, Piberstain, Biberstein,** *castrum ;*
das bereits verfallene Schloss Piberstein, auf welchem das
Edelsgeschlecht der Piber (*castores*) sass.

Pritz, Gesch. d.
Landes ob der
Ens, I. 380.
J. Strnadt Land-
gericht Velden.
178.

1108, 1190,
1197, 1209,
1220.
Windibergum, Winsperg, Winsperch,
Wintsperch, Windesperge,
Windberg, Burg, auf welcher der in dieser Gegend reich-
begüterte Hochedle Eppo von Windberg sass; dieser
übergab a. 1108 dem Stifte St. Florian das Gut **Walda-**
houla mit aller Nutzung, und einen Strich Waldes vom

J. Strnadt, Land-
gericht Velden,
99, 100. 101.

U. B. I. 504.

1108, 1109.
Zusammenflusse des **Pousinpach** (Bösenbach) und **Tluphin-**
pach (Tiefenbach) bis an die baierische Gränze, d. i. zur
grossen Mühel.
Somit erhielt besagtes Stift *Allodia inter Bösenbac et*
Ebresbac usque ad terminos boemie et praedium quod dicitur celle

U. B. II. 450,
524, 611.

ad Morkile; dann zwei Pfarrkirchen: *St. Mariae in Waltekirchen*, *et sancti Petri, cum capellis ratione filiationis ad eas spectantibus*: Kleinzell, St. Johann, St. Veit, Helfenberg, St. Stephan, St. Oswald und Haslach, sammt den dahin gehörigen Zehenten. Nach dem Absterben jenes Eppo besassen die Burg Windberg, von welcher nachmals die ganze Berggegend herum die Benennung: „am Windberg" erhielt, passauische Dienstmannen; zwischen St. Johann und St. Veit sind noch die Burgüberreste zu treffen.

1264.	**St. Viti, Sand Vite**, *ecclesia*; die anfangs zu Waldkirchen gehörige Filiale St. Veit wird a. 1344 Pfarre genannt, die aber a. 1682 vom Stifte St. Florian an Passau kam. Daselbst hatten auch Edle von St. Veit ihren Sitz und ihr Schloss.	J. Strnadt, Landgericht Velden. 160, 210.
1108, 1111, 1146.	**St. Joannis**, *ecclesia*; St. Johann am Windberg, Pfarre zum heiligen Johannes den Täufer; a. 1146 wird die Johannskirche auf dem Hannsberge der Kirche Waldkirchen übergeben; bis in das sechszehnte Jahrhundert blieb St. Johann ein Vicariat von Waldkirchen; die in der Nähe befindliche Kirche auf dem Johannus- oder Peters-Berge wurde a. 1793 niedergerissen.	U. B. II. 144,147. J. Strnadt, Landgericht Velden. 102, 179.
1108, 1111, 1122, 1300.	**St. Petri**, *forum, ecclesia et parochia cum decimis*; St. Peter am Windberg, alte Pfarre, die a. 1108 dem Stifte St. Florian übergeben wurde, und demselben bis heute einverleibt ist; sie hatte einstmals Helfenberg, St. Stephan, St. Oswald mit Haslach zu Tochterkirchen, heute noch Hollerberg (a. 1462) und Steinbruch (1509). Die schöne Pfarrkirche wurde a. 1134 vom passauischen Bischofe Reginmar eingeweiht; von den Hussiten verheert a. 1480 neu aufgebaut. Unferne befand sich zu **Pocksruck, Bochesruecke** ein Edelsitz passauischer Dienstmannen.	U. B. II. 144. 147, 154. J. Strnadt, Landgericht Velden. 179. J. Strnadt, Landgericht Velden. 113. U. B. I. 539. 540, 641.
1108, 1120, 1150, 1160.		
118⁵.	**St. Udalrici, St. Oulriei**, *praedium, capella*; St. Ulrich, einstiger Edelsitz der Dynasten von St. Ulrich, nachmals der Schallenberger; die Capelle gesperrt und verkauft.	J. Strnadt, Landgericht Velden. 117, 118.
1170, 1190.	**Aigilsperge, Agilsperge**, *curia*; Algelsberg, Schloss und Stammhaus der Aigelsberger, wovon zwischen St. Johann und Niederwaldkirchen nur Mauertrümmer erübrigen.	U. B. I. 570, 592.

Anno vel circa annum.		Quellen-Citat.

1300. **Steinpach,**
Steinbach, Veste und Sitz der Steinpöcken, die von a. 1300
bis 1512 blühten; heute Landgut.
J. Strnadt, Landgericht Velden. 113.

1108, 1111, 1113, 1122, 1220. **Waltchirchen, cella St. Mariae in Walt-chirchen,** *ecclesia conventualis, parochia cum decimis;*
Nieder-Waldkirchen, alte Pfarre zur heiligen Maria, die, wie
vorhin schon erwähnt, a. 1108 dem Stifte St. Florian übergeben, und später demselben einverleibt wurde; sie hatte
St. Johann, St. Veit und Kleinzell, ja selbst St. Peter zu
Tochterkirchen; neben der ansehnlichen Pfarrkirche befand
sich die Capelle des heiligen Johannes auf dem Freithofe,
a. 1793 zum Schulhause umgestaltet; das Pfarrdorf liegt
am westlichen Ufer des Pösenbaches.
U. B. II. 144, 147, 134. 516. J. Strnadt, Landgericht Velden. 101, 269, 194.

Westwärts davon:

1109, 1142. **Celle,** *praedium ad Mouhile;*
das heutige Kleinzell, chevor Filiale von Niederwaldkirchen,
wird bereits a. 1359 eine Pfarre genannt; seit 1688 selbstständige, dem Stifte St. Florian einverleibte Pfarre zum
heiligen Laurenz.
J. Strnadt, Landgericht Velden. 102, 247. U. B II. 126, 203.

Nahe bei Kleinzell das jetzt verfallende Schloss:

1161, 1209. **Gnäwzzenau,**
Gneussenau, die ehemalige Wiege der Gneussen, die a. 1481
ausstarben.
U. B. II. 314, 524. J. Strnadt, Landgericht Velden. 119.

Nahe am Ausflusse der grossen Mühel in die Donau:

1282. **Wolfstein,** *castellum;*
die Ruine Wolfstein, ehemals die Stammburg der Wolf-
steiner.
J. Strnadt, Landgericht Velden. 166, 211.

1222. **Newhaus, Newnhausen,** *castrum,*
Neuhaus, ein sehr wohl erhaltenes, herrschaftliches Schloss
des Grafen Thurn-Valsassina-Taxis, auf der Höhe über der
Donau, die malerischen Vorzüge einer alterthümlichen Burg
mit der Wohnlichkeit eines modernen Landhauses vereini-
gend; muthmasslich von den Schauenbergern zur
Bewachung der Thalfahrt erbaut, blieb es dann in deren
Besitze bis in die zweite Hälfte des fünfzehnten Jahrhunderts,
von der kaiserlichen Kammer gedieh es an die Freiherren
von Sprinzenstein.
J. Strnadt, Landgericht Velden. 193, 225. U. B. II. 633.

Anno vel circa annum.		Quellen-Cital.

1300. **St. Martini**, *ecclesia;*

St. Martin mochte schon im zwölften Jahrhunderte als Kirche, gewiss aber schon c. a. 1300 bestanden haben; a. 1465 wird es als Pfarre genannt, zu welcher a. 1545 Herzogsdorf als Filiale gehörte; heute dem Stifte St. Florian einverleibte Pfarre.

J. Strnadt Landgericht Velden 277.

1142. **St. Nicolai**, *ecclesia prope viam regiam.*

Die nun seit a. 1787 abgebrochene, zu Niederwaldkirchen gehörige Nebenkirche:

St. Nikola, nahe an der von Linz über Neufelden nach Böhmen führenden Königs-Strasse, *(via regia juxta ecclesiam St. Nicolai)* vor und jetzt belebten Handelsweges.

U. B. II. 203. J. Strnadt, Landgericht Velden. 102.

1215, 1256. **Lantshabe**, *curia villicalis;*

Landshag, gegenüber dem Markte Aschach, am Fusse der einst mit Reben bepflanzten Berge, gehörte dem Nonnenkloster Niedernburg in Passau.

U. B. I. 493. U. B. II. 597.

Oestlich davon:

1190, 1256. **Perchelm, Berchaim**, *curia;*

das heutige Schloss Bergheim in der Pfarre Feldkirchen, einstiger Sitz der Percheimer.

U. B. I. 493. 593. J.Strnadt, Landgericht Velden. 124.

1109, 1111, 1142, 1130, 1221. **Poisenbach, Posenbach, Bosenbac, Bosinbach, Bosenbach, Poesinbach, Pousinbach**, *praedium, rivus;*

Pöscabach, zur Pfarre Feldkirchen gehörige Ortschaft am gleichnamigen Bache; schon a. 1111 wird das *Praedium Bosinback* dem Stifte St. Florian bestätiget; schöne altdeutsche Kirche zum heiligen Leonhard.

U. B. I. 640.

U. B. II. 128. 141, 144, 203. 630.

Auf felsiger Höhe über dem Eschel-Bache, nicht weit von der kleinen Rotel:

1209, 1283. **Esilberch, Eschelberch,**

Eschelberg, ein noch gut erhaltenes herrschaftliches Schloss, Sitz der Herren von Eschelberg, dann der von Traun; heutigen Tages im Besitze der Grafen Stahremberg. In der Nähe die Schlossruinen: **Ober-Wallsee, Freudenstein, Roteneck** (a. 1308).

U. B. II. 524.

In der Ebene zwischen dem Pösen-Bache und der Donau:

P. 1143, 1218. **Veltchirchen, Veltchirch,** *ecclesia et parochia;*
Feldkirchen, eine alte, dem Stifte St. Florian gehörige Pfarre
mit der Kirche zum heiligen Michael, die a. 1143 um den
Zehent von Sündelburg vom Hochstifte Passau eingetauscht
worden war, und die ehedem St. Martin, Walding,
St. Georg auf dem Berge Chotwein, Goldwerd, St. Gotthart, Herzogsdorf, dann auch die Schlosscapellen zum
heiligen Pancraz in Ober-Wallsee, und zum heiligen Geist
in Eschelberg zu Filialen hatte. A. 1468 war Walding ein
Vicariat; die St. Georgs-Kirche auf dem Chotwein wurde
a. 1786 gesperrt und verkauft.

1075, 1110, 1111, **Goldarwerd, Golderwerde, Goldarewerde,**
1187, 1220, **Golderwert, Goldenerwerd,** *locus cum*
1256. *praediis, insula;*
Goldwerd, Goldwörth, schon in der Stiftungsurkunde für Kloster
St. Nikola genannt.
Weil vor Zeiten der Hauptstrom der Donau jenseits Goldwerd vorüberfloss, so wird dieses a. 1220 und 1321 ausdrücklich
eine zu Alkoven gehörige Insel genannt; die a. 1407 erbaute
Kirche zum heiligen Alban [1]) wurde a. 1784 Pfarrkirche des aus
Feldkirchen gebrochenen Bezirkes, und dem Stifte St. Florian
übergeben.

U. B. II. 104,
107, 132, 138,
406, 603.

U. B. I. 493,
591.

J.Strnadt, Land-
gericht Velden.
98, 277.

Vor Otensheim ist die Ausmündung des **Rotel-Flüsschens**
in die Donau.

777, 791, 802, Dieses Flüsschen: **Racotulv, Raotola, Rotala,**
1010, 1110, **Rotila, Rotel, Roetel,** *rirus,*
1150, 1212. bildet sich aus dem Zusammenflusse der grossen und
kleinen Rotel; die erstere hat ihren Ursprung im Stern-
Walde hinter Leonfelden; die Quellen der kleinen Rotel,
1110. **Rotllich,** *rivulus,* heben sich in den zwischen St. Johann und Waxenberg befindlichen Bergschluchten. Einst
(a. 777) gab es an der ganzen Reihe der um den Pösen-
Bach und Rotel-Fluss herumziehenden Vorhügel Weinberge.

[1]) Einer Sage nach soll die erste Kirche in ziemlicher Entfernung von der
jetzigen gestanden, und von den Donaufluthen weggerissen worden sein.

1148, 1150,
1198, 1206,
1215, 1220.

Otensheim, Oteneshaim, Otehsheim, Odempsheim, Otensheimen, *forum;*

Otensheim, Ottensheim, ein hübscher Markt am Schlusse der Donau-Ebene, wo die Ufer des Stromes zu einem Passe sich verengen, dem Kloster Wilhering schräge gegenüber, mit einem freundlich in das Donauthal winkenden Schlosse, das ursprünglich ein Eigenthum der Wachsenberger, später an die Landesfürsten von Oesterreich kam, von denen es die Wallseer, die Lichtensteine etc. besassen. A. 1228 erhielt der Markt hinsichtlich der Zollfreiheiten gleiche Vorrechte mit Linz und Ens.

Otensheim, eine Filiale von Gramastetten wurde a. 1292 noch *ecclesia filialis*, erst a. 1355 bestimmter eine Pfarre genannt; die Kirche zum heiligen Aegidius ist seit a. 1467 gebaut.

Die alterthümliche Spitalkirche zum heiligen Erhard ist prafanirt; die Kirche zum heiligen Petrus in Höflein, c. a. 1526 eine Pfarre, seit 1650 Filiale von Otensheim, wurde a. 1786 gesperrt und verkauft, dermals verfallen.

U. B. II. 246,
464, 477, 302,
381, 673.
Pritz, Gesch. d.
Landes ob der
Ens, I. 380.

Weiter östlich an der Donau, zwischen Otensheim und Linz:

827, 985, 1110.

Povchnova, Buchnauwe, Puchenowe, Buchnowe, *ecclesia, locus decimarum;*

Puchenau, Buchenau, eine seit a. 1625 dem Stifte Wilhering gehörige Pfarre zum heiligen Andreas; a. 1419 wurde die Kirche gebaut; a. 985 gehörte der Zehent von Buchenau nach Linz.

U. B. I. 472.
U. B. II. 129.
Archiv f. Kunde
österreichischer
Geschichts-
quellen, XXVII.
258.

Am südlichen Ufer der grossen Rotel:

P. 1110, 1154,
1180, 1204,
1216.

Grimarstetin, Grimhartesstetin, Grimhartenstetin, Crimarsteten, Greimarsteten, *ecclesia et parochia cum decimis;*

Gramasteten, Grammastetten, Marktflecken (seit 1518) und Pfarre mit hübschem Gotteshause zum heiligen Laurenz; schon a. 1110 übergaben Ulrich von Wassenberch und dessen Gemalin Ottilia die Kirche zu Grimhartesstetin an den Bischof von Passau; die Pfarre reichte damals von der Donau, bis an die Gränze Böhmens, von der kleinen Rotel bis zum Haselgraben, und hatte Otensheim, Leonfelden mit Weissenbach und Oberneukirchen zu Filialen; a. 1242 wurde sie dem Stifte Wilhering übergeben. Südlich davon

U. B. II. 129,
272, 368, 493,
581.
Pritz, Gesch. d.
Landes ob der
Ens, I. 381.

auf einem Felsen über der grossen Rotel die Schlossruine und der ehemalige Edelsitz:

1366. **Hage, Lichtenhag.**

Ferd. Wirmsbergers Alsternheim und seine Besitzer, 32.

Eine und eine Viertel Stunde ostwärts von Gramastetten:

1154, 1196, 1206, 1216, 1220, 1366. **Ibenberch, Ibenberge, Ynenberge, Iwenberg, Eibenberg, Ydansperig, Ydungsperge,** *curia monachorum de Wilhering;*
Eldenberg, ehemals Edelsitz, später zum Stifte Wilhering gehöriger Mayerhof mit der Kirche zum göttlichen Heilande.

U. B. I. 461, 477. U. B. II. 273. 464, 477, 505, 579, 581. J. Strnadt, Landgericht Velden. 178.

Nahe an der Strasse von Gramastetten nach Ober-Neukirchen:

1110, 1120. **Perndorf,**
einstiger Edelsitz der Perndorfer, die von 1220 — 1403 blühten; dieses Perndorf wird a. 1110 als Kirchengut von Grimhartesstetin an Passau übergeben.

J. Strnadt, Landgericht Velden. 149. U. B. II. 129.

Weiter nördlich die Schlossruine:

1207, 1237, 1243. **Lobenstein,** Sitz der Lobensteiner, einer angesehenen Adelsfamilie, die zu Anfang des sechzehnten Jahrhunderts ausstarb.

Pritz, Gesch. des Landes ob der Ens, I. 282, 380.

Südlich von St. Veit, auf einem über der kleinen Rotel sich erhebenden Bergkegel stand das

1146, 1150, 1160, 1180, 1200, 1212, 1221. *castrum* **Wassenberch, Wassenbere, Wassinberch, Wessenberg, Wachssinberc, Weassinberch, Wachsenberg, Waxenberg,**
Alt-Wachsenberg, ein den Herren von Wilhering gehöriges Schloss, die sich nach der Gründung des Klosters Wilhering nun: von Wachsenberg schrieben, kam durch Heirat an die Edelfreien von Griesbach, die sich ebenfalls nach dieser Burg nannten; gelangte durch die Erbtochter Hedwig an die Herren von Schaunberg, endlich an die österreichischen Landesfürsten, die es zu Anfang des vierzehnten Jahrhunderts den Herren von Wallsee zq Lehen auftrugen. Nach dem Aussterben der Dynasten verfiel die Burg immer mehr, davon erübrigen noch die Ruinen im Burgholze. Für die landesfürstlichen Burggrafen und Landrichter, wurde, im dreizehnten Jahrhunderte noch, auf

U. B. I. 120, 478, 479, 522.

U. B. II. 225, 251, 301, 368, 476, 535, 631.

hohem Felsen, eine Stunde nördlicher, das Schloss
Wachsenberg (mit massiven Mauerwerk) erbaut, fiel aber
nach dem Brande a. 1756 in Schutt, worauf dann Neu-
Wachsenberg mit der Capelle zum heiligen Joseph (seit
a. 1786 Pfarrkirche) entstand.

Zwischen Wachsenberg und Zwetel:

1260, 1292. **Niunchirchen,**

der heutige Bannmarkt **Ober-Neukirchen**; mit Ober-Weissenbach a. 1292 als Filiale zur Pfarre Leonfelden gewiesen;
die Pfarre zum heiligen Jakob, früher Capelle zur heiligen
Maria und Ottilia, gehört zum Stifte Wilhering.

Pritz, Gesch. d. Landes ob der Ens, I. 381.

Nordwärts davon, am Fusse des Sternwaldes:

1292. **Weissenpach,**

Ober-Weissenbach, auch Vorder-Weissenbach, ehevor Filiale
von Leonfelden, seit a. 1613 Pfarre des Stiftes Wilhering,
mit der Kirche zum heiligen Petrus und Paulus.

Pritz, Gesch. d. Landes ob der Ens, I. 381.

1198, 1200, 1220. **Stella**, *silva et mons, olim castrum* (?);

der nahe an der Gränze von Böhmen, zwischen Weissenbach
und Leonfelden sich erhebende **Stern-Wald.**

*U. B. II. 461.
U. B. I. 477, 481.*

Am südöstlichen Fusse des Sternwaldes, nahe an der grösseren Rotel, und an der Handelsstrasse nach Böhmen:

1154, 1215, 1216, P. 1292. **Lobenwelt, Lobenveld, Lobenvelt, Lonveld,
Lonvelden,** *campus, forum;*

Leonfelden, ein stattlicher, mit Mauern, Gräben und Basteien
eingefriedeter, privilegirter Markt, der, obwohl a. 1421
von den Hussiten zerstört, a. 1435 wieder als Markt genannt
wurde. Die Pfarre, ursprünglich Filiale von Gramastetten,
wurde a. 1292 von der Mutterkirche abgetrennt, und blieb
seither dem Stifte Wilhering einverleibt; die altdeutsche
Pfarrkirche ist dem heiligen Bartholomäus geweiht; die
vormalige Spitalkirche zum heiligen Joseph wurde a. 1787
gesperrt. Unferne des Marktes die Spuren des einstigen,
landesfürstlichen Landgutes oder Schlosses, worauf Lehens-
träger von Leonfelden sassen.

*U. B. II. 273, 464, 381.
Pritz, Gesch. d. Landes ob der Ens, I. 381. A. 4. Kirchl. Topographie des Deh. S. Johann v. R. 214.*

1212 (V), 1264. **Zwetila, Zwetlik, Zwetelieh,**

der Marktflecken: Zwetel, Zwettel, im Thale der grösseren
Rotel; hier baute a. 1264 Ulrich von Lobenstein,

*Stülz, Gesch. v. Wilhering. 407.
U. B. II. 335.*

unweit seiner Burg, im Umfange der Pfarre Gramastetten die Kirche zur heiligen Maria, und dotirte sie, woraus dann die heute noch zum Stifte Wilhering gehörige Pfarre (wahrscheinlich seit a. 1625) entstand. A. 1513 wurde der Ort neuerdings zum Markte erhoben.

Pritz, Gesch. d. Landes ob der Ens, I. 281.

1156. **Helwigsoede,** *villa;*

Helmonsöd, auf hoher Ebene zwischen Zwetel und Wildberg, Marktflecken mit der Pfarrkirche zum heiligen Alexius, muthmasslich einem Werke der Stahremberger aus dem dreizehnten Jahrhunderte.

U. B. I. 478.

1130, 1135, 1142, 1163, 1198, 1212. **Wiltperch, Wiltperge, Wiltperg,** *castrum;*

Wildberg, theils Ruine, theils noch bewohntes Schloss im romantischen Haselgraben. Auf der Burg sassen die Hunisberge, die ihre Stammburg auf dem Haunsberge bei Michelbeuern hatten und in männlicher Linie mit Gottschalk von Haunsberg c. a. 1206 ausstarben; a. 1198 kam Wildberg als passauisches Lehen an die Stahremberger; a. 1394 sass K. Wenzel von Böhmen auf dem Schlosse in gefänglicher Haft. Nahe an Wildperg zog sich die a. 1198 erwähnte **Savinstrazze, Saumwech,** der nach Böhmen führende Handelsweg vorüber.

U. B. I. 646.
U. B. II. 384, 460, 535, 723.
Pritz, Gesch. des Landes ob der Ens, I. 371.

1198.

U. B. II. 461, 535.

In freundlicher Anhöhe unweit dem Donauufer, Linz gegenüber, das Schloss:

1215 (?) **Hagen.**

U. B. I. 264.

1110. **Haselpach, Hasllbach, Haselbach,** *in Rietmarchia, capella exemta, cum dote sua in Niederwinchel, etiam rivus;*

heute **St. Magdalena am Haselbach** bei Linz; ursprünglich Filiale von Taverheim, wurde sie von derselben getrennt, und a. 1110 vom Markgrafen Ottokar von Steyer dem Kloster Garsten übergeben.

U. B. II. 123, 129, 346.
U. B. I. 172, 174, 130.

985. **Chazapach,** *locus decimarum;*

Katsbach, Ortschaft in der Pfarre St. Magdalena, nahe am Ausflusse des Katzbaches in die Donau, einst mit den Zehenten nach Linz gehörig.

U. B. I. 472.

Anno vel circa eundem.		Quellen-Citat.

Hart am linken Donauufer:

885, 1111. **Tauersheim, Taberesheim, Tabrisheim, Tabershem,** *muta. ecclesia et parochia;* Taversheim, Tafersheim, die ursprüngliche Pfarrkirche von Steyereck, heute nur noch dahin gehöriges Spital [1]).

U. B. II. 27, 140. 141, 144. Notizenblatt der k. Akademie der Wissenschaften. Wien 1856. Nr. 16, 413.

1150, 1241. **Steyreke, Steyreheke, Steyrheeke, Steierekke,** *castrum;* Steyregg, Städtchen und herrschaftliches Schloss, nahe an der Donau; ursprünglich passauisches Eigenthum kam letzteres als Lehen an die von Hagenau, von Wildon, an die Chuenringe, a. 1280 an die Capell, a. 1409 an die Lichtenstein, a. 1569 an die Jörger; a. 1770 wurde das stattliche Schloss durch Brand stark beschädiget. Das am Fusse des Schlosshügels gelegene Dorf erhielt a. 1282 alle Freiheiten wie Ens; a. 1612 wurde der Markt zur Stadt erhoben, und mit Mauern umfangen; ausserhalb der Stadt die Pfarrkirche zum heiligen Stephan, die St. Georgen an der Gusen zur Tochterkirche hatte, und die a. 1374 dem Kloster Pulgarn übergeben wurde.

U. B. I. 480. Pritz, Gesch. d. Landes ob der Ens, I. 352. Urkunde vom 10. Febr. 1241 im Museum. Mon. boic. XXIX. II. 214.

1111, 1122. **Pulgarin, Pulgarn,** *locus decimarum. Hospitale et monasterium;* Pulgarn, Schloss und Herrschaft, eine halbe Stunde östlich von Steyreck, nahe an der Donau, am Reichen-Bach. Ulrich von Chapellen, Herr auf Steyreck, nach ihm seine Gemalin, und sein Sohn Johann stifteten zu Pulgarn ein Hospital für Pilger und Kranke, und übergaben selbes dem Meister des heiligen Geist-Ordens in Wien, der auch Priester und Nonnen dieses Ordens hieher setzte; sie mehrten auch das anfängliche Einkommen bedeutend, und gaben die Pfarren Steyregg mit St. Georgen, und Pabneukirchen dahin; in der Reformationszeit verfiel diese Stiftung, und kam dann an die Jesuiten in Linz; dermals im Besitze des Stiftes St. Florian; die Kirche ist der heiligen Maria geweiht.

U. B. II. 141, 144, 153. Stäln, Gesch. v. Pulgarn in den Beiträgen zur österreichischen Landeskunde, V. 60 u. s. f.

1111, 1113, 1207. **Lusinberch, Luffenberch, Lufftenberg,** *locus decimarum;* Luftenberg, auf der Höhe des gleichnamigen Berges, unweit Pulgarn; schon a. 1220 stand das Schloss, welches damals

U. B. II. 141, 144, 147, 153, 569, 618.

[1]) Einige halten St. Peter in der Zizlau für die Kirche von Taversheim.

die Luftenberger besassen, später die Schallenberger: heute gräflich von Weissenwolfische Mayerei und Bräuhaus, das Schloss selbst in Ruinen.

1288.

St. Georgii juxta Gusin fluvium,

St. Georgen an der Gusen, kommt a. 1288 an die Herrschaft Steyreck; a. 1611 der Ort zum Markte erhoben; St. Georgen als Filiale von Steyreck wurde von den Chorherren des heiligen Geist-Ordens zu Pulgarn, dann von den Jesuiten versehen.

Hoheneck Gen. III. 67.
Pritz, Gesch. d. Landes ob der Ens, I. 382.

1125, 1150, 1220.

Am östlichen Fusse des Luftenberges, eine Viertel Stunde unterhalb St. Georgen mündet in die Donau: die **Gvvsin, Gusin, Gusen, Gösine,** *fluvius, rivus*; sie entspringt oberhalb Hirschbach im Hirschgraben, nimmt bei Weitersdorf die **Visuls, Visinissa,** *fluviolus*. und oberhalb Kalstorf den **Graspach,** *fluvius dictus, qui inchoatur in Richerawe,* (heutzutage die grosse Gusen genannt) auf.

U. B. II. 165, 682.
U. B. I. 477, 481.

1170, 1171, 1234.

Auf einem Berge östlich von der Gusen: **Franchenberge, Franchenberch,** *praedium in Rietmarchia, ecclesia*; Frankenberg mit den Ruinen der, durch Brand a. 1636 zerstörten, a. 1234 urkundlich genannten Kirche.

U. B. I. 174.
U. B. II. 346.

1189, 1208, 1220.

Muthusen, Mavthavsen, *muta, forum*; Mauthausen, ein alter landesfürstlicher Markt, gegenüber der Ens-Ausmündung, hart am Donauufer, aus der Zeit der Kreuzzüge unter K. Friedrich I. a. 1189 wegen der erlittenen Verwüstung durch die Kreuzfahrer, weil von ihnen der gewöhnliche Fahrzoll gefordert werden wollte, bekannt; hatte ehedem ein eigenes Stapelrecht und verschiedene Handelsbegünstigungen; auf der Anhöhe die Kirche zum heiligen Nicolaus, einst Filiale von Ried, seit a. 1420 Pfarrkirche und zum Stifte St. Florian gehörig, neben derselben die gesperrte Barbara-Capelle, und am Stromufer die Heinrichs-Capelle. Auf einem niederen Felsen des Stromes steht das thurmartige, zur Herrschaft Schwertberg gehörige Schlösschen **Pragstein.** Mauthausen war bis in die neue Zeit die

U. B. II. 515.
U. B. I. 482.
Pritz, Gesch. d. Landes ob der Ens, I. 272.

Anno vel circa annum.		Quellen-Citat.
	Salzniederlage für Böhmen. Statt der früheren Jochbrücke dient jetzt eine fliegende Brücke für den beiderseitigen Ufer-Verkehr.	
900.	Unferne davon, d. i. ebenfalls am linken Donauufer fand a. 900 ein Kampf zwischen den Ungarn und den Deutschen unter der Führung des tapferen Markgrafen Luitpold statt, in welchem die Ersteren eine Niederlage, doch ohne entscheidenden Folgen erlitten hatten; hierauf wurde die Ensburg erbaut.	Pritz, Gesch. d. Landes ob der Ens, I. 241.
1145, 1200, 1209, 1224.	**Marbach**, *ecclesia, praedium. castrum in Riedmarchia;* das jetzt dem Stifte St. Florian gehörige Schloss **Marbach** mit der Capelle zum heiligen Schutzengel, einst Edelsitz der von Marbach.	U. B. I. 164, 383. U. B. II. 476, 512, 517, 519, 487, 650.
823, 1111, 1113, 1122, 1125, 1218.	**Reoda, Reode** (*in terra Hunnorum*), **Rieda, Riede, Ried,** *ecclesia et parochia;* die uralte Pfarre **Ried** mit der Kirche zum heiligen Remigius, mit den Filialen Katstorf und Mauthausen; Ried wird a. 823 der Kirche Passau übergeben, a. 1122 ausdrücklich Pfarre genannt, die im Wege des Tausches für Münzbach an das Stift St. Florian kam; unweit der Pfarrkirche stand das *Custrum Ried.* Die zu Marwach, Mauerbach, gestandene, zum Kloster Baumgartenberg gehörige Kirche zn den heiligen Simon und Juda ist verfallen.	U. B. II. 8, 10, 141, 144, 147, 153, 158, 165, 593.
1125, 1170, 1208.	**Cirtnaren, Cirthnarn, Cirtanaran, Hirtlna,** *praedium in Riedmarchia;* die in der Pfarre Ried gelegenen Ortschaften: **Ober-** und **Nieder-Zirklng;** die im letzteren Orte befindliche Kirche ist der heiligen Maria geweiht.	U. B. II. 162, 343, 514. Stdln, St. Florian, 233, 234.
1125, 1143, 1170.	**Agast, Agaste, Agest, Agiat, Agate, Aist,** Alt-Aist, ein nur in wenigen Ueberresten erkennbares Schloss auf einem kegelförmigen Berge an der Strasse von Mauthausen nach Wartberg, und Stammsitz der angesehenen Edlen von Aist; wahrscheinlichst war der berühmte Minnesänger Dietmar von Aist ein Dynaste dieser Familie.	U.B. I. 472, 478. U. B. II. 168, 210, 343.
1135. (?), 1191, 1285.	**Hus, Husen,** das herrschaftliche Schloss **Haus,** in hoher freier Lage, an der Strasse nach Freistadt, einst der Edelsitz der von Haus.	U. B. I. 191. U.B. II. 428, 723. Orig. v. Waldhausen.

Anno vel circa annum.		Quellen-Cital.

Eine Viertel Stunde weiter nördlich:

1111, 1113, 1122, 1125, 1206.

**Wartberch, Wartperch, Wartpere, Wart-
perhe, Wartberge,** *ecclesia et parochia;*
Wartberg, auf dem gleichnamigen Berge, über dem rechten
Aist-Ufer hoch und frei gelegen, weithin sichtbar, mit
herrlicher Fernsicht, eine uralte Pfarre zur heiligen Maria,
die a. 1111 dem Stifte St. Florian übergeben wurde, und
die ehemals Pregarten und Hagenberg zu Filialen hatte;
die durch die Hussiten zerstörte Kirche wurde a. 1508
wieder eingeweiht; die neben der Pfarrkirche befindliche
Michaels-Capelle mit dem Beinhause, und die unweit ent-
legene St. Wenceslaus-Kirche (a. 1208 urkundlich genannt)
sind gesperrt.

U. B. II. 141,
144, 147, 154,
164, 514.

U. B. II. 514.

1206.

Wartberg gegenüber in freundlicher Anhöhe über dem
linken Aist-Ufer:

1240.

Pregarten, *forum;*
Pregarten, Prägarten, ein hübscher Marktflecken, im Mittelalter
Mautstation der Bürger von Freistadt und Gerichtsstätte der
Landrichter der Riedmark; wurde, wie Wartberg, von den
Hussiten zerstört; die Kirche zur heiligen Anna seit 1785
Pfarrgotteshaus.

Rauch scriptor.
II. 31.
Pritz, Gesch. d.
Landes ob der
Ens. I. 381.
J. Stradt, Herr-
schaft Windeck
u. Schwertberg.
14.

Eine Stunde nordöstlich von Pregarten, in der Tiefe
zwischen hohen Bergen, an der Wald-Aist:

1230, 1240, 1277.

Riehenstein, Reichenstein,
Reichenstein, ein theilweise verfallenes Schloss, Stammsitz der
Reichensteiner, später im Besitze der Capellen, Lichtensteine, Haym; die Schlosscapelle ist der heiligen Maria
geweiht.

Pritz, Gesch. d.
Landes ob der
Ens. I. 381.
Hoheneck Gen.
III. 575.
U. B. II. 634.

1139 (?), 1240.

Hagenberg, Haginperge, Haginperch,
Hagenberg, herrschaftliches Schloss in freier Höhe, eine halbe
Stunde nördlich von Wartberg; die Schlosscapelle zum
heiligen Joseph seit a. 1785 Pfarrkirche.

U. B. II. 186,
338, 402.

1188, 1212, 1277.

Potendorf, unweit Katstorf, abgetragenes Schloss, einst
der Sitz der Potendorfer, später im Besitze der Capellen.

U. B. II. 493,
553.
Hoheneck Gen.
III. 65.

In dem freundlichen und fruchtbaren Thale an der Gusen:

1125, 1179, 1182, 1230.

**Chazelinesdorf, Chazilinistorf, Chezelines-
dorf,** *villa, ecclesia;*

U. B. II. 164,
362, 375, 682.

Katsdorf, eine zum Stifte St. Florian gehörige Pfarre zum heiligen Vitus, die a. 1116 geweiht der Edle Heriman von Chasilinestorf a. 1125 dem besagten Stifte übergeben hatte.

Weiter aufwärts im Gusen-Thale, an der Strasse von Linz nach Freistadt:

1125, 1150,
1180, 1272.

Novenkirchen, Niunchirchen, Neunchirchen, St. Galli nova ecclesia, Galnewkirchen, *parochia, forum in Riedmarchia, locus placiti;* Gallneukirchen, ein alter passauischer Bannmarkt und Mallstätte, auch alte Pfarre zum heiligen Gallus, mit den Filialen Altenberg, und St. Aegidius zu Hohenstein; die im Friedhofe (in cimiterio) befindliche Capelle zur Ehre der seligsten Maria und des heiligen Sebastian gesperrt und profanirt.

U. B. n. 163.
U. B. I. 180.
478.
Mon. boic.
XXVIII. II. 396.
471.

1256, 1280.

Riedekke, Riedegg, *castrum;*
Riedeck, Schloss auf einem Felsenhügel über der Gusen; war als ein passauisches Lehen c. a. 1280 an die Chuenringer, dann an die Schauenberger verpfändet, a. 1382 wieder eingelöset worden; a. 1411 wurde diese Veste sammt Gallneukirchen an die Stahremberger verkauft, die sie annoch besitzen; die Capelle zum heiligen Kreuze, das Waffencabinet, die Bibliothek und das Archiv machen dieses bereits verfallende Schloss merkwürdig.

Pritz, Gesch. d.
Landes ob der
Ens. I. 352.
J. Strudt, Landgericht Valdon.
224.

Oestlich davon:

1200, 1220.

Weltensdorf, Wertensdorf,
Weltersdorf, zur Pfarre Gallneukirchen gehörige Ortschaft, ehemals passauisches Eigenthum und Schlösschen.

U. B. I. 477,
481.

In hochgelegener Gegend zwischen der Gusen und der Feld-Aist, an der Linzer—Freistädter-Strasse:

1171.

Novum forum in Rietmarchia,
der kleine Marktflecken Neumarkt; die Vicariatskirche zum heiligen Jakob war ehedem Mutterkirche von Freistadt, St. Peter, Hirschbach und Schenkenfelden; nordwestlich die Spuren des einstigen Schlosses Kronast.

U. B. I. 130.

Anno vel circa annum		Quellen-Citat.

Nahe am Ursprunge des Gras-Baches, der heutigen Gusen:

1152, 1200, 1230.   **Richerawe, Richenowe,**
Reichenau, Markt und Pfarre zum heiligen Johannes dem Täufer; a. 1313 kaufte W. Marschalch vom Hochstifte Passau den Getreidekasten oder die Veste „am Berg", wo jetzt das Schloss Reichenau steht; die Marschalchen hatten dieses bis a. 1550 inne; hierauf kam es an die Stahremberger.

Quellen: U.B. I. 481. U. B. II. 518. Pillweins Mühlkreis, 19.

1150.   **Ottinslage,** *villa;*
Ottenschlag, Ortschaft nordöstlich von Reichenau.

U. B. I. 478.

In einem tiefen Thale an der Gusen:

1150.   **Hirspach, Hirzpach,**
Hirschbach, zu Freistadt zuständiges Pfarrvicariat zur heiligen Maria, bereits a. 1374 Pfarre genannt.

U. B. I. 478.

1230.   **Waltpurch,**
Waldburg, Pfarre zur heiligen Magdalena, die einst Reichenthal zur Tochterkirche hatte, und in deren Umfange das Schloss Walldenvells (Waldenfels) gelegen war.

U. B. I. 481.

1264.   **Sumerowe,** Sommerau, } in der Pfarre Rainbach gelegene
Kirspaum, Kerschbaum, } Ortschaften.

A. 1308 wird Grünbach bereits als Pfarre genannt, zu welcher Windhag mit der Kirche des heiligen Stephan, und die schöne altdeutsche Kirche zum heiligen Michael zu Rauheněd als Filiale gehörten; Rainpach selbst wird erst a. 1355 erwähnt [1]).

Pillweins Mühlkreis. 27.

[1]) Ausser den obengenannten Ortschaften werden noch folgende, als in der Riedmarch liegend, urkundlich angeführt: Niederwinkel, (a. 1110, 1171); Chalm (1171); Vulkmannesdorf, Wikmannsdorf; Cholzdorf, Kelzendorf; Spedendorf, Spattendorf; Wltrach, Weitrag; Aich (1171); in den Pfarren Altenberg und Gallneukirchen: Stelnbach, Gloogendorf, Klendorf; Wolfarn, Wolfing; Wldehe, Wim; Pach; Thal, Ober- und Niederthal (1125); zwischen Gallneukirchen und Katstorf: Engilpoldistorf, Engerwitsdorf, (1230); Cothelsdorf, Zettstorf bei Katstorf (1171); Vislnissa, *praedium*, Viesnitz in der Pfarre Wartberg (a. 1125); Lonewis Lungitz, (1208); in der Pfarre Ried: Achwinden, Abwinden, Abwinden in der Pfarre St. Georgen (a. 1208); Reifendorf bei Mauthausen (a. 1220).

U. B. II. 123, 345. 165. 883. 346, 164. 514. 482.

In einem Thalkessel an der Feld-Aist:

Frienstatt, Freienstat, Vreinstat, Libera civitas, *oppidum;*

Freistadt entstand zu Anfang des dreizehnten Jahrhunderts an der damals belebten Handelsstrasse von Oesterreich nach Böhmen; in den Besitz der österreichischen Landesfürsten gekommen, wurde es bald mit verschiedenen Stadtprivilegien und Freiheiten ausgestattet, (a. 1277 Stapelrecht, Schank- und Salzzwang) und gelangte als Handelsstadt zu einem blühenden Wohlstande; als Gränzort gegen Böhmen ward es mit Mauern und Thürmen befestiget, a. 1400 die Befestigungen noch vermehrt. Doch wiederholte Brandunglücke (1507, 1560 etc.), dann die Belagerung durch die aufständischen Bauern a. 1626 haben den Wohlstand der Stadt erschüttert. Heutigen Tages zeigt sich Freistadt als eine freundliche, regulär angelegte Stadt, mit einem schönen Marktplatze, woraus leider! die commerzielle, wie die gewerbliche Regsamkeit entschwunden ist. Das alterthümliche Schloss ist dermals Stadtkaserne. Die Stadtkirche zur heiligen C a t h a r i n a soll zuerst a. 1288 als Capelle geweiht worden sein; in ihrer gegenwärtigen Gestalt wurde sie a. 1501 gebaut, und a. 1508 geweiht; vorher Filiale von Neumarkt wurde sie seit 1450—1460 Haupt- und Mutterkirche. Das Bürger-Spital zum heiligen J o h a n n e s wurde c. a. 1350 gegründet. Ausserhalb des Stadtthores im Friedhofe die im altdeutschen Style gebaute Frauencapelle mit interessanten Grabdenkmälern; westwärts von der Stadt auf dem Berge die Kirche zum heiligen P e t r u s, a. 1354 und 1371 Pfarre genannt, und daneben die Capelle zu Ehren aller Heiligen (a. 1450); die heiligen Geist-Capelle in der Stadt, und die Schlosscapelle sind profanirt.

U. B. I. 195.
Pritz, Geech. d.
Landes ob der
Ens, I. 306.
Pillweins Mühl-
kreis. 22, 24.

Südlich von Freistadt münden in die Feld-Aist:

a) die **Jowernizze, Jowerniz,** *fluvius, aqua;* Jaunitz-Bach;

b) die **Viustriza,** *rivus;* Feistris-Bach;

c) die **Vlemliz, Vloenz, Flenliz,** *fluvius;* Planitz-Bach bei Käfermarkt.

Anno vel circa annum.		Quellen-Citat.

1150.

An der Feistriz:

St. Oswaldi, *ecclesia;*

St. Oswald, Marktflecken, und seit a. 1697 dem Stifte St. Florian gehörige Pfarre, vorher Filiale von Lasberg.

U. B. I. 478.

1170.

Unweit davon:

Wartperch, Schloss und Stammhaus der Wartberger, die a. 1400 ausstarben.

U. B. II. 343.

1125, 1170, 1171, 1210, P. 1222.

Lozperg, Lozbere, Lozberch, Lozsperg *ecclesia, parochia, curia;*

Lasberg, kleiner Marktflecken, und alte Pfarre zum heiligen Vitus, die a. 1125 von dem Edlen Adalbero von Griesbach dem Stifte St. Florian übergeben wurde; wie St. Oswald war auch die Kirche des heiligen Wolfgang zu Käfermarkt bis a. 1480 Filiale von Lasberg; der Edle Christoph von Zelking auf Weinberg mochte der Erbauer der schönen Kirche, und zuverlässig der Stifter des prachtvollen Altares in derselben gewesen sein. In den Urkunden werden Eigene v. Lozberch aufgeführt. Unweit davon die Reste der einstigen Burg Dornach.

U. B. I. 130.

U. B. II. 104, 343, 346, 479, 636.

1122, P. 1162.

Zwischen der Feld- und Wald-Aist:

Gutowe, *ecclesia et parochia;*

Gutau, kleiner Markt und Pfarre zum heiligen Aegidius, die a. 1122 dem Stifte St. Florian übergeben, aber a. 1734 gegen die Pfarre St. Gotthart vertauscht worden war.

U. B. II. 153, 318.

1150.

St. Leonardi, *ecclesia;*

St. Leonhart, kleiner Marktflecken, in hoher, bergiger Gegend am Saume des Nordwaldes, (a. 1327 Sand Lienhart in dem Vorst); a. 1281 wird der Ort an Ulrich von Capellen verliehen; a. 1342 wird die Pfarre, ursprünglich Filiale von Gutau, durch Johann von Capellen gestiftet, und dem Stifte St. Florian übergeben.

U. B. I. 478, 480. Pillweins Mühl-kreis. 353. Hoheneck, III. 72, 76.

1287, 1298, 1300.

Prandekk, Prandeck, Prandegg, *castrum;*

Prandeck, Schloss und Wohnsitz der Prandner, die ihn a. 1300 als regensburgisches Lehen an die Capellen verkauften, heute eine grossartige Ruine über dem linken Ufer der Wald-Aist.

Hoheneck, Gen. III. 681, II. 232, I. 68.

Anno vel circa annum.		Quellen-Cital.
1230, 1240.	**Zell, Cell,** *forum in Muchland;* Zell, Markt und Pfarre zum heiligen Johannes den Täufer; einst hochstiftisch-Regensburgisches Eigenthum [1]). Drei Viertel Stunden östlich das Schloss: **Zellhof.**	Pritz, Gesch. d. Landes ob der Ens, I. 381. A. Rauch, ret. Austr. II. 40, 51, 57.
1240.	**Schönawe, Schonowe,** *forum;* Schönau, Pfarrdorf mit der Kirche zum heiligen Jakob dem Grösseren, in einem tiefen Thale an der Naren.	A. Rauch, ret. Austr. II. 41.
	Am Ketten-Bache:	
1230, 1240. P. 1297.	**Tragau, Tragaeun,** *forum in termino Riedmarchiae;* Tragein, Marktflecken und Pfarre mit dem zu Ehren der heiligen Apostelfürsten geweihten Gotteshause, welche ehevor Allerheiligen als Filiale hatte, seit n. 1297 als Pfarre genannt.	A. Rauch, ret. Austr. II. 41. Hoheneck, Gen. III. 66, I. 83. J. Strnadt, Windeck, 17.
	Eine Stunde westlich von Tragein ist die Vereinigung der beiden Flüsschen:	
1150.	*a)* der bei St. Michael in der Rauhenöd sich erhebenden **Feld-Alst, Veltagst,** und der aus dem Zusammenflusse der schwarzen und weissen Alst sich bildenden	U. B. I. 478, 480.
853, 985, 1125, 1142.	*b)* Wald-Alst, **Waltagst;** vereiniget fliesst nun die **Aist, Agist, Aggist, Agast, Agasta, Ageste,** *rivus, fluviolus, fluvius,* in einem südwärts gerichteten Laufe der Donau zu, in welche sie unterhalb Mauthausen ausmündet.	U. B. I. 472. U. B. II. 17, 164.
1208, 1212. 1287.	**Windeke, Windekk,** *castrum;* Windeck, Windegg, Schlossruine auf steilem Felsen über dem Aisthofer-Bache, einstiger Sitz der Windecker, dann im Besitze der Chuenringer und Wallseer.	U. B. II. 513, 556. J. Strnadt, Herrschaft Windeck u. Schwertberg. 4.
1287, 1290.	**Schwertperg, Swertperg,** *forum in termino Ried-marchiae;* Schwertberg, Markt und herrschaftliches Schloss am linken Aistufer, n. 1300 im Besitze der Capellen; die Kirche zu den heiligen Aposteln Philipp und Jakob, chevor Filiale von Narn, wurde n. 1357 durch Eberhard I. von Capellen	Archiv von St. Florian. J. Strnadt, Herrschaft Windeck u. Schwertberg. 13, 17.
1297.	zur Pfarrkirche gestiftet. In der Nähe: **Pöniken, Poneggen.**	
853.	[1]) A. 853 wird der zwischen der Alst und der Narn gelegene Landstrich durch den Grafen Wilhelm dem Kloster St. Emmeram zu Regensburg übergeben.	U. B. II. 16.

Anno vel circa annum.		Quellen-Citat.

1277.

Agathoven, *curia in Riedmarchia;*
Alsthofen in der Pfarre Schwertberg.

J. Strnadt, Windeck, 17.

1115. 1140,
1142, 1150,
1160, 1165,
1171, 1180,
1202, 1224,
1230.

Riedmarchia, Ridmarchia, Riedmarcha, Riethmarchia, Rietmarcha, Rietmarche, Rietmarchie, Ritmarch (*silva a Jowernitz usque ad Agist*) [1]);

die Riedmark; kaum lassen sich die Gränzen derselben genau bestimmen, sondern beiläufig aus dem Verzeichnisse jener Orte, die ausdrücklich, als in der „Riedmarch" befindlich, aufgeführt werden.

Nach dem Rationarium Austriae von A. Rauch II. Th. kommen als in der Riedmark gelegene Orte folgende vor: Gutau, St. Leonhard, Zell, Lasberg, Tragein, Reichenstein, Pregarten, Hagenberg, Wartberg, Katstorf, Ried; sonach hätte sich dieser Bezirk vom Haselgraben bis an die Wald-Aist, von der Donau bis zur Gränze Böhmens erstreckt; im engeren Sinne jedoch dürfte die Riedmark nur den um Riedeck und Gallneukirchen gelegenen Bezirk, und der unheute noch im Munde des Volkes „die March, Riedmarch" genannt wird, in sich begriffen haben, desshalb kaum eine Ausdehnung bis zur Gränze Böhmens anzunehmen sein.

A. 1050 treten die Herren von Machland in der Geschichte auf; so reich begütert diese gewesen sein mochten, so darf man sich unter ihren Besitzungen kein zusammenhängendes Gebiet, das wohl gar den Namen einer Grafschaft geführt hätte, denken, sondern deren Besitzungen lagen vielfach zerstreut. So viel darf angenommen werden, dass das:

1050, 1075,
1125, 1141,
1150, 1145,
1178.

Machland, Machlant, Mahhlant, Makelant, Maclant, Mahlant [2]) die Gegend vom Haselgraben bis zur Isper hinab in sich begriffen habe, und die Riedmarch den westlichen Theil desselben bildete [3]). Der untere Mühlkreis erhielt die Benennung: Machland-Viertel.

In flacher Gegend an der Donau:

923, 983, 1142,
1149, 1213.

Nardinum, *locus in terra Hunnorum.* **Nardina, Naerdaen, Naerden, Nerden, Nern, Narn,** *ecclesia et parochia;*

U. B. L. 132, 130, 172, 180, 477, 313.

U. B. II. 149, 203, 204, 210, 348, 448, 648, 630, 684.

J. Strnadt, Gesch. der Herrschaft Windeck und Schwertberg, 13.
Mon. boic. XXVIII. II. 18⁰, 471.
XXIX. II. 210.

U. B. I. 164, 740.
U. B. II. 113, 164, 214, 248, 252, 258, 354.

U. B. I. 472.
U. B. II. 8, 10, 198, 248, 566.
J. Strnadt, Gesch. der Herrschaft Windeck und Schwertberg. 3.

[1]) Ausgerodete Waldflur.
[2]) Verwandtes, auch wasserreiches Land.
[3]) J. Strnadt in seiner Geschichte der Herrschaft Windeck und Schwertberg, p. 13, gränzt das Machland von der Riedmarch scharf ab; über beide Gebiete walteten eigene Landrichter.

Nara, Naarn, Dorf und sehr alte Pfarre zum heiligen Michael, die im eilften und zwölften Jahrhunderte Schönau, Zell, Tragein, Allerheiligen, Münzbach, Pergkirchen, Arbing, Mitterkirchen, Perg und Schwertberg zu Filialen hatte; a. 823 wird der Ort vom K. Ludwig an die Kirche Passau zurückgegeben.

Unweit davon:

Harde, *locus cum praediis, curtis;*
Hart, auch Hartenstein genannt, Schlösschen der Harter. Der Markt Au an der Donau war a. 1209, 1267, 1312 der Edelsitz der Herren von Au, Awe.

U. B. II. 314, 316, 319, 453. Hohenech, Gen III. 31.

1195, 1208, 1209.
1209, 1267.

Lawarin, Lawarn,
Maria-Lab, in der Pfarre Narn gelegene Ortschaft mit der Kirche zum heiligen Matthäus; vielleicht auch das in der Pfarre Mitterkirchen befindliche Labing.

U. B. II. 193, 316.

1141, 1209.

Auf einer Anhöhe:

Arbingen, Erbingen, Erbinge, *praedium, ecclesia cum cymiterio;*
Arbing, einst Sitz der Arbinger, jetzt Schloss, und Pfarre zum heiligen Johannes den Täufer, bis a. 1787 dem Stifte Waldhausen gehörig.

U. B. II. 180, 222. Kurz, IV. 420.

1137, 1146.

Perchirchen, Pergenkirchen, Perinkyrchen, *ecclesia et parochia;*
Pergkirchen, Pfarre mit der Kirche zum heiligen Martin, die von den Herren von Perge zwischen a. 1065—1090 erbaut und vom B. Altmann geweiht, a. 1142 abermals geweiht zum Stifte Mölk gestiftet worden war; a. 1227 ausdrücklich Pfarre genannt, a. 1627 dem Kloster Baumgartenberg einverleibt.

U. B. II. 196, 666. Pritz, Gesch. d. Landes ob der Ens. I. 370.

1060, 1142, 1227, 1239.

Mitterberch,
Mitterberg, Mitterwerk, einst Schloss und Sitz der Herren von Mitterberch, später im Besitze der Capellen. In der Topographia Windhagiana pag. 39 heisst es: „*Mitterberg, olim sedes comitum de Machlant*".

U. B. II. 314, 667. Pillweiss Mühlkreis, 322.

1208, 1227.

Am rechten Ufer des Narn-Flüsschens:

1269.

Perge, Berga, *forum;*

Perg, ein durch die österreichischen Regenten mit verschiedenen Privilegien ausgestatteter alter Markt, heute durch seine Mühlsteinbrüche berühmt. Die Pfarrkirche zum heiligen Jakob M. war bis a. 1542 eine Tochterkirche von Narn. Vielleicht, dass die angesehenen hochedlen Herren von Perge, die von a. 1050 bis 1215 blühten, rückwärts des Marktes ihr Schloss gehabt haben!

Pillweins Mühlkreis. 27.
Pritz, Gesch. d.
Landes ob der
Ens, I. 370.
U. B. II. 86, 571.
Stälz, Abhandl.
im österr. Geschichtsforscher
v. Chmel II und
Archiv f. Kunde
österr. Quellen.

In hoher Lage, mit weiter Fernsicht:

1111, 1113, 1122, 1147, 1150, 1209.

Munichspach, Munichlspach, Munichispahe, Munispach, Munchesbach, Munspach,
ecclesia, parochia cum decima, forum;

Münzbach, ein alter Markt und Pfarre zum heiligen Laurenz; a. 1111 wird die Kirche Münzbach dem Stifte St. Florian übergeben; a. 1113 bereits Pfarre genannt wird sie a. 1122 an Passau für die Pfarre Ried vertauscht; a. 1147 dem neugestifteten Kloster Waldhausen mit allen Rechten übergeben und a. 1330 einverleibt. Als a. 1602 der Graf von Windhag dahier ein Kloster für Dominikaner-Mönche gestiftet hatte, wurde die Pfarre Münzbach a. 1681 diesem Kloster einverleibt; a. 1784 geschah die Aufhebung des Dominikaner-Klosters.

U. B. II. 141,
143, 134, 150,
229, 233.

U. B. I. 479.

Eine Stunde nordwestlich:

1300.

Winthag, Windhag,

Windhag, Schloss der Herren von **Frey,** das endlich a. 1642 glanzvoll umgebaut, bald aber wieder (c. a. 1675—1680) in ein Kloster für **Dominikaner-Nonnen** umgestaltet wurde. Nach Aufhebung dieses Klosters a. 1782 wurde die Kirche zur heiligen Magdalena zur Pfarrkirche; seit a. 1351 war es die Kirche zum heiligen Bartholomäus in **Altenburg.**

Pillweins Mühlkreis. 31.

Nördlich davon:

1149, 1170, 1209.

Rechperg, Rechpere,

Rechberg, Pfarrdorf mit der Kirche zum heiligen Nicolaus, bis a. 1656 Filiale von Pierbach. In der Nähe das Burgstall des einstigen Schlosses **Rechberg.**

U. B. II. 243,
343, 517.

1090. **Pirichbach,**
Pierbach, Pfarrdorf mit alter Kirche zum heiligen Quirinus, im Thale an der grossen Naren.

Nordwärts davon auf einem kegelförmigen Felsenberge:

1160, 1209. **Rotenstei e, Rotinstein, Rotenstein, Ruten-stayn,** *castrum;*
Rutenstein; das ehemals feste Schloss war ein Eigenthum der Lichtensteine, kam dann von den österreichischen Landesfürsten an die Capellen; heutigen Tages eine gross-artige Ruine.

In hoher Lage mit prachtvoller Fernsicht, stand auf einem gewaltigen Felsblocke das

1150, 1190, 1209. *Castrum:* **Blasenstaine, Plasenstein , Plasen-stein,**
auf welchem eigene Edlinge von Plasenstein sassen; neben dem Schlosse die Kirche zum heiligen Thomas, Filiale von Münzbach, die a. 1147 dem Kloster Waldhausen über-geben wurde; das Schloss wurde zum Pfarrhause umge-staltet; neben der Pfarrkirche stand die Capelle zum heiligen Jakob.

1410. Südlich von St. Thomas am Blasenstein finden sich die Mauertrümmer des einstigen Schlosses: **Saxeneck.**

Südwärts davon, ebenfalls noch hochgelegen:

1147, 1215. **Creucen, Chrutzen, Chrvcin,** *ecclesia;*
Kreuzen, kleiner Marktflecken mit der Pfarrkirche zum heiligen Vitus, die a. 1147 dem Stifte Waldhausen übergeben, und a. 1215 ausdrücklich als Pfarre Chrencen genannt wurde.

1125, 1209. Unweit vom Markte auf einem Berge über dem Kegel-Bache das Schloss Kreuzen, *Castrum Crucen,* auf welchem im zwölften Jahrhunderte Edle von Crucen (*de cruce*) sassen; a. 1334 im Besitze der Volkenstorfe; nachmals erhielt das Schloss und die Herrschaft den Namen: „Grafschaft Kreuzen"; a. 1784 wurde das obere Schloss abgebrochen.

Ueber dem durch eine Waldschlucht sich durchwindenden Klam-Bach. auf steiler Höhe steht:

1128, 1141, 1188, 1209. **Klamme, Clamma, Chlamme,** *castrum;*
Klamm, Klam, herrschaftliches Schloss und eine der schönsten und interessantesten Burgen des Landes, einst der Sitz der

Anno
vel circa austra.

Quellen-Cital.

Herren, nachmals Grafen von Klamm, der Vögte des
Klosters Baumgartenberg; in der Burg die Capelle zum
heiligen Kreuze; am Fusse des Schlossberges der alte
Markt Klam, der durch die Hussiten verwüstet wurde, mit
der Pfarrkirche (seit 1786) zur Kreuzerfindung.

In lieblicher, fruchtbarer Ebene, nahe an der Donau:

**Pawngartenperge, Pomgartenberge, Bon-
gartenberge, Pongartinberch, Poum-
gartenperge, Mons pomarii,** *castrum, dein
ecclesia, monasterium, coenobium, abbatia Cystero.
Ordinis;*

Baumgartenberg; a. 1141 wandelte der kinderlose Edelherr,
Otto von Machland, seine Burg zu Baumgartenberg
in ein Kloster zu Ehren der seligsten Himmelskönigin Maria,
um, übergab demselben zwei Kirchen (die Kirche des
heiligen Jakob im Schlosse, und die des heiligen Lambert
zu Modminsdorf) und andere Besitzungen und Liegenschaften in der Nähe. Die Mönche wurden aus dem Cister-
cienser-Kloster Heiligenkreuz eingeführt; a. 1149 fanden
der Stifter und seine Gemalin Jeuta in Baumgartenberg
ihre Ruhestätte; a. 1627 wurde die Pfarre Pergkirchen
dem Stifte einverleibt; a. 1784 geschah die Aufhebung
desselben; die Klostergebäude wurden sodann bis u. 1811
zum oberösterreichischen Strafhause verwendet. Ebenso
wurde auch die Kirche zum heiligen Jakob und Ulrich auf
dem Ulrichsberge gesperrt und profanirt.

Modminsdorf, Modminsdorf, *praedium, ecclesia;*
Mettenstorf, Mennstorf, zur Pfarre Baumgartenberg gehörige
Ortschaft; die ehemalige Kirche war ursprünglich dem
heiligen Lambert, später dem heiligen Markus geweiht;
a. 1785 gesperrt und profanirt.

In der Nähe mündet in zwei Armen in die Donau:

Nardina, Nardus, Naerden, *flumen, fluvius;*
das Narn-Flüsschen bildet sich aus dem Zusammenflusse der
grossen und kleinen Narn, welche beide im Königs-
wieser-Walde entspringen, und bei Zellhof sich vereinigen,
in dunkler Thalschlucht bis zum Markte Perg sich durch-
winden, dann durch die Perger-Au dem Strome zufliessen.

1141, 1142, 1147, 1149, 1150, 1209, 1360.

U. B. I. 479, 302.
U. B. II. 192, 207, 228, 232, 247. 316, 319.

1141, 1209.

U.B. II. 193, 316, 319.

853, 985, 1141, 1149, 1209.

U. B. I. 472.
U. B. II. 16, 193, 198, 248, 313.

Anno vel circa annum.		Quellen-Citat.

Nahe an der Donau:

| 1111, 1113, 1122, 1147, 1208, 1230. | **Mittirchirchen, Mittrinchirchin, Mitter-chirchen, Mitternkirchen,** *ecclesia paro-chialis;* | U. B. II. 141, 144, 147, 153, 229, 233, 237, 239. |

Mitterkirchen, Pfarrdorf mit der Kirche zum heiligen Andreas, die a. 1147 als Pfarrkirche dem neugestifteten Kloster Saebnich (Waldhausen) übergeben wurde, und demselben bis a. 1787 einverleibt blieb. Der nahe gelegene Flecken **Mätting** wird a. 1155 als *villa Mittingen* genannt.

| 1155. | | U. B. II. 276. |

| 823, 1111, 1113, 1122, 1147, 1208, 1230. | **Saxina, Saxinum, Sahssinchirchin, Sahsin-chirchen, Saehsinchirchen, Saehsin, Saecksin, Saechsin, Sahsenchirchen,** *ecclesia parochialis, praedium;* | U. B. II. 8, 10, 141, 144, 147, 153, 229, 233, 237, 514, 691. |

Saxen, ein Pfarrdorf unweit des Donaugestades, mit alter-thümlicher Kirche zum heiligen Stephan; a. 823 werden dem passauischen Bischofe *Walderich duae Basilicae in Saxinum* übergeben; der Sage nach soll die ursprüngliche Pfarrkirche mitten in der Donau gestanden sein; a. 1147 wurde Saxen dem Kloster Saebnich als Pfarrkirche über-geben, und blieb bei demselben bis zur Aufhebung.

| 1230. | **Hofchirchen,** *capella;* | U. B. II. 516. |

Hofkirchen, eine zur Pfarre Saxen gehörige Ortschaft; die jetzt gesperrte Kirche zum heiligen Nicolaus wird im fünf-zehnten und sechzehnten Jahrhunderte als Pfarrkirche aufgeführt [1]).

| 1147, 1209, 1215, 1228. | **Grine, Griene,** *ecclesia, praedium;* | U. B. II. 233, 237, 239, 317, 673. |

das neben der Donau, an Bergabhängen hingebaute, niedliche Städtchen Grein.

[1]) In den Urkunden des zwölften und dreizehnten Jahrhunderte erscheinen noch folgende Orte:

| 1142, 1195, 1209. | a. 1142: Tabra. Dobra; a. 1195: Steinbuhel, Steinpühel; Rutprehtes-housen, Ruprechtshofen; a. 1209: Gozzel-tinges, *praedium,* Gassolding: Tunnic, Dolming; Frideholmesdorf, Fröhstorf; Kolbingen, Kolbing; Amlungesbach, Ameabach; Icendorf, Eizendorf; Putcingen, Pietzing; Kuhof, Kühofen; Kirchstege, Kirchstetten; Bretestrum, Prestrum; Staercingen, Starzing; Werde, Wörth; Wagrein, Wagram; a. 1230: Sachssen-dorf, Sachsendorf etc. | U. B. II. 198, 453, 317. |

Die Pfarrkirche zum heiligen Aegidius, wird a. 1147 dem
Kloster Saebnich übergeben; a. 1379, 1398 wird Grein ein
privilegirter Markt genannt; um 1476 von den Böhmen zerstört;
c. a. 1480 die Pfarrkirche mit Festungsmauern umgeben; a. 1491
wird der Markt Grein vom K. Friedrich IV. zur Stadt erhoben.
Auf der Anhöhe erhebt sich das so stattliche Schloss Greinburg,
das a. 1493 erbaut worden war, (nach Hoheneck) aber schon
a. 1284 gestanden habe. Das a. 1623 erbaute Franziskaner-
Kloster wurde a. 1786 aufgehoben, Kirche und Kloster zu ander-
weitigen Zwecken verwendet.

Hoheneck, III.
384.

Eine halbe Stunde unterhalb Grein, die in alter Zeit, wegen
gefahrvoller Schifffahrt, verrufene Scylla und Charybdis der Donau,
Strudel und **Wirbel.**

Neben dem Strudel auf einem gähen Felsen der Werd-
Insel die Reste des **Werd-Schlösschens;** weiter abwärts bei dem
Markte Struden die auf einem Felsen schwebende Schlossruine:

1284. **Wervenstein,** Werfenstein; neben dem Wirbel ragten auf
einem niederen Felsen die Ruinen des Schlosses: **Hausstein** empor.

Kurz, Beiträge.
IV. 466.

Diesem gegenüber:

1141, 1185. **St. Nicolai,** *praedium Pahin juxta litus Danubii, eccle-*
sia et Hospitale;

St. Nikola am Struden, kleiner Marktflecken und Pfarre, die
ehevor zum Stifte Waldhausen gehörte; a. 1141 stiftete
Beatrix, Gemalin des Edlen Walchun von Machland auf
Klamm, ein Spital für Reisende sammt Kirche, welche
a. 1391 Pfarre genannt wird.

Kurz, Beiträge.
IV. 473.

U. B. II. 394.

Hier fällt der **Dim-Bach,** urkundlich: **Tuminichl,**

1037, 1049. **Dumilicha** *flumen,* genannt, in die Donau.

U. B. II. 85.
U. B. I. 475.

Eine halbe Stunde weiter östlich:

1149. **Sermingstain,**

Sarmingstain, ein zur Pfarre St. Nikola gehöriger kleiner
Marktflecken mit dem St. Kiliana-Kirchlein, und den Ruinen
des Schlosses Sermingstain. Daneben stürzt aus einer Berg-
schlucht in mehreren Cascaden in die Donau der Gränzbach;

U. B. II. 249.

1037, 1049,
1143, 1147. **Sarming, Sabiniche, Sabenikhe, Sabi-**
nichl, Saebinich, Saerming, Serming,
Seminosa, *rivolus, rivus, fluvius,* hervor.

U. B. I. 475.
U. B. II. 85, 209,
226, 222, 236.

Oberhalb Sarmingstein, auf der Spitze des Berges finden sich die Ueberreste des einstigen, den Herren von Machland gehörigen Schlosses, nachmals Klosters Saebnich, wo die Kirche zum heiligen Johannes stand:

1143, 1147, 1150, 1180, 1200. **Sabiniche, Sabenich, Sabenikhe, Saebinich, Saebnich,** *locus, castrum, ecclesia St. Joannis et parochia.*

U. B. I. 479.
U. B. II. 228, 232, 236, 240, 371, 473.

Nachdem das Kloster Baumgartenberg gestiftet war, wandelte der Edelherr Otto von Machland a. 1146 auch das Schloss Saebnich in ein Kloster um, und zwar für Regular-Chorherren, und gab ausser bedeutenden Liegenschaften, Gütern und Zehenten die Pfarre zum heiligen Johannes in Saebnich selbst, dann zu Münzbach, Pabneukirchen, Königswiesen, St. Georgen am Wald, Dimbach, Kreuzen, Grein, Saxen, Mitterkirchen, St. Thomas und Neustadtl, ferners einen Theil des Bein-Waldes.

C. a. 1161 zogen die Chorherren von Saebnich weiter am Sarming-Bach hinauf, und bauten sich ein neues Convent mit Kirche, und nannten es: **Walthausen, Walthusen, Waldhausen, seu coenobium St. Joannis in Walthausen, Silvia domus;** Saebnich verfiel in Ruinen. A. 1784 wurde das Stift aufgehoben, die Klostergebäude abgebrochen; die Stiftsherrschaft, wie jene von Baumgartenberg und Windhag zur Dotationsherrschaft des Linzer-Domcapitels bestimmt. Eine Viertel Stunde südlich der kleine Markt Waldhausen (*forum*) mit der Pfarrkirche zum heiligen Johannes den Täufer.

1359.

Orig. v. Waldhausen.

1147. **Dunnenbahe, Duninpach, Dvnnlnpach,** *ecclesia;* **Dimbach,** Markt und Pfarre zur heiligen Maria, am gleichnamigen Bache.

U. B. II. 229, 239, 232, 237.

1147. **St. Georii, St. Georgii,** *ecclesia;* **St. Georgen am Wald,** wie Dimbach eine bis a. 1784 dem Stifte Waldhausen gehörige Pfarre, seit a. 1349 demselben einverleibt.

U. B. II. 229, 239, 232, 237.

1147. **Niwenchirchen, Nivnklrchen, Niunchirchen, Newnchirchen,** *ecclesia et parochia;* **Pabneukirchen,** Markt und Pfarre mit schöner Kirche zum heiligen Simon und Juda; diese anfänglich dem Stifte Waldhausen übergebene Pfarre, wurde a. 1406 dem heiligen Geistorden zu Pulgarn einverleibt.

U. B. II. 229, 239, 232, 237.

1277, 1283. **Chlingenberch, Chlingenperch,** *castrum;*
Klingenberg, Schloss auf einem hohen Felsenberge, westlich
von Pabneukirchen; seit der Mitte des siebenzehnten Jahrhunderts im Besitze des Stiftes Waldhausen.

Piltweins Mühl-
kreis, 28.
Hoheneck, II.
759.
Lang, Regesten.
IV. 226.

Am Narn-Flässchen:

1147, 1180.
1209. **Chunigiswisen, Chunigswisen, Chunigs-
wissen, Chunigesuuisen, Kunegeswisen,**
curtis, ecclesia, parochia, forum;
Königswiesen, Markt und Pfarre zur heiligen Maria; a. 1279
u. 1291 war dieser Markt im Besitze der Herren von
Capellen; über Königswiesen ging a. 1550 die wohlerhaltene Strasse aus Unter-Oesterreich nach Pregarten
und Mauthausen.

U. B. II. 229,
232, 237, 239,
371, 517.
Kurz, Handel. 47.

1145 (?), 1209. **Wizzenbach,** *locus cum praediolis;*
Unter-Weissenbach, Markt und Pfarre zum heiligen Nicolaus,
im Thale der Narn.

U. B. II. 217,
251, 517.

1318. **Weidervelt,**
Weidersfelden, Markt, und aus Gutau gebrochene Pfarre zum
heiligen Ulrich.

Oedt. Handbuch
im stänl. Archiv.

1141. Unweit des Ursprunges der schwarzen Aist, und der Narn,
hat auch der grosse Kamp-Fluss, **Champa,** *fluvius,* der eine
Strecke die Gränze gegen das Land unter der Ens bildet, und
ostwärts fliessend bei Krems in die Donau fällt, seine Quellen.

U. B. II. 194.

Confinia

oder

das Land ob der Ens

begränzende Provinzen und Gaue.

Anno vel circa annum.		Quellen-Citat.

BÖHMEN.

906, 1156.	**Boemia**, *marchia, ducatus, regnum;* · **Böhmen;** dieses jenseits des Nordwaldes (*silva Nordica, boemica*) zu beiden Seiten der Moldau und Elbe sich ausdehnende Kesselland erhielt nach der Völkerwanderung an den einwandernden Slaven, insbesondere Czechen, aber auch an den nebenher sich niedersiedelnden Deutschen seine Bewohner, über welche eigene Fürsten, Herzoge, (Woywoden) regierten, unter denen die Przemysliden allmählich die Oberhand über ganz Böhmen, und a. 1158 selbst die königliche Würde sich errangen.	U. B. II. 278
853, 906, 1151, 1220.	Die Gränze des Landes ob der Ens gegen Böhmen (*termini boemicales*) bildete eben jene halbbogenförmig herumlaufende waldbedeckte Gebirgskette (*silva nordica, usque ad silvam mediam, qua Bohemia terminatur*), und fast in denselben Linien, wie heutigen Tages; nur scheint c. a. 1156 die Gränzlinie theilweise bis zur Moldau sich hinübergezogen zu haben. Der Böhmerwald erhielt nach der verschiedenen Oertlichkeit eigene Specialbenennungen, wie z. B. Stern-Wald, Miesen-Wald, Frei-Wald etc.	U. B. I. 481. U. B. II. 54.

Im südlichen Böhmen sassen auf den stattlichen, unbezwingbaren Burgen Krummau und Rosenberg die Witkonen, ein mächtiges, auf die Geschicke des Landes einflussreiches Herrengeschlecht; aus diesem war es der böhmische Reichsmarschall Pe er Wok I. von Rosenberg, der mit seiner frommen Gemalin, Hedwig von Schauenberg, das Kloster **Hohenfurt**, *Altovadum, Wyssybrod*, a. 1259 stiftete.

1259.

Es erhob sich dieses Kloster im Thale der Moldau auf einer kleinen Anhöhe, wo schon vorher eine Waldcapelle zur heiligen Anna gestanden hatte, wurde zu Ehren der seligen Himmelskönigin Maria geweiht, und dem berühmten Orden der Cistercienser übergeben, dessen Mönche (12) unter dem Abte Otto aus dem Kloster Wilhering hieher verpflanzt wurden. Ausser verschiedenen Gütern und Liegenschaften erhielt das Stift Hohenfurt den nahe gelegenen **Markt Hohenfurt**, das Patronatsrecht über die dortige Pfarrkirche zum heiligen Bartholomäus, dann auch über jene zu **Rosenthal** zum heiligen Simon und Juda, zu Priethal, a. 1263 zu **Deutsch-Reichenau**, Strobnitz, a. 1278 zu **Oberhaid (Superhaida)** zum heiligen Michael, **Rosenberg** mit der Filiale des heiligen Aegidius zu **Unterhaid**.

Fr.Isid.Proschko Cisterz. Stift Hohenfurt in Böhmen, Linz, 1859.

1280.

U. B. I. 197.

Die Kirche des heiligen Nicolaus zu Rosenberg ist eine der ältesten der Gegend; c. a. 1246 wurde auf einem senkrecht über der hier vorüberkrümmenden Moldau sich erhebenden Felsen das Schloss **Rosenberg** erbaut, worauf sich dann am Fluss-Ufer das Städtchen Rosenberg anbaute.

1111, 1122, 1154, 1208, 1256.

Wulta, Wultha, Wolta, Wltha, Wuldau, Muldau, Moldau, *fluvius*;

U. B. I. 493.

der **Moldau-Fluss**, als warme und kalte Moldau am oberen Böhmer-Walde entspringend, windet sich wie ein Silberband durch dunkle Tannenwälder, zuerst in südöstlicher, dann plötzlich in nördlicher Richtung an Rosenberg, und Krummau vorbei gegen Budweis, wo er durch die Vereinigung mit der aus dem Freiwalde kommenden **Maltsch** floss- und schiffbar wird; nimmt in seinem weiteren Laufe die Luschnitz, Wottowa, Sazawa und Beraun auf, theilt die königliche Hauptstadt Prag in zwei Hälften, und vermält sich vor Melnik mit der aus dem Riesengebirge herabströmenden **Elbe**. Sein Perlenreichthum ist bekannt.

U. B. II. 144, 154, 273, 312.

Anno
vel circa annum.

1300.

Friedberg,

Markt und Pfarre am linken Ufer der oberen Moldau; a. 1305
wurde die Pfarre zum heiligen Bartholomäus dem Stifte
Schlägel einverleibt.

OSTMARK

823, 843, 853,
1052, 1063,
1075, 1094,
1110.

Hunnorum terra, Avarorum provincia, Sla-
vinia, Ostarrichi, Osterrichi, Marchia
australis, Marchia Austriae, Austria,
Oriens, in Oriente, orientalis terra,
Orientis partes, orientalis plaga, Ost-
mark ;

U. B. I. 123, 627.
U. B. II. 8, 25,
87, 93, 107.

das heutige Land unter der Ens, Unterösterreich.

Mit den Bajuvariern fast gleichzeitig waren auch die
Longobarden von Norden her über die Donau gezogen, und
hatten nebst Ober-Pannonien auch den unteren Theil des Ufer-
Norikums (später Regiland) in Besitz genommen; aber um 568
hatten sie sich neue Wohnsitze in den Ebenen Ober-Italiens aus-
ersehen. Nun nahmen die Avaren, ein wildes kriegerisches
Raubvolk, das verlassene Land in Besitz, und wurden die unlieb-
samen Nachbarn der Baiern. Erst K. Carl der Grosse der mächtige Frankenkönig, bewältigte und zerstörte das Avaren-Reich
a. 799, und bildete aus dem eroberten Lande eine Vormauer des
fränkischen Reiches, die Ostmark, und setzte zur Obhut darüber
eigene Gränzgrafen (Gerold, Graf von Bussen).

Zu Ende des neunten Jahrhunderts waren an die Ufer der
unteren Donau die Ungarn, Magyaren, angekommen; a. 900
brachen sie durch die Ostmark vorwärts über die Ens herauf, und
verheerten eine grosse Strecke Landes durch Raub, Mord und
Feuer; nach der für die Deutschen unglücklichen Schlacht bei
Pressburg a. 907 ging die Ostmark an die Ungarn verloren, und
blieb in deren Gewalt bis a. 955, bis allmählich das Land unter
der Ens, zu beiden Seiten der Donau hinab, wieder in die Gewalt
der Deutschen kam. Es wurden Gränzgrafen aufgestellt, am
Zusammenflusse der beiden Erlaf zum Schutze gegen die Ungarn,
die von ihrer Haupt- und Gränzfestung Melk aus noch grosse
Verwüstungen verübten, a. 973 die Veste Wieselburg erbaut.
A. 984 erstürmte Markgraf Liupold, aus dem Stamme der Babenberger, die Festung Melk, und warf die Ungarn über den Kahlen-
berg zurück; dadurch war nun die Ostmark fest begründet, und
Liupolds Nachfolger, die Babenberger, standen derselben ruhmvoll

Pritz, Gesch. d.
Landes ob der
Ens, I. 249.

Quellen-Citat.

vor. Ehevor mit der Ostmark die obderensische Mark a. 1156
vereiniget worden war, reichte jene von der Ens bis zur Leytha,
vom Haselgraben bis zum March-Fluss, dann von der Thaja bis
an das steyrische Hochgebirge und bis' an die Piesting, (nach
der Vereinigung der Pütner-Mark) bis an den Semmering.

1147. **Beinwald, Beinwalt,** *silva, nemus;*
der **Bein-Wald,** der sich nordwärts von der Donau, vom Sar-
mingbache bis zum Weidenbache sich erstreckte, und
wovon das Kloster Saebnich den zwischen dem Sarming- und
Isper-Bache gelegenen Theil zur Dotation angewiesen erhielt.

U. B. II. 228,
232, 240.

1144, 1147. **Ysper, Ilyspere, Ispira,** *flurius;*
die grosse und kleine Isper, theilweise Gränz-Bach, zwischen
Sarmingstein und Persenbeug in die Donau stürzend.

U. B. II. 214,
228, 232, 240.

998, 1151. **Nochelinge, Nocholinge, Nochilinge,** *praedium*
in pago Osterrichi, et in comitatu Henrici marchionis
inter fluvios Ispira et Sabinicha;
Nöchling an der Isper, Pfarre zum heiligen Jakob.

U. B. II. 259.
Mon. boic.
XXVIII. I, 271.

1045, 1073,
1075, 1110.
Persinbiugen, Persinplugin, Bersinbuoge,
Persenbeug, am linken Ufer der Donau, im Viertel ober dem
Manhartsberg; Pfarre zum heiligen Maximilian und Florian,
Markt, und kaiserliche Patrimonialherrschaft mit einem
schönen, die Donaugegend beherrschenden Schlosse auf
steilem Felsen; gehörte einst den Grafen Sempta von
Ebersberg [1]). Persenbeug wird in der Stiftungsurkunde
für das Kloster St. Nicola bei Passau genannt; ebenso das
am rechten Donau-Ufer gelegene:

U. B. II. 99, 105,
130, 462.

1058, 1073,
1075, 1110,
1198.
Ibseburch, Ipspurch, Ybespurch, Ibisburch,
Ibisiburch,
die landesfürstliche Stadt **Ybbs,** Yps war schon zur Zeit Carl
des Grossen bekannt; a. 1058 war K. Heinrich IV. mit

U. B. II. 99,
105, 110, 130,
462, 605.

[1]) A. 1045 bewirthete auf dem Schlosse Persenbeug die verwitwete Gräfin
Richlinde den Kaiser Heinrich III.; während der Unterredung brach der
Boden des Speisesales durch; der Kaiser kam mit einiger Verletzung
davon; aber der Gräfin Richlinde, so wie dem Bischofe Bruno von
Würzburg brachte dieser Sturz den Tod.

seiner Mutter Agnes in Yps; ehevor hatte diese Stadt lebhaften Handelsverkehr, und dieselben Vorrechte, wie die Städte ob der Ens, den Blutbann etc.; ausser der Pfarrkirche zum heiligen Laurenz sind die Ypser-Burg, die Babenberger-Burg, und das k. k. Siechenhaus merkwürdig.

1147, 1161.	**St. Martini**, *ecclesia*; St. Martin bei Ybbs, ehedem Filiale, heute Vicariat von Ybbs.	U. B. II. 237, 308.
1147, 1161.	**Ecclesia** *in confinio montis* **Hengist**, *in honor. S. Crucis consecrata*; diese Kirche **zum heiligen Kreuze** bei Ardagger, und dem Kloster Waldhausen gehörig, besteht nicht mehr.	U. B. II. 237, 308.
1147.	**Nivenstat, Niwenstat, Nivnstat**, *ecclesia et parochia*; Neustadtl, bis a. 1786 dem Stifte Waldhausen einverleibte Pfarre zum heiligen Jakob.	U. B. II. 229, 233.
823, 1151, 1187.	**Artager, Ardacharn**, *ecclesiae*; Ardagger, Ardacker, uralter Marktflecken an der Donau mit der Kirche zum heiligen Nicolaus; Carl der Grosse schenkte an die Passauer-Bischöfe duæ Basilicae in Artagrum [1]), und a. 1049 schenkte K. Heinrich III. dem Bischofe von Freising ein Landgut, und dieses war die Veranlassung zur Errichtung eines Klosters in Artager; heutzutage ist dieses Collegiatstift Pfarre, Gutsherrschaft und Titularprobstei; deren Kirche zu Ehren der heiligen Margaretha geweiht ist.	U. B. II. 8, 84. U. B. I. 501.
1111, 1122.	**Stefinshart, Stevensharde, Steuinsharde**; Stephansbart, Pfarre zum heiligen Stephan, vordem Filiale von Ardagger.	U. B. II. 140, 144, 147.
1111, 1122.	**Amistetin**, Amstetten, vormals zum Hochstifte Passau gehöriger Markt und Pfarre zum heiligen Stephan, an der Reichsstrasse von Wien nach Linz.	U. B. II. 140, 144, 147, 153.

[1]) Basilicae waren gemauerte Gotteshäuser, ecclesiae dagegen hölzerne Kirchen.

Anno vel circa annum.		Quellen-Citat.

837, 889, 978, 1100, 1075.

Ybsa, Ibsa, Ipisa, Ipusa *in Slavinia, fluvius;*
der **Ybbs-Fluss** sammelt sein Gewässer aus verschiedenen, von den österreichischen Gränzgebirgen herabstürzenden Gebirgsbächen, treibt, in einem tiefen Bette sich dahin wälzend, viele Gewerke, und strömt bei der Stadt Ybbs in die Donau.

Inv. II. 88, 113, 204.
U. B. I. 90.
U. B. II. 35, 113.

889, 903, 1151.

Mit der Ybbs vereiniget sich bei Amstetten die aus der Gegend von Behamberg herabfliessende **Url, Urala, Urla, Vrula,** *fluvius.*

U. B. II. 35, 50, 256

1071, 1111, 1122, 1143.

An der Donau:
Sunilburch, Sunnilburch, Sunnelenburch, *ecclesia;*
Stadelburg, Pfarre zum heiligen Johannes den Täufer; unweit davon der Markt und das so stolz über das Donaugelände hinaus schauende Prachtschloss: **(Nieder-) Wallsee.**

U. B. II. 96.
140, 143, 153, 211.

1050.

Herlah, Erlaha, Erla, Erlach, *ecclesia, claustrum;*
Erlakloster, über einer Anhöhe nahe bei der Donau. Unweit der Stadt Ens stiftete Jeutta, die Gemalin Otto's I. von Machland zu Ehren des heiligen Petrus ein Kloster für Benedictiner-Nonnen, und liess dieser Stiftung die Pfarren: Erla, St. Valentin, Winklarn, Hersching mit Ofthering einverleiben. Später wurde dieses Kloster jenem der Clarisserinen in Wien einverleibt; seit der Aufhebung a. 1784 ein herrschaftliches Schloss; am Kloster befand sich auch die Capelle des heiligen Thomas.

U. B. II. 86, 248.

1050, 1144, 1200.

Am Fusse des Berges mündet in die Donau der gleichnamige Bach: **Erlaha, Erlach, Erla,** *fluentum, fluvius.*

U. B. II. 86, 214, 476.

1050, 1071, 1151, 1196, 1226.

St. Valentini, *ecclesia et parochia juxta fluentum Erlah;*
St. Valentin, Pfarrort, eine und eine halbe Stunde südöstlich von der Stadt Ens, seit a. 1190 dem Kloster Erla einverleibte Pfarre, mit den Nebenkirchen zu Rems, und Hofkirchen.

U. B. II. 86, 237, 435, 663.

P. 1151, 1180.

Am rechten Ufer der Ens:
Haedershoven, Hedirshouen, *parochia;*
Haldershofen, Pfarre zum heiligen Severin, die a. 1271 dem Kloster Gleink einverleibt worden war.

U. B. I. 187.
U. B. II. 256.

Eine und eine halbe Stunde ostwärts von Steyer, in hochgelegener Gegend.

1082, 1110,
1143, 1170,
1179.

Behelmberc, Behelmberch, Behelmberge,
praedium et ecclesia;

Behamberg, alte Pfarre zum heiligen Martin, mit den vormals
zuständigen Filialen Weistrach und Kürnberg; wurde
a. 1082 vom Markgrafen Ottokar von Steyer für Garsten
vertauscht.

U. B. I. 115, 126.

U. B. II. 116,
122, 209, 341.

1110, 1120,
1143.

Witrach, Wiztraha, Wiztra, *locus. praediolum*
juxta fluvium Wiztraha;

Welstrach, Pfarrvicariat zum heiligen Stephan.

U. B. I. 124, 140,
256.

1178, P. 1223.

Hage, *Hofmarchia, parochia;*

Hag, alte Pfarre zum heiligen Michael, dem Hochstifte Bamberg
gehörend.

U. B. II. 353,
644.

1050, 1151.

Wolfspach, Woluesbach, *ecclesia, praedium;*

Wolfsbach, eine dem Stifte Seitenstetten einverleibte Pfarre
zum heiligen Veit.

U. B. II. 86, 257.

823, 1111.

Asbahe, Assbach, Aspach, *in terra Hunnorum;*

Aschbach, Marktflecken, unweit der Url, und eine zum Stifte
Seitenstetten gehörige Pfarre zum heiligen Martin; wurde
schon von Carl dem Grossen dem Bischofe Walderich von
Passau geschenkt.

U. B. II. 8, 140.

1112, 1125.

Sytansteten, Seitenstätten, *monasterium;*

Seitenstetten; diese zu Ehren der Himmelfahrt Mariens gestiftete Benedictiner-Abtei verdankt ihr Entstehen den Herren
von Stille und Heft, indem Udischalk die väterliche
Burg in ein Ordenshaus umwandelte, und dieses mit Beihilfe seines Bruders, des Bischofes Ulrich von Passau, aus-
stattete. Die ersten Mönche kamen um 1116 aus dem Kloster Göttweih dahin. Viele Schenkungen der Familie des
Stifters, so wie anderer Wohlthäter ermöglichten das Emporblühen des Stiftes, welchem in weiterer Zeitverlaufe ausser
der Stiftspfarre noch folgende Pfarren zugetheilt wurden:
Ybbsitz, Windhag, Alhartsberg, Sonntagberg, Biberbach,
St. Georgen in der Klaus, St. Michael, Wolfsbach, St. Johann,

U. B. II. 168.

Aschbach mit Oeling. Die gegenwärtig freundliche und regelmässige Gestalt erhielt das Stiftsgebäude zwischen a. 1720 bis 1740

996, 1194.

Südlich zwischen hohen Bergen, in romantischer Thalschlucht, am linken Ufer der Ybbs die wohlgebaute Stadt: **Waidhofen an der Ybbs, Baierisch-Waidhofen,** **Waidhouen, Waidhouen,** mit einem alterthümlichen zum Hochstifte Freising gehörigen Schlosse, und einer zu Ehren der heiligen Magdalena und Lambert geweihten Stadtpfarrkirche. A. 996 erhielt Bischof Gottschalk von Freising vom K. Otto III. nebst sechs königlichen Huben zu Ulmerfeld, Neuhofen, auch Waidhofen an der Ybbs; a. 1194 erwarb Bischof Otto III. im Rechtswege das *forum in Waidhofen und Conradsheim;* a. 1302 brachte Bischof Paulus das entrissene Waidhofen und Ulmerfeld von den österreichischen Herzogen an das Hochstift zurück. Im dreizehnten Jahrhunderte scheinen für Waidhofen die Rechte und Freiheiten einer Stadt erwirket worden zu sein, welche bald durch ihre Eisenindustrie emporblühte, so wie sie anjetzt noch der Mittelpunkt und der Hauptsitz der Eisenverarbeitung in Nieder-Oesterreich ist. Das Bürger-Spital mit Kirche ist ein Werk des fünfzehnten Jahrhunderts.

Merian: Top. Austr. 38.

SALZBURG-GAU.

748, 786, 800, 908, 931, 940.

Salzburhe-Gau, Salzburchgave, Juvavensis pagus,
der **Salzburg-Gau,** westlich vom Atar-Gau und Matich-Gau, bis an die baierische Traun, dann von Golling bis Burghausen zu beiden Seiten der Salzach sich ausdehnend.

Jav. II. 20, 21, 23, 26, 28, 120. 30, 51, 154, 167, 176, 182.
U. B. I. 7, 24, 71, 76, 77, 79, 80, 82, 94.

509, 582, 767, 788, 801, 803, 892, 931.

Salzburch, Salzpurc, Salzburg, Juvavum, castrum Salzburgense, *oppidum, urbs, monasterium, curtis publica. Archiepiscopi Salisburgensis sedes, Metropolis baiouuariorum, monasterium publicum;*
das auf den Ruinen der römischen Colonialstadt **Juvavum** erbaute **Salzburg;** hier gründete der heilige Rudpertus aus Worms seine beständige Niederlassung, errichtete die Kirche und das Kloster zum heiligen Petrus (a. 582),

Jav. II. 4, 5, 6, 10, 13, 18, 25, 29, 35, 37, 57, 118, 153, 181.

U. B. I. 446, 457.

baute auch zu Ehren des heiligen Amand eine Kirche (die heutige Margarethen-Capelle) und richtete daselbst seinen bischöflichen Sitz auf. Die erste Domkirche baute a. 767 der heilige Virgil, und weihte sie a. 773 zu Ehren des heiligen Rupert ein; (ecclesia juvaviensis, ubi S. Rudpertus corporaliter requiescit). In ihrer gegenwärtigen Gestalt wurde die Domkirche von a. 1614—1655 gebaut und vollendet.

Der heilige Rupert baute auch c. a. 590 das Frauenkloster auf dem Nonnberge für Benedictiner-Nonnen, deren erste Aebtissin die Nichte Ruperts, die Erintrudis wurde (monasterium St. Erintrudia, a. 889); mit Arno, dem Freunde Carl des Grossen, beginnen die Erzbischöfe von Salzburg; dieser Metropole waren die baierischen Bisthümer: Freising, Regensburg, Passau, später die Suffragan-Bisthümer: Brixen, Gurk, Seekau, Lavant, Chiemsee, und in neuester Zeit Leoben und Trient untergeordnet. — Durch die Munificenz Carl des Grossen und seiner Nachfolger, dann K. Otto des Grossen, erhielt das Erzstift bald beträchtliche Besitzungen und Vorrechte, allmählich Selbstständigkeit und Landeshoheit als unmittelbares Reichsfürstenthum, zu welchem vor der Säcularisation ausser dem jetzigen Kronlande Salzburg noch die Aemter: Laufen, Tittmaning, Teisendorf, Waging, Mühldorf (Baiern), Hopfgarten, Zell am Ziller, Windisch-Matrey (Tirol), Haus und Gröbming (Steiermark), Sachsenburg, Friesach, Strassburg und St. Andrä (Kärnten), gehörten.

Die ersten Aebte des Benedictiner-Klosters St. Peter (coenobium St. Petri) waren die Landes-Bischöfe selbst bis a. 988; Erzbischof Friedrich I. sonderte die abteiliche Würde von der bischöflichen. Erzbischof Arno war es, der die Stadt vergrösserte, Erzbischof Dietmar, der a. 901 die Stadtmauern aufführte; neben der Stadt erhob sich die siebenthürmige Festung Hohen-Salzburg, neben dieser wurde der Mönchsberg mit Mauern, Thürmen und Blockhäusern befestiget. Nach und nach erhob sich Salzburg zu einer der ansehnlichsten Städte, der hinsichtlich der Pracht ihrer Gebäude, der Kunstdenkmäler, Anstalten für Kunst, Wissenschaft und Humanität, der commercionellen und mercantilen Wichtigkeit und Rührigkeit, der reichen Ausstattung mit Naturschönheiten und Reizen der Umgebung kaum eine Stadt Deutschlands gleichkam, und die alle Schönheiten und Vorzüge des Continentes vereinigte, die auch von Carl dem Grossen a. 798, 803, von K. Otto dem Grossen a. 959 et 963, von K. Heinrich II. a. 1009,

von K. Conrad III. a. 1149, v. K. Friedrich I. Barbarossa a. 1169
u. 1172, von Friedrich dem Schönen, und Ludwig dem Baier
a. 1314 etc. mehrmals besucht wurde.

Salzburg, an den beiden Ufern der Salzach hingebaut, mit
einer grossen Anzahl von Sommerresidenzen, Schlössern und
Landhäusern umgeben, ist dermals die Hauptstadt des Herzogthums Salzburg.

788.	**(ad) Mueln, Mullen,** **Mölln, Mühln,** eine Vorstadt von Salzburg; in alter Zeit schon bestand daselbst eine Capelle, die später in eine Pfarr- kirche mit einer Collegiata für zehn Weltpriester a. 1464 umgestaltet wurde, und mit welcher die Kirche **Maxglan** vereiniget wurde.	Inv. II. 41.

Eine halbe Stunde nördlich von Salzburg, nahe an der
Salzach:

788.	**Uzellinga,** die im Pfarrgebiete Gnigl gelegene Ortschaft **Itzling.**	Inv. II. 21, 34.
788, 1007.	**Geizloberch, Geizliberch,** *Mons. pascua;* der ostseits der Stadt Salzburg sich erhebende **Geis-Berg,** daran der **Nochstein,** mit der Veste der **Nochsteiner.**	Inv. 28, 34, 201, 206.
788.	**Labusculus,** *lacus, lacusculus;* der **Fuschel-See,** an der Eisen-Strasse gegen Aber-See und Ischel, dessen Abfluss, die **Ache,** durch das Thalgau in den Mond-See mündet.	Inv. II. 22, 34, 35.
978.	**Falkenstein,** *Mons;* der **Falkenstein,** am Ufer des Aber-See's, und südlich vom Schafberge, auf dessen Höhe in schauerlich schöner Wildniss der heilige Bischof Wolfgang seine Einsiedelei hatte.	Chron.Lunaelac. 102.
700, 788.	**Talagave, Talagav,** *via publica, ecclesia, locellus;* **Thalgau,** an der Strasse von Salzburg nach Mondsee, und an der Ache, seit a. 1243 Pfarre zum heiligen Martin; heute der Sitz des Gerichtes **Wartenfels;** die Ruinen des	Inv. II. 21, 28, 33, 34. Pillweins Salz-burg. 395.

Anno vel circa annum.		Quellen-Citat.
	Schlosses **Wartenvels**, auf dem die Herren von **Warten-vels** walteten, befinden sich südöstlich von Thalgau, an den Abhängen des Schober-Berges.	Chron. Lunaelac. 156.
889, 890, 978.	**Cirvancus, cirvencus,** *mons*; der **Zirvanken, Zivanken, Zirbang,** ein Höhenzug zwischen Altentan-Thalgau und Mondsee.	U. B. II. 25. Chron. Lunaelac. 201, 412.
798, 927.	**Tan, Tanne,** *locus*; Alten-Tan und Lichten-Tan, zwei Schlösser in Ruinen; das mit den beiden verbundene Herrschafts-Gericht wurde nach Neumarkt übertragen.	Juv. II. 137. Chron. Lunaelac. 29.
788.	**Hohindorf, Hohendorf, Hohmdorf, Höhmdorf,** eine ansehnliche Ortschaft an der Strasse von Salzburg nach Strasswalchen, und ein zu Kessendorf gehöriges Pfarrvicariat zum heiligen Vitus.	Juv. II. 40, 42, 47.
760, 834.	**Fanganul,** *locus*; Pfangau, Pfongau bei Neumarkt, Ortschaft mit einem Schlösschen und einer Nebenkirche zum heiligen Martin, nach Kessendorf gehörig.	Chron. Lunaelac. 78. U. B. I. 73.
788, 800, 808, 1000.	**Chessindorf, Skessindorf,** *in Salzburggawe*; Kessendorf, Gross-Kestendorf, Ortschaft und alte Pfarre zur heiligen Maria, am südlichen Fusse des Tann-Berges, mit den Filialen: Neumarkt, Neufahren, **Niuuarun,** a. 788, Pfongau, Sommerholz, **Tödtleinsdorf, Tetillinesdorf,** a. 933, und Weng, **Wenge** *ad mura super lacum Walrae*, **Vuengl** *ad Vualarpah* a. 788, 813.	Juv. II. 40, 172, 309. Chron. Lunaelac. 40, 41, 53, 65. U. B. I. 71, 72, 73. Chron. Lunaelac. 55, 63.
600, 788.	**Walar-Seo,** *lacus*; der Waler-See zwischen Neumarkt und Seekirchen, mit einer Wasserfläche von 1127 österreichischen Joch, dessen Abfluss die in die Salzach fliessende **Fischach, Fischaha,** bildet.	Juv. II. 21, 31, 40, 43.
788, 888, 965, 1020, 1050.	**Fischaha** *(ad),* **Viscaha,** Bach, und das von Seekirchen bis zur Salzach reichende Fischach-Thal; auch *ecclesia et regalis mansus*; die Kirche zu Fischach wurde a. 1790 zerstört.	Juv. II. 21, 22, 23, 26, 28, 31, 33, 34, 41, 43, 108, 145, 195, 217, 249, 290.

Anno vel circa annum.		Quellen-Citat.

930. **Lengenueld,** *curtis;*
Lengfelden, im Fischbach-Thale.

Am Fusse des Plain-Berges, eine Stunde von Salzburg:

925, 930, 965. **Perchelm,** *ecclesia et curtis;*
Bergheim, Bergham, Pfarrdorf mit der Kirche des heiligen
Georg; dahier hatte die Familie von Bergheim ihr
Stammhaus. Ostwärts hievon die Ruinen des Schlosses
Radeck, des Sitzes der Herren von Radeck.

Quellen: Inv. II. 165.
Inv. I. 170, 195, 310.
Inv. II. 131, 168, 170, 195.

581, 788, 1050. **Ad See in Salzburchgave, ecclesia St. Petri ad See, Sechirchin,**
Seekirchen am Waler-See, und zwar am Abflusse desselben;
die erste Ansiedlung des heiligen Rudpert, der hier die
Kirche des heiligen Petrus baute und weihte, über welche
später die gegenwärtige Stiftskirche gebaut wurde. Unter
dem Erzbischofe Arno stand diese Kirche an der Spitze
aller damaligen Pfarrkirchen des Erzstiftes; kam a. 897
an das Kloster St. Peter, lag jedoch a. 1120 in Ruinen;
a. 1215 vereinigte Erzbischof Eberhard II. die Pfarre Seekirchen mit dem Bisthume Chiemsee, a. 1250 jedoch wurde
sie abermals an das Kloster St. Peter übergeben. A. 1679
wurde die Collegiata errichtet; a. 1424 wurde der Ort
Seekirchen zum Markte erhoben. Die adelige Familie von
Seekirchen sass auf dem Schlosse Seeburg; zu Seekirchen
gehören die Nebenkirchen **Waldprechtig** zum heiligen
Nicolaus, und **Zell** zur heiligen Magdalena.

Inv. II. 26, 289, 309.

Pillweins Salz-burg. 265.

788. **Monticulus,** *locus supra Salzaha,* **Montegelln,** *vadum;*
Montigl, Muntigl, Ortschaft in der Pfarre Bergham am rechten
Salzachufer.

Inv. II. 24, 38.

788, 925. **Ad Antheringas,** *ecclesia cum territorio;*
Antherlng, ein aus der Pfarre Bergham gebrochenes Vicariat
zur heiligen Maria, einst Landgericht.

Inv. II. 26, 42, 43, 128, 131, 288, 290.

788, 1135. **Salza, Salzah, Salzaha, olim Igonta, Ivarus, Juvavus,** *fluvius;*
die Salzach entspringt in der Krimmel (Ober-Pinzgau) und
fliesst zuerst in östlicher, dann in nördlicher Richtung durch
das Salzburger-Gebiet, wird bei Hallein schiffbar, und

Inv. II. 19, 21, 32.

U. B. II. 185.

vorzüglich zur Verfrachtung des Halleiner-Salzes dienstbar, und strömt an Salzburg, Laufen, Tittmanning und Burghausen vorüber, dem Inn zu, mit dem sie sich bei Haiming vereiniget; überhaupt das Haupt- und Hochwasser des Fürstenthums Salzburg.

Anno		Quellen-Citat
788, 927, 940, 1025.	**Sala**, *fluvius, etiam vallis juxta flumen;* die bairische **Saale, Saalach,** Fluss, der im Pinzgau an der Saalwand seinen Ursprung hat, mit der **Leogang** und der **Lofer** vereiniget der Salzstadt Reichenhall das nöthige Holz zuträgt, und unterhalb Salzburg mit der Salzach sich vereiniget.	Iuv. II. 20, 23, 40, 128, 151, 176. U. B. II. 80.
885, 908, 940.	**Salhburehhoue, Salzburchof, Salzburghov,** *curtis regia in pago Salzpurchouve;* Salzburghofen, Pfarrdorf mit der Kirche zur heiligen Maria, am linken Salzachufer, in Baiern.	Iuv. II. 120, 176. U. B. II. 27.
	Auf einer von der Salzach gebildeten Halbinsel liegt die jetzt zu Baiern gehörige Stadt:	
788, 931, 1041, 1050, 1117.	**Leuffi, Laufon, Laufun, Loufon,** *castellum, curtis, ecclesia, urbs;* Laufen, schon zur Zeit Virgils c. a. 745 der grosse Salzstapel von Reichenhall, Tuval, Hallein und Berchtesgaden, Sitz des Landgerichtes; die ansehnliche Pfarr- und Collegiatstiftskirche, im altdeutschen Style erbaut, ist der heiligen Himmelskönigin Maria geweiht.	Iuv. II. 20, 30, 36, 37, 41, 42, 167, 231, 310, 311. U. B. II. 151.
	Am rechten Salzachufer die zu Oesterreich gehörende Vorstadt Laufen oder:	
1135. 1006.	**Oberndorf** mit der Kirche zum heilgen Nicolaus, vordem Filiale von Laufen, seit a. 1816 Pfarrkirche, unter welche das Kirchlein zu **Gebeningen, Göming** gehört.	Filz, Geschichte v. Michelb. 687, 713. Iuv. II. 300, 309.
	Zwischen Laufen und Matsee erhebt sich der:	
795, 800, 1040.	**Hounsperch, Huns-Perch,** *Mons,* ein etwa drei Stunden langes Rasengebirge.	Iuv. I. 42, 282, 309. U. B. II. 80.
	Am Höcker dieses Berges stand die Burg:	
788, 1050, 1063, 1093, 1110, 1125.	**Hounsperch, Hunsperch, Hunisberch, Hunsberge,** *praedium* der fränkischen Könige;	U. B. II. 87, 93, 135, 165.

Haunsberg, Schloss. von dem nur wenige Mauertrümmer, und die St. Pancrazien-Kirche, die ehemalige Schlosscapelle, übrig geblieben sind; a. 876 wurde das *praedium Huns-perch* mit Matsee vereiniget, a. 899 an Passau gegeben. Die Edlen von Haunsperg waren dynastischer Abkunft; c. a. 1134 erscheinen sie als salzburgische Ministerialen; sie bekleideten verschiedene Hof-, Staats- und Kirchen-Aemter. Das Schloss Haunsperg zog das Erzstift Salzburg an sich.

Filz, Geschichte v. Michelb. 685. Pillwein Salzburg. 412—414.

Am westlichen Fusse des Hauns-Berges schleicht träge der Salzach zu: die

Ogina, Ogata, Oita, Ogete, *flumen;* der Oichten-Bach, nördlich von Michelbeuern in der Pfarre Feldkirchen entspringend.

1040, 1041, 1050, 1130.

Juv. II. 253, 295, 300. U. B. II. 82. Filz, Gesch. von Michelb. 690.

Naozdorf, Nuzdorf, *juxta montem Hunesperg, locus desertus;*

Nassdorf, Pfarrvicariat von Perndorf, mit der Kirche des heiligen Georg; Stammhaus der Nussdorfer, die a. 933 schon ihre Burg daselbst hatten; a. 1032 war deren Geschlecht erloschen.

737, 788, 925.

Juv. II. 38, 135, 136.

Nördlich am Hauns-Berge:

Perndorf, Perindorf, *vicus;*

Perndorf, ein grosses Pfarrdorf mit der Pfarrkirche zu der heiligen Maria, und der damit in Verbindung stehenden Anna-Capelle; vormals gehörten Nussdorf und Perwang als Filialen hieher.

785, 1030.

Juv. II. 40, 42, 225, 292.

Am nordwestlichen Abhange des Hauns-Berges liegt in der Pfarre Perndorf die zum Kloster Michelbeuern gehörige Kirche zu den vierzehn Nothhelfern:

Liuterbach, Laufftinpach, *ecclesia, praedium;*

Lauterbach; hier stand einst ein kaiserliches Kammergut mit einem Kirchlein; a. 978 kam dieser königliche Mansus an das Kloster Michelbeuern, das a. 1110—1115 die Kirche neu baute; zwischen a. 1164—1207 werden Edle von Lautterbach, Liuterbach genannt.

770, 788, 1130.

Juv. II. 39. Filz, Gesch. von Michelbeuern. 692.

Am südlichen Fusse des Lielon-Berges, und am rechten Ufer der Oichten:

757, 785, 1072. **Burion, Paern, Bivorun, Buren, Buria, Buoren, Bivron, Biwern, Bewrn, Pewrn, Pearen, Peyrn, Beuern, Michaelburon, Michaelbeuern,** *monasterium;* auch Burggebiet der Grafen von Chiemgau;

Filz, Gesch. von Michelbeuern. 6, 13, 20, 23, 29 u. s. w.

Graf Gunther in Chiemgau baute unter dem salzburgischen Bischofe Virgil auf seinem Erbgrunde zu Otting (bei Waging) eine Zelle zu Ehren des heiligen Stephan a. 757, und übergab sie der Kirche Salzburg, der sie ungerechter Weise wieder entrissen worden war. C. a. 785 wurden die Benedictiner-Mönche nach Beuern übersetzt; aber a. 910 wird dieses Kloster wie Matighofen, Matsee, von den heranstürmenden Ungarn zerstört. A. 966 wurde das Kloster des heiligen Michael zu Buoren durch den salzburgischen Gau- und Pfalzgrafen Hartwic aus dem Schutte wieder erhoben; a. 1072 wird Michaelbeuern auch für ein Frauenstift erweitert, hiezu die Burg Beuern umgebaut und eingeweiht; doch ging dieses Frauenkloster bald wieder ein. A. 1135 kam die Pfarre Seewalhen, a. 1212 die Kirche in

Jav. II. 40, 43.

788. Obersulz, a. 1229 die ecclesia St. Nicolai ad Burion (Pfarrkirche Dorfbeuern, ehedem Filiale von Lamprechtshausen), a. 1241 die Pfarre Lamprechtshausen an das Stift Michelbeuern. Die Edlen von Haunsberg hatten dahier eine eigene Capelle und ihre Begräbnissstätte. A. 1835 wurde das Augustiner-Kloster Müllen bei Salzburg sammt Pfarre den Benedictinern von Michelbeuern übergeben.

Jav. II. 24.
Filz, Gesch. von Michelb. 319.

750, 788. **Lamperhthusen, Lampertshausen,** *ecclesia et parochia;*

Jav. II. 39.

Lamprechtshausen, alte, zum Stifte Michelbeuern gehörige Pfarre zum heiligen Martin, an der Strasse von Braunau nach Laufen.

Der Pfarrhof befindet sich zu:

788, 930, 1072, 1117. **Arnsdorf, Arnoltesdorf, Arnlstorf, Armstorf,** *Arnonis et Wenelonis ecclesia;*

Jav. II. 133, 39.
U. B. II. 151.
Filz, Gesch. von Michelb. 665.

Ober- und Unter-Arnsdorf, Ortschaft zwischen Laufen und Lambrechtshausen. A. 1072 werden Edle von Lamprechtshausen und Arnoltesdorf genannt. Die Kirche zur heiligen Maria in Arnsdorf kommt a. 1300 als Capelle vor. In der Pfarre Lambrechtshausen die Ortschaften:

1230. **Nopping,** Stammsitz der Edlen von Nopping, die a. 1473 die Kirche in Perwang bauten; und **Tale,** *praedium,* mit dem St. Albans-Kirchlein.

Fila, Gesch. von Michelb. 730, 713.

800, 1000. **Holzhusa,**
Holzhausen, Dorf mit der Kirche des heiligen Nicolaus, am Saume des Weich- und Ibner-Mooses.

Inv. II. 309, 310.

700, 800. **Achlugas (ad) Eching, Ehinge,** *ecclesiae;*
Ober- und Unter-Ehing, zwei Kirchdörfer am rechten Salzach-ufer, in der Pfarre St. Georgen; zu Ober-Ehing die Kirche zur heiligen Maria, zu Unter-Ehing die Kirche zum heiligen Emmeram.

Inv. II. 26, 39.

788. **St. Georgii,** *ecclesia;*
St. Georgen, Pfarrkirche auf einer kleinen Anhöhe nahe an der Salzach und Moosach; hier stand einst ein Schloss, der ersten Linie der Haunsperger gehörig, das a. 1297 in eine Pfarre umgestaltet wurde, und der St. Pantaleon, Holz-hausen, Ober- und Unter-Ehing als Filialen zustanden. Unweit mündet in die Salzach die aus dem Ibner-Moose kommende:

Inv. II. 26, 227.

1150. **Moosaha, Moosache,** die Gränze zwischen Salzburg und dem Innkreis bildend. Nahe an dieser:

U. B. I. 228.
Fila, Gesch. von Michelb. 703.

1150. **Wenge,**
das heutige St. Pantaleon im Weng, Ortschaft, und seit a. 1785 Pfarre, schon zum Innkreise gehörend.

Fila, Gesch. von Michelb. 703.

1035, 1150,
1180, 1212. **Franchingun, Frenchingen, Vreinchingen, Frenking, Franching,**
Ober-Franking, Burggebiet am südlichen Saume des Weilhart-Forstes, eine Zugehör zur Herrschaft Michelbeuern, aber den Edlen von Franking zu Lehen gegeben, die heute den Titel: Grafen von und zu Alten-Franking führen; am Ufer des Holzöster-See's ist das Burgstall des Edelsitzes noch ersichtbar. — Zu Unter-Franking ist die Kirche der heiligen Magdalena, seit a. 1785 Pfarrkirche.

Inv. II. 228.

Fila, Gesch. von Michelb. 712.
U. B. I. 227, 229.
U. B. II. 357.

In moosiger Gegend:

1070, 1110.   **Hegirmos, Heigermos,**

Haigermoos, Pfarrexpositur von Ostermieting mit zwei über-
einander gebauten Kirchen, wovon die untere dem heiligen
Johannes dem Täufer, die obere den beiden heiligen
Apostelfürsten geweiht ist. Ehemals stand dahier die Burg
der Grafen von Heigermos, eines Nebenzweiges der
Grafen von Burghausen.

U. B. I. 215.
Flß, Gesch. von
Michelb. 84.
Dr. Hund. Stam-
menbuch. I. 40.

Unweit davon:

1195, 1200.   **Hohenmose,**

Höhermoos, im Pfarrbezirke Haigermoos gelegene Ortschaft;
daselbst saß ein Dienstmannengeschlecht von Hohenmos.

U. B. I. 694, 705.

In einer Thalgegend nahe am Weilhart:

1070, 1190.   **Tarstorf, Tardesdorf,**

Tarsdorf, seit a. 1785 Pfarre mit der Kirche zum heiligen
Michael, ursprünglichen Pfarr- und Mutterkirche von
Ostermieting und des umliegenden Districtes. Die Edlen
von Tarstorf hatten dahier ihren Stamm- und Edelsitz.

U. B. I. 216, 237,
262.

Am rechten Ufer der Salzach, der Stadt Titmaning gegenüber:

1040, 1090.   **Etnawe, Etnow, Ethenowe,**

Etenau, zerstreute Ortschaft mit der St. Benno's-Capelle.

U. B. I. 237.
U. B. II. 82.

1230.   **Simelingen,**

Simling, eine zur Pfarre Ostermieting gehörige Ortschaft.

U. B. I. 248.

In hoher freier Lage, über dem rechten Ufer der Salzach:

777, 788, 885,   **Aostarmuntinga, Ostarmuntingen, Ostar-**
1025, 1041.   **muntingon, Ostermundingen,** *vicus, villa*
regia, curtis regia in pago Salzburggowe, et in comi-
tatu Aribonis comitis palatini;

Ostermieting, grosse Ortschaft, und stattliche Pfarrkirche zu
Ehren der heiligen Jungfrau Maria, welche vor 1785
Tarsdorf, Haigermoos, und Franking zu Curat-Filialen,
St. Radegund, Ernsting und Eiferding (mit der Kirche
zum heiligen Kreuze) zu Nebenkirchen hatte.

Ostermieting war eine königliche Pfalz, wo öfters die
Carolinger, und an ihrer Stelle die Pfalzgrafen residirten;

Juv. II. 37.
Chron.Lunaelac.
21.
U. B. I. 2.
U. B. II. 1, 27, 80,
84.

Anno vel circa annum.		Quellen-Citat.

a. 1025 und 1041 wird dieser Ort an das Bisthum Freising gegeben [1]).

Unweit Ostermieting:

1080, 1090.	**Ernistingin, Ernstigin,** Ernsting, Ortschaft, wo bis a. 1784 die Kirche zur heiligen Margaretha stand.	Iuv. II. 309. U. B. I. 257.
1134, 1150, 1180.	**Ofenwane, Ofenwanch, Offenwanch, Offinwane,** Ofenwang, Offenwang, vormals adeliges Landgut mit der Capelle des heiligen Aegidius.	U. B. I. 226. U. B. II. 174.
1115, 1125, 1170, 1230.	**Hutte, Houtte,** *castrum;* das landesfürstliche Schloss Wildshut, auf steiler Höhe über der Salzach; einst der Sitz der Edlen von Hutte, eines baierischen Ministerialgeschlechtes; nach deren Erlöschen kam das Schloss an die Edlen von Nussdorf; ursprünglich ein Bestandtheil der Grafschaft Lebenau.	U. B. I. 256, 251. U. B. II. 162, 345.

Gegenüber, am linken Salzachufer, wo der aus dem Abt-See abfliessende:

788, 928. 1140, 1150.	**Lebenauer-Bach, Liublinaha** ausmündet, stand die Burg: **Liubenau, Liubenowe, Loubinhov, Liebenau,** *castrum, muta;* Lebenau, zur Beherrschung des Flusses und damit des Salztransportes erbaut, Hallgrafen-Sitz der im Salzburggau begüterten Grafen von Lebenau, die sich c. a. 1254 allmählich verloren, und deren Besitzungen an die Herzoge von Baiern fielen.	Iuv. II. 40, 131. U. B. I. 240, 550. U. B. II. 287, 415.
800.	*(ad)* **Fridolfingas,** Friderfing, grosse Ortschaft und Pfarre mit der Kirche zu Ehren der heiligen Maria, an der Strasse von Laufen nach Titmaning.	Buchner, Geschichte von Baiern, suppl. II. 56.

[1]) Sowie Ostermieting sammt seinem grossen Pfarrgebiete zum Salzburggau gehörte, ebenso stand es in kirchlicher Beziehung, bis zur Errichtung des Bisthums Linz a. 1784, mit der Kirche St. Pantaleon unter der Erzdiöcese Salzburg, und unter dem Archidiaconate des Domcapitels Salzburg.

788, 1000.   **Putelingen, Puotlingen, Patling,**
Pletling, Curat-Filiale von Fridorfing zum heiligen Martin.

Inv. II, 44, 310.

788.   **Chirchheim,** *ecclesia;*
Kirchheim, Curat-Filiale von Titmaning zum heiligen Georg.

Chron.Lunaelac. 26, 44.

788, 1117, 1142.   **Titamaninga, Titimaningen, Titimaen-**
ningen, Dyetmanningen, *villula;*
Titmaning, niedlich gebautes Städtchen in freundlicher Lage
am linken Salzachufer, mit einem stattlichen Bergschlosse;
Sitz des ehemals salzburgischen Landgerichtes, aus Törring
und Tengling hieher übertragen; die schöne Pfarr- und
Collegiatstiftskirche ist dem heiligen Laurenz geweiht.

Chron.Lunaelac. 21, 28, 34, 43. U. B. II. 130, 206.

788.   **Austrum,** *(ad)* **Austum;**
die zu Titmaning gehörende Curat-Filiale Asten zum heiligen
Martin, einst Weideboden.

Inv. II. 39.

ISEN-GAU.

788, 815, 891, 964.   **Isanagave, pagus Isanchgowe, Isincouue,**
Isangau,
der Isengau, nördlich vom Salzburggau und Chiemgau, zu
beiden Seiten des Inns, und der bei Neuötting in den Inn
fliessenden Isen **(Isana)** sich ausdehnend, wovon der
Zidlaringau ein Untergau, und woraus die Grafschaft
Zeidlarn sich bildete.

Inv. II. 21, 22, 24, 27, 34, 64, 117, 145, 153, 192, 195, 225.

788, 1000.   **Widaha, Uindaha,**
Kirch-Weldach, zur Pfarre Feichten zuständige Curat-Filiale
zum heiligen Vitus.

Inv. U. 43, 310, 27.

788, 799, 928, 1230.   **Hadolvespach, Halspach,** *locus comitis Wasingrim,*
ecclesia parochialis;
Halsbach, eine alte, seit a. 1203 dem Kloster Raitenhaslach
einverleibte Pfarre, zum heiligen Martin, ehevor zum heiligen
Laurenz, mit der zum Stifte Ranshofen gehörigen Filiale
Neukirchen zur heiligen Maria, und der auf dem Uferberge
1120.   der Alz (Wladlberch) befindlichen Filialkirche Margarethen-
berg, vor dem Jahre 1812 zu Raitenhaslach gehöriges
Vicariat.

Inv. II. 46, 55, 159. U. B. II. 692.

In romantischer Waldgegend am linken Salzachufer:

788, 875, 933, 1143.

Baltenhaselach, Ratinhaselah, Reithinhaselah, Rotenhaslach, *cella, ecclesia, monasterium:* das seit dem Jahre 1803 aufgehobene Cistercienser-Stift **Raltenhaslach.**

Es wurde dieses c. a. 1143 von dem Edelherrn Wolfram von Tegernwang im Orte Schätslag an der Alz gegründet; weil aber die reissenden Alzfluthen die neue Stiftung zu zerstören drohten, so transferirte Erzbischof Conrad I. von Salzburg das Kloster an die Ufer der Salzach (a. 1140) nach **Raltenhaslach,** wo schon seit dem neunten Jahrhunderte ein Klösterl bestanden hatte. In der prächtigen Stiftskirche zum heiligen Georgius, Ausanius, Concordia u. Fortunata ruhen neben den Stiftern mehrere Glieder des Wittelsbachischen Herzogshauses, und eine grosse Anzahl Personen aus angesehenem Adel Baierns. Diesem Kloster, das seine ersten Mönche aus Salmansweiler am Bodensee erhalten hatte, wurde ausser Halsbach, a. 1246 die Pfarre Niederbergkirchen incorporirt, so wie auch a. 1372 das Kirchlein St. Radegund überlassen wurde. Fast gleichzeitig mit dem Kloster war eine halbe Stunde nördlich auf einer steilen Anhöhe die Pfarrkirche **Marienberg** entstanden.

Am linken Ufer der Salzach, beiderseits von steilen Höhen eingeschlossen, liegt:

1025, 1090, 1112, 1120, 1135, 1147, 1177.

Purchusin, Purchausen, *castrum, oppidum, ecclesia, muta, curtis regia;* die königlich-baierische, ansehnliche Stadt **Burghausen.**

Um 1025 tauchen die angesehenen und mächtigen Grafen von Burghausen und Schala, Dynasten der Grafen des Salzburg- und Chiem-Gaues, in der Geschichte auf, und blühen bis 1164, worauf ihre Besitzungen an Baiern fielen; diese Grafen waren die Erbauer des Schlosses Burghausen auf dem langgestreckten Felsenberge, welchem aber H. Georg der Reiche a. 1488 den heute ersichtbaren Umfang und Festigkeit gab. Dieses Schloss, in fünf Abschnitten eine Viertel Stunde lang, war der zeitweilige Aufenthaltsort mehrerer Mitglieder der wittelsbachischen Herzogsfamilie, darin wurde der herzogliche Schatz aufbewahrt, war der Sitz des herzoglichen Hauptmannes, dann des Vicedoms. Am Fusse des Schlossberges erbaute sich der gleichnamige Ort und Burgflecken, der a. 1260 bereits eine vornehme und feste Stadt war, später mit vorzüglichen Privilegien

Inv. I. 195, 325.
Inv. II. 46, 101, 171, 173.

Churbair. geistl. Calender auf das Jahr 1755. IV. Th. 207 — 223.

U. B. I. 211, 233, 237, 347.
U. B. II. 176, 243, 244.
Dr. Hundius, bair. Stammenb. I. 40.
Gesch. d. Stadt Burghausen von G.B.Huber, 1860.

und Handvesten ausgestattet ein bedeutender Handels- und
Stapelplatz, insbesondere für das Halleiner-Salz wurde; im siebenzehnten und achtzehnten Jahrhunderte die Haupt- und Regie-
rungsstadt für das östliche Oberbaiern. Unter den erheblicheren
Gebäuden: die Stadtkirche zu dem heiligen Jakob, bereits a. 1140
eingeweiht, das von Friedrich Mautner von Katzenberg a. 1332
gestiftete heiligen Geist-Spital, das ehemalige Jesuiten-Collegium
mit den lateinischen Schulen, das k. b. Landesgericht, vormals
Regierungsgebäude, und das Stadt-Rathhaus.

Eine Stunde westlich von Burghausen:

788, 1110, 1180. **Moringa, Moringen, Moringin, Möringin, Moeringe,** *villa*;   lav. II. 46.

Möring, Pfarrvicariat zum heiligen Martin, in alter Zeit die
Pfarre von Burghausen; auch ein eigenes Edelgeschlecht   U. B. II. 217.
von Moringen sass dahier. Eine Viertel Stunde davon   Fils, Gesch. von
über dem steilen Alzufer der Ort: **Hohenwart** (*alta*   Michelb. 716.
specula), wahrscheinlichst römischen Ursprunges, herzogliche Mautstätte; altdeutsches Kirchlein zum heiligen
Nicolaus.

800, 815, 832. **Alza, Alezussa, Alzissa,** *olim* **Taga,** *flumen*;   lav. II. 62, 82
die aus dem Chiem-See, mit der baierischen Traun vereinigte
reissend schnell zum Inn fliessende Alz.

764, 788, 1140, **Stamheim, Stamhaim,** *villa super Oenum*;   lav. II. 37.
1147. Stamhelm, Pfarrdorf am linken Ufer des Inn, mit der Kirche   U. B. I. 633, 440.
zum heiligen Laurenz; einst auch die Wiege eines eigenen   U. B. II. 230.
Edelgeschlechtes. Unweit davon fällt in den Inn:

788. der **Türken-Bach, Turtin,** *Rivus*.   lav. II. 27.

ROTAH-GAU.

748, 759, 770, **Rotah-Gau, Rotahgouue, Rotahgauue, Ro-**   U. B. I. 41, 42,
794, 803, 820, **tagave, Rotgau, Rotahkeuue, pagus**   44, 45, 47, 48,
823, 854, 903, **Rotahgauuensis;**   49, 58, 94, 448
1170. dieser Gau dehnte sich zu beiden Seiten des Rot-Flusses, von   U. B. II. 50.
dem er den Namen borgte, von Neumarkt bis an den Inn   lav. II. 22, 24,
hin aus, fasste die heutigen Landgerichtsbezirke Gries-   34.
bach, Rotthalmünster, Simbach (ganz), Passau, Pfarr-   Chron.Lunaelac.
kirchen, Eggenfelden und Neumarkt (zum Grosstheile) in   14, 15, 27, 52,
sich, und war südlich vom Isangau, nordwestlich vom   80.

Quinziggau, und nördlich durch die Donau vom Schweinach-Gau begränzt, gegen Osten war er durch den Inn vom Matichgau geschieden. Im Winkel zwischen der Donau und dem Inn lag der Comitat der Grafen von Formbach.

**782, 861, 904,
1073, 1088,
1094.**

Enus, Aenus, Oenus, Inus, Inen, Hin, *flumen;*
der Inn, der grösste Nebenfluss der Donau in Deutschland, aus den Hochgebirgen Rhätiens entspringend, und sein Gewässer sammelnd, wird er bei Hall (in Tirol) schiffbar, und wälzt seine hellgrünen Fluthen in die Ebenen Baierns, wo er die Salzach aufnimmt; woget dann, die Gränzmarke zwischen Niederbaiern und dem österreichischen Innkreise seit a. 1779 bildend, in einem vielgearmten Bette gegen Passau zu, wo er nach einem 62 Meilen langen Laufe mit einem Gewaltanlaufe in die Donau stürzt; in alter Zeit vielfach dienstbar zur Verfrachtung der Wälsch-Weine, und des aus der Salzach kommenden Salzes, dann zur Verführung des Ostweines und Getreides nach Rhätien und Oberbaiern.

Juv. II. 23, 27,
261.
U. B. I. 443, 627.
U. B. II. 99,
103, 118.

Gegenüber der Salzachausmündung:

1200.

Silbrestorf,
Seibersdorf, Schloss, und zur Pfarre Kirchdorf gehörige Curat-Filiale zum heiligen Jakob.

U. B. I. 262.

**1112, 1130.
1137, 1146,
1150, 1170,
1190.**

Jugilpach, Jubelbach, Jugelbach, *castrum;*
Julbach, oberhalb Braunau auf steiler Höhe stand das Schloss und Stammhaus der Edelfreien von Julbach, die sich in den Herren von Schauenberg fortpflanzten. A. 1388 kam die Herrschaft und Veste Julbach an die Herzoge von Baiern, die Pfleger hieher setzten; a. 1504 wurde das Schloss verbrannt und zerstört; nur wenige Mauerreste zeigen die Stelle desselben; am Fusse des Schlossberges liegt die zur Pfarre Stamheim gehörige Vicariatskirche zu den heiligen Bartholomäus und Georg.

U. B. I. 237,
253, 259, 641.
685, 727.
U. B. II. 180, 222,
291.
Dr. Hundius
Stammb. I. 96.

In der Nähe des gegenwärtigen ~~Marktes~~ Simbach bei Braunau:

1125, 1180.

Erlaha, Erlahe, *praedium;*
Erlach, (zur Pfarre Kirchberg gehörende Curat-Filiale) zur heiligen Maria.

U. B. I. 235.
U. B. II. 161.

Anno vel circa annum.		Quellen-Citat.
758.	**Peronpah,** Prienbach, die zu Kirchberg gehörige Filiale zum heiligen Stephan, nahe am Inn.	U. B. I. 440.
1190.	**Stubenberch, Stumbere,** Stubenberg, Hofmark und Pfarre zum heiligen Georg; auf der Höhe das verfallene Schloss, der einstige Sitz der Edlen von Stubenberg.	U. B. II. 691, 708.
	Nahe am Inn, und an der Strasse von Burghausen nach Passau:	
758, 820, 928, 1090, 1120, 1164.	**Aeringa, Eringa, Eringen,** *locus in Rotahgauua, et in comitatu Heroldi, ecclesia;* Ering, schönes, herrschaftliches Schloss, Hofmark und seit a. 1448 dem Kloster Aspach einverleibte Pfarre mit den Filialen Malching, Pildenau und St. Anna; einst die Wiege des angesehenen Edelgeschlechtes der von Ering und Frauenstein; a. 1175 hielt H. Heinrich der Löwe zu Ering einen Landtag.	U. B. I. 440, 254. U. B. II. 330. Filz, Gesch. von Michelb. 689.
1174.	**Pilinaw,** Pildenau, Ortschaft der Pfarre Ering mit der Kirche zu den Heiligen Johann und Paul.	U. B. II. 330.
758, 818, 904.	**Mallakingen,** *super Ripam Eni,* **Malluhhinga,** *portus;* Malching, Hofmark und zu Ering gehörende Expositur mit der Kirche zum heiligen Aegidius.	Juv. II. 24. U. B. II. 53.
790, 1120, 1176.	**Echiolfincas** *(ad),* **Ekkolvingen, Ekkolfingen,** Ekkelfing am Inn, Obernberg gegenüber, zur Pfarre Aigen gehörige Filiale zum heiligen Michael.	U. B. I. 366, 762. Mon. boic. XXVIII. II. 13 bis 67, 6.
814, 1120, 1150, 1180.	**Wirtingen, Uuirtingen,** Wirtlag am Inn, Reichersberg gegenüber, Pfarre zur heiligen Maria, Sitz eines eigenen Edelgeschlechtes von Wirting.	U. B. I. 68, 299, 302, 285, 301.
1150.	Weiter abwärts am Inn: **Geginningen,** Gegnlag, zur Pfarre Wirting gehörige Ortschaft mit einem Michaelskirchlein.	U. B. I. 295.

Anno vel circa annum.		Quellen-Citat.
788, 829, 1140, 1180, 1190, 1230.	**Saverstedl, Sauerstetl, Sauersteten, Sauerstetten,** Saverstetten, vormals zur Probstei Matighofen gehörige Hofmarch, und Filiale von Wirting zum heiligen Andreas, einstiger Stammsitz der Edlen von Saversteten [1].	Inv. II. 22, 34 U. B. I. 84, 380, 390, 697. U. B. II. 222, 314, 528.
768, 1150.	**Chirlheim, Chirichheim,** *ecclesia;* Kirchheim, Dorf und zur Probstei Matighofen gehörige Pfarre, mit der Kirche zum heiligen Martin, ehemals den Kuchlern auf Friedburg gehörend.	U. B. I. 440, 480.
763, 820, 1120, 1190.	**Tuttingen, Tutingun, Tuttinga,** Tuttlag, zur Pfarre Kirchheim gehörige Ortschaft an der Strasse von Burghausen nach Passau.	U. B. I. 440, 667, 782. Mon boic. XXVIII, II. 15 bis 67.
1175, 1260.	**Münster, Munstuir,** *forum, locus placiti;* Rotthalmünster, im Thale des Köstlarn-Baches gelegener Markt, der schon a. 1260, als zur Grafschaft Neuburg am Inn gehörig, genannt wird; die Pfarre zur heiligen Maria wurde a. 1343 dem Cisterzienser-Stift Aldersbach einverleibt; in der Nähe die ehemaligen Edelsitze: Tobel, Rohr und Erlbach.	Hund. Stammb. II. 407. Lazius de migr. gent V. VII. 317 apud. Raenkel.
1127, 1164.	Eine Stunde nordwärts, auf einer das Rotthal beherrschenden Anhöhe: **Aspach, Asbach,** *monasterium;* Aspach im Rotthale; diese Benedictiner-Abtei zum heiligen Matthäus wurde von dem bambergischen Bischofe Otto I. mit Zuthun der Frau Christina, Witwe des Edelherrn (*Comitis*) Gerold von Aspach, gegründet, und mit Liegenschaften auch diesseits des Inns, um Matighofen, Atersee (Amthof Seling) ausgestattet; erhielt nebst der Stiftspfarre die Pfarreien Ering und Münichheim. Die Vögte des Klosters waren die Herren von Ering und Frauenstein. A. 1212 und 1267 wurde das Kloster sammt dem Frauen-Oratorium, jedesmal vollends zerstört! A. 1803 geschah	U. B. II. 330. Churbair. geistl. Calender auf das Jahr 1753. III. Th. 293.

[1] Sowie das Hochstift Passau das am rechten Ufer des Inns gelegene Oberberg als unmittelbare Herrschaft besass, ebenso hatte es das am linken Ufer gelegene Schloss und Gericht Riedenburg mit Aigen, Ekkelfing und Saverstetten als Immediat-Herrschaft inne.

die Aufhebung desselben, und bald darauf die Zerstörung
der Pfarrkirche zum heiligen Michael; die ehemalige
schöne Stiftskirche in ihrer neueren Bauform rührt aus
der Zeit vom Jahre 1784.

Drei Viertel Stunden östlich davon, ebenfalls auf der Anhöhe:

1140, 1194. **Wihenmertingen, Wihemerting, Weihmar-
ting,** *ecclesia*; — U. B. I. 67, 99.

St. Welh-Martin, Ober-Welhmörtling, Kirche und Pfarre zum — U. B. II. 447.
heiligen Martin, die a. 1194 an das Kloster Mondsee übergeben wurde.

770, 823, 1130. **Perge, Bergk,** *locus in pago Rotahgauue*; — U. B. I. 45, 44,
Berg, zur Pfarre Pocking gehörige Ortschaft; unweit davon 834.
der Sitz und das Schloss:

1130, 1160. **Oggeresheimen, Otgersheim,** — U. B. I. 636, 760.
Eggersheim, wobei die Kirche zur heiligen Margaretha.

An der Strasse nach Passau:

820, 1110, 1111. **Pochingas** *(ad)***, Boching, Pochingen,** *praedium*; — U. B. I. 48.
1220. Pocking, Hofmark, und bis a. 1803 dem Stifte St. Nicola bei — U. B. II. 132,
Passau einverleibte Pfarre zum heiligen Ulrich, ursprüng- 138, 606.
lich Filiale von Hartkirchen; von Tutting bis Pocking dehnt
sich die Pocklager-Heide, *Erica Pockingiana*, von Pocking
1210. bis Mitich die Königs-Wiese, *Chunigiswisen*, aus; in dieser — U. B. I. 695.
Ebene wurden a. 913 die Ungarn, als sie mit ihrer Beute Annal. Austriae
über den Inn zurückkehren wollten, von dem baierischen Calles. T. I. 4.
Herzoge Arnulf gänzlich geschlagen; in dieser Wiese 237.
wurden vor Alters Ehehaftgerichte gehalten.

1075, 1130. **Rotawe, Rotow,** — U. B. I. 324, 365,
1160, 1180. Rotau, die ehemalige Wiege des in Baiern ansehnlichen Adel- 636, 707.
1200. geschlechtes der Rotauer, die von a. 1075 — 1550 U. B. II. 115, 690.
blühten.

In der Königs-Wiese:

1140, 1150. **Untelingen,** — U. B. I. 580, 516,
1180. Ober-Intling, vormaliger Edelsitz, und zur Pfarre Pocking 719.
gehörige Nebenkirche zum heiligen Florian.

Nahe am Inn:

1144, 1220, 1230. | **Harchyrchen, Hartchirchen,** *ecclesia et parochia;* **Hartkirchen,** Marktflecken und alte Pfarre zum heiligen Petrus, die a. 1144 dem Stifte St. Nicola bei Passau als Entschädigung gegeben und demselben bis a. 1803 einverleibt war. Pocking, Ober-Inlling und Mitich waren einstige Filialen von Hartkirchen.

U. B. L. 697.
U. B. II. 606,
612.
Schöllers Bisch.
von Passau. 46.

790,1096,1120, 1160. | **Inzinga, Incingin, Incingen,** *curtis;* **Inzing,** Ortschaft nahe am Inn; hier stand ein zur Kirche Passau gehöriger Mayerhof, aus dem sich später die den Inzingern gehörende Schlossherrschaft Inzing bildete; das Schlösschen ist demolirt, so wie die zum Schlosse gehörige Capelle zum heiligen Johannes den Täufer.

U. B. L. 698,
782, 820.
Mon boic. T. 28,
II. 9.

1094, 1140, 1150, 1230. | **Rotingen, Rotengin, Rotigen,** *praedium;* **Röting, Röding,** zur Pfarre Mitich, und zum Collegiatstifte Matighofen seit 1441 zugehörige Hofmarch.

U. B. I.363, 568,
633, 703.

An der Strasse nach Passau:

1110, 1120, 1130, 1140, 1170, 1240, 1250. 1090, 1110, 1120, 1140, 1255. | **Mitich, Mittich, Mitiche, Mithie,** *praedium;* **Mitich,** Pfarrdorf mit der Kirche zur heiligen Maria, und einsiger Edelsitz der Herren von Mitich; unweit davon hatten die Herren von Hartheimen ihren Edelsitz.

U. B. I.535, 546,
552, 576, 710.
U. B. II. 413.

U. B. I. 138,
457, 535, 532,
660, 760.

Von Mitich gegen Schärding hin, ist die Ausmündung des Rot-Flüsschens:

748, 770, 803, 823, 854. | die **Rot, Rota, Rotah, eructatio fluctuum,** *fluvius,* hat ihre Quellen bei Ober-Bergkirchen (Landgerichts Neumarkt in Ober-Baiern), verstärkt sich mit der Bina, Märzsee und anderen Bächen, und strömt in einem mehr ostwärts gerichteten, zwölf Meilen langen Laufe, dem Inn zu. Nach ihr wurde der anliegende Gau **Rotahgau,** und das fruchtbare Thalgelände **Rotthal** genannt.

U. B. I. 42, 45,
46, 49, 58.

Am linken Ufer der Rot-Mündung, Schärdig gegenüber:

759, 823, 1130, 1140, 1150, 1160, 1188. | **Ecclesia St. Martini** *in loco ad* **Intinstegon,** *in Rotahgouue,* **Wihmartingen, Wimaertingen, Wihenmertin, Jauhanmartina,** *ecclesia, praedium;*

U. B. I. 41, 40,
520, 634, 654,
728.
U. B. II. 412.

St. Weihmartin, Nieder-Weihmörting, zur Pfarre Sulzbach
gehörige Ortschaft, wo ehedem ein hochstiftisch-passaui-
scher Mayerhof sich befand; das Kirchlein zum heiligen
Martin wurde a. 1808 abgebrochen.

Eine halbe Stunde westlich von Schärding, in mässiger
Erhöhung über dem Sulzbache:

780, 818, 823, **Sulzzibach, Sulzpach, Sulzibach, Sulzipah,**
879, 1120, 1130, **Sultzbach,** *curia, ecclesia, parochia;*
1140, 1157,
1170, 1188,   Sulzbach, Pfarre zum heiligen Stephan, die mit den Filialen
1190.   Ruhstorf, Rotersheim, Rothof und Weihmörting a. 1188
dem Kloster Formbach tauschweise übergeben worden war.
Ritter C. H. von Lang hält dieses S u l z b a c h für den Sitz
der Gaugrafen des Rotahgaues (d. 818: Engildeo, 834: Engil-
brecht, 1007 Kerold), welche für die Vorfahren der alten Rot-
grafen bei Sulzbach, d. i. der Grafen von Sulzbach gehalten
werden, von denen urkundlich *Gebhardus Comes de Sulzbach,*
1125, 1190.   und *Berengar* (a. 1125—1190) angeführt werden, und deren
Erbtöchter durch Heirat die sulzbachischen Besitzungen an das
Haus der Ortenburger gebracht hatten; Sulzbach blieb orten-
burgisches Lehen, kam a. 1288 an die Marspäcker, später an die
Tannberger.

Eine halbe Stunde westlich von Sulzbach, nahe am linken
Rotufer:

1094, 1110, 1120, **Eholuingen, Eholving,** *ecclesia collegiata cum*
1130, 1139, 1179, *decimis, praedium. villa, vinea;*
1210.
     Eholfag, zur Pfarre Sulzbach gehörige Ortschaft, mit altdeut-
scher Kirche zum heiligen Vitus, bei welcher Graf Tiemo I.
von Formbach-Neuburg c. a. 1040 eine Canonia zu errichten gedachte, und für welche er pfarrliche Rechte bereits
erwirkt hatte; später wurde sie an die St. Martins-Kirche
zu Formbach übergeben, und a. 1094 mit dieser dem
Kloster Formbach einverleibt. Auch blühte daselbst das
Dienstadelgeschlecht der E h o l v i n g e r.

Nicht weit davon auf einer Anhöhe die nach Ruhestorf
gehörende Nebenkirche zum heiligen Nicolaus zu Rotersham,
1170, 1188, 1210. **Ratalisheim, Ratoldshaim.** *capella.*

Mon boic.
XXVIII, II. 15.
U. B. II. 24, 155,
287, 421.
U. B. I. 12, 13,
208, 222, 323,
635, 634, 680,
782.
Baierns Gaues,
I. B. 158.
U. B. I. 134,
596. 833.
J. Strnadt, Land-
gericht Velden.
161

U. B. I. 627, 695,
731, 769, 780,
782.
U. B. II. 181,
337, 601.

U. B. I. 695, 741.
U. B. II. 412.

Anno vel circa annum.		Quellen-Citat.
1130, 1170.	**Pillenhalm, Pillinheim;** **Pillhelm,** dermals in ein Bräuhaus umgestaltetes, zur Herrschaft Ering gehöriges Schloss.	U. B. I. 648, 683.
	Nahe an der Rot, und an der nach Landshut führenden Strasse:	
1170, 1180, 1235.	**Rustorf, Ruhstorf, Röstorf, Ruzdorf,** *capella;* **Ruhstorf,** vormals zu Sulzbach, und dem Kloster Formbach gehörige Filiale zur heiligen Maria, heute Pfarre; auf dem jetzt zerstörten Schlosse sass das Edelgeschlecht der Ruhstorfer, die a. 1750 ausstarben.	U. B. I. 683, 699. U. B. II. 412.
1126, 1188, 1200.	**Rotenhoven, Rothouen,** *capella;* **Rothof,** zur Pfarre Ruhstorf zuständige Nebenkirche zu den heiligen Aposteln Petrus und Paulus, auf einer mässigen Höhe.	U. B. I. 632, 755. U. B. II. 412.
1230.	**Hader,** zur Pfarre Tetenweis gehörige Curat-Filiale zu den heiligen Aposteln Philipp und Jakob.	U. B. I. 776.
1130, 1179.	**Huntholpten, Hovnthvbten, Hunchopten,** *praedium;* **Hundhaupten,** zur Pfarre Tetenweis zuständige Ortschaft.	U. B. I. 640. U. B. II. 362.
1075, 1220.	**Rutarn, Raevtarn, Riutaren,** *vineae;* **Reutern,** Pfarre zum heiligen Valentin, am östlichen Abhange des Steinhart-Forstes.	U. B. II. 108, 607.
1182, P. 1200.	**Tetenwis, Tetenweis,** Schloss, Hofmarch und alte, zum Innbruckamte Passau lehenbare Pfarre zum heiligen Martin. Ausserdem lagen in dieser Pfarre noch die einstigen Edelsitze:	U. B. I. 397. Buchingers Geschichte des Fürstth. Passau. I. 162.
800, 1140, 1150, 1170, 1230.	**Haropach,** in *Rotahgauue,* **Harbach superius et inferius, Horbach,** *praedium et vinea;* **Ober-** und **Unter-Harbach.**	U. B. I. 41, 142, 296, 512, 609, 656.
1130.	**Swezenbach, Svecinbach,** *praedium;* **Ober-** und **Unter-Schwärzenbach;** dann **Ottenberg,** mit der Kirche zu Ehren der heiligen Wolfgang und Leonhard, und dem Edelsitze der Ottenberger.	U. B. I. 633, 636.

Anno vel circa annum.		Quellen-Citat.

An der Strasse von Schärding nach Vilshofen:

1130, 1150, 1182. **Engelhartsheim, Engelhartesheim,** *praedium;* **U. B. I. 719, 727.**
Eagertsheim, Eagertsham, Pfarre zum heiligen Michael, ehe- **U. B. II. 373.**
mals Filiale von Tetenweis.

903, 1160, 1177, **Corphaim, Chorpeheim,** *ecclesia et parochia;* **U. B. I. 342, 519,**
1179, 1182, 1190. **Karpfheim,** grosses Pfarrdorf an der Strasse von Schärding **752.**
nach Landshut, und am linken Rotufer; a. 903 wurde **U. B. II. 48, 361,**
dieser Ort der Kirche Passau übergeben, a. 1160 als ein **373.**
derselben gehöriger Mayerhof aufgeführt; a. 1177 hielt
H. Heinrich von Baiern mit seinen Landes-Edlen einen Land-
tag. Die zu Ehren der seligsten Jungfrau Maria geweihte
Pfarrkirche hatte ehedem Griesbach, Weng und Parham
zu Filialen; ausserdem im Friedhofe die Capelle zu den
vierzehn Nothhelfern.

Nördlich davon, hochgelegen:

1075, 1110, 1120, **Griezpach, Grizpah, Griesbach,** *castrum pala-* **U. B. I. 629,**
1130, 1238. *tini, forum;* **476, 702, 782.**
Griesbach (Ober), eine den Formbächern gehörige Veste, die **U. B. II. 113.**
a. 1242 an die Ortenburger, dann an die Herzoge von
Baiern gedieh, und um welche herum der Markt sich
anbaute; die Pfarrkirche ist dem heiligen Michael geweiht.

Nordwärts von Griesbach zieht sich der einst zur Grafschaft **Lazius de migr.**
Neuburg gehörige, jetzt königliche Cameral-Forst Steinhart, **gent. l. VII,**
1236, 1260. **silva Steinhardt,** ein waldbedeckter Bergrücken, herum. **f. 317.**

Am nördlichen Saume dieses Waldes, im waldumschlos-
senen Thale;

1289, 1293. **St. Salvatoris,** *monasterium;*
das vormalige, exemte Prämonstratenser-Stift St. Sal- **Churbair. geistl.**
vator entstand aus einer durch die adelichen Gebrüder, **Calender auf das**
Friedrich und Bernhard von Pöring a. 1289 errichteten **Jahr 1755, III. Th.**
Eremitage und Frauen-Oratorium, indem mit Zuthun des **324—338.**
passauischen Bischofes Bernhard von Prambach, die Ere-
miten dem Prämonstratenser-Orden einverleibt, ihnen ein
Probst aus dem Kloster Osterhofen gegeben, und die
Kirche zu Ehren des Weltheilandes eingeweiht wurde.
A. 1437 wurde die benachbarte Pfarre Utlau einverleibt;
a. 1632 brannte das Stift gänzlich nieder; das neue

Klostergebäude wurde auf der nahen Anhöhe aufgeführt. A. 1803 geschah die Auflassung dieses übrigens kleinen Stiftes.

749. **Wolfaha,** *aqua, rivus in pago Rotahgauue;* die **Wolfach** hat ihre Quellen an den nördlichen Abhängen des Steinhart-Forstes, und fliesst an Ortenburg vorüber, bei Vilshofen in die Donau.

U. B. I. 44.

749, 778, 1220. **Vilusa, Vilsa, Filusa,** *fluenta, flumen;* die **Vils** entspringt im Landgerichte Aerding, durchfliesst das schöne, fruchtbare Vilsthal an Vilsbiburg, Frontenhausen, Reisbach, Eichendorf vorüber, und vereiniget sich zu Vilshofen mit der Donau.

U. B. I. 20, 21, 609.

Am rechten Ufer der Donau, und an der Strasse von Passau nach Regensburg:

757, 814, 877, 1075, 1110, 1220, 1223. **Filusir, ad Vilusa, Vilshouen, Vilshouin, Vilschouen, Filschouen, Vilshoven, Vilzhoven,**

Vilshofen, eine wohlgebaute gewerbrührige Stadt mit lebhaftem Handel; schon im achten und neunten Jahrhunderte bestand dieser Ort, und kam an Passau; c. a. 1190 erhielten die Grafen von Ortenburg Vilshofen als Lehen, umgaben den Ort mit Mauern (a. 1192) und erhoben ihn zu einer Stadt. A. 1249 gedieh Vilshofen an die bairischen Herzoge, die a. 1319 und 1320 es noch mehr befestigten, und durch Verleihung verschiedener Privilegien zu grösserem Wohlstande emporhoben; 1236 wird es ausdrücklich Pfarre genannt; an der Pfarrkirche zum heiligen Johannes den Täufer gründete a. 1376 Ritter Heinrich Tuschl von Säldenau ein Collegiatstift für zwölf Chorherren, a. 1803 aufgehoben. Ausserdem bestanden die Frauencapelle, die St. Blasius-Capelle bei dem a. 1343 gestifteten Spitale, die St. Ursula- und die St. Barbara-Capelle. Weiter abwärts an der Donau liegt die zu Vilshofen gehörige

U. B. I. 610.
U. B. II. 106, 111, 131, 606, 612.

Churbair. geistl. Calender auf das Jahr 1755, III. Th. 367—368.

1075, 1110, 1111, 1220. Filiale: **Havchspach, Habechesbach, Haberhesbach, Hauspach, Hausbach;** die in Rondelform gebaute Kirche zur heiligen Magdalena war bis a. 1536 Pfarrkirche.

U. B. II. 106, 131, 135, 612.

Südlich von Hausbach:

909 (V).   **Holzchircha,**   U. B. II. 57.
Holzkirchen, Pfarre zum heiligen Andreas. (Wahrscheinlich
das zwischen der Isar und Mangfall befindliche Holzkirchen
in Oberbaiern zu verstehen. ? laurentius.)

In bedeutender Höhe über dem rechten Ufer der Wolfach:

1149, 1160,   **Ortinberch. Orthinberc, Ortenperge, Orten-**   U. B. I. 389,
1167, 1190,   **burg,** *castrum;*   560, 574, 680.
1205, 1222.   das alterthümliche Stammschloss, und die vormalige Residenz   U. B. II. 323, 483,
der (bis a. 1802) reichsunmittelbaren, in einer Linie noch   500.
fortblühenden Grafen von Ortenburg, eines nach
Baiern übergesiedelten Zweiges der in Kärnten ansässigen
Grafen von Ortenburg und Sponnheim, von denen einige
(a. 1128—1268) auf dem Herzogstuhle in Kärnten sassen.
Ein Dynaste, Rapoto I., brachte durch Heirat mit Elisabeth,
Erbtochter des Grafen Gebhard von Sulzbach, die sulzbachischen
Besitzungen, zwischen dem Inn und der Donau, und an der baierischen Traun, an sich, und war, wie der Stadt Vilshofen und des
Marktes Plainting, so auch des Schlosses **Ortenburg** Erbauer.
Rapoto II. erhielt die Pfalzgrafen-Würde (a. 1208).
    Zu Ende des vierzehnten Jahrhunderts erhob sich, eine
halbe Stunde weiter rückwärts, das Schloss **Neu-Ortenburg,**
heute gänzlich zerstört; a. 1504 war auch Alt-Ortenburg in
Flammen aufgegangen. Für das um Ortenburg gelegene Gebiet
wurde die Reichsunmittelbarkeit zu Stande gebracht. Am Fusse
des Schlossberges lagert sich der gleichnamige Markt, und darin
erhob sich die Pfarrkirche zur heiligen Maria.

Eine Viertel Stunde südlich:

1120, 1218,   **Steininchirichin, Steininchirchen, Stein-**   U. B. I. 608, 782.
1224.   **chirchen, Stainchirchen,**
Steinkirchen, Steinaukirchen; die alterthümliche, einst dem   U. B. II. 633.
heiligen Laurenz geweihte Kirche ist, wie jene des Marktes
Ortenburg dermals Bethhaus für die dem Augsburger-
Religionsbekenntnisse zugethanen Bewohner von Ortenburg.

790, 1100, 1125,   **Pholesauwa, Pholesovuua, Phoalsovva,**   Mon. boic.
1140, 1170.   **Pfolesavuua, Pholsou, Pfolsau,** *praedium;*   XXVIII. II. 15,
Pfalsau, zur Pfarre Höhenstatt gehörige Ortschaft, und ein-   67. 21.
stiger Edelsitz.   U. B. I. 426,
  630, 661, 738.
  U. B. II. 189.

**800, 1134, 1120,
1140, 1240.**

Ezzinpah, Ezimpach, Ezenbach, Ezzenbach,
praedium:
Esenbach, zur Pfarre Höhenstatt gehörige Ortschaft, vormaliger Edelsitz und Kirche zum heiligen Nicolaus.

U. B. I. 46, 312,
540, 645, 703.

**790, 903, 1160,
1179, 1182.**

Haohunstetl, Hohunstat, Hohenstat, *ecclesia;*
Höhenstatt, Pfarre zur heiligen Maria. A. 903 wird der Ort
Hohunstat an die Kirche Passau übergeben; a. 1179 unter
den zum Domcapitel Passau gehörigen Kirchen und Mayer-
höfen aufgeführt; a. 1317 wird die Pfarre dem Kloster
Fürstenzell übergeben; heutigen Tages ist Höhenstatt ein
berühmtes Schwefelquellenbad mit einem ansehnlichen
Curhause.

Mon. boic. I. 28,
II. 19.
U. B. II. 48, 362,
375.
U. B. I. 519.

Eine halbe Stunde nördlich davon:

1272, 1277.

Fürstencelle, cella principum, *monasterium;*
Fürstenzell; den Grund zu diesem a. 1803 aufgelassenen
Cisterzienser-Stifte legte der passauische Domherr, und
Magister der Domschule, Hartwic, der a. 1272
den vom Kloster St. Nicola erkauften Cellerhof, und die
dabei befindliche St. Stephans-Capelle mit Beihilfe des
H. Heinrich von Niederbaiern in ein Kloster umgestaltete,
und a. 1274 Mönchen aus dem Kloster Aldersbach
überwies; a. 1217 erhielt das Stift die Pfarre Haunersdorf,
a. 1317 Höhenstatt und Jersheim, a. 1448 die Pfarre
Peutelsbach. Die zierlich gebaute Stifts- jetzt Pfarrkirche
zu Ehren der seligen Jungfrau Maria rührt aus der Bau-
Periode a. 1740—1748; die vormalige Catharinen-Kirche
ist dermals zu profanen Zwecken verwendet.

Mon boic. V. 18.

Churbair. geistl.
Calender auf das
Jahr 1755. III.
Th. 313 — 315
und 582.

Eine halbe Stunde nordwärts:

**1120, 1130,
1240.**

Jersheim, *praedium;*
Irsheim, Irsham; die mit Pfarrrechten ausgestattete, vom
Kloster Fürstenzell aus versehene Filiale zum heiligen
Andreas wurde a. 1807 zerstört; in der Nähe der Burg-
stall des einstigen Edelsitzes der Herren von Jersheim.

U. B. I. 445, 545,
617, 655, 782.

Am Innstrome, wo derselbe plötzlich in ein schmales Bett
gebannt, an den zahllos emporragenden Felsenklippen wildtosend

**960, 1010,
1050, 1094,
1100, 1122,
1126, 1139,
1179, 1188.
1230.**

brandet [1]), stand im neunten, zehnten und eilften Jahrhunderte
die ansehnliche Burg:

**Formbach, Fornbach, Formpach, Vormbach,
Vorenbach, Fahrinbach,** *castrum, etiam
rivus;*

Stammburg der gleichnamigen Grafen, und neben dem Schlosse
stand die, weithin berühmte Wallfahrtskirche „**Maria am
Sand**". Himiltrudis, Tochter des Grafen Heinrich I.
von Formbach beschloss neben dieser Kirche ein Klöster-
lein, Eremitenhaus, zu gründen, c. a. 1050; weil aber
dieses zu keiner Lebenskraft gedeihen wollte, so nahm
sich Graf Ekbert I. von Formbach-Neuburg der Stiftung
seiner Base an, erneuerte dieselbe, und gab ansehnliche
Besitzungen und Liegenschaften, a. 1094—1096, und so
entstand das Kloster, *monasterium, claustrum* **Formbach, Formbacum,** das Mönchen vom Orden des
heiligen Benedict übergeben wurde. Die vorzüglichsten
Stiftungs-Objecte waren folgende: der Ort und die Kirche
Glocknix, die bald zur Pfarre, zur Probstei mit einem
Filial-Convente sich gestaltete; der Markt und die Pfarre
Neunkirchen im Steinfelde; die Kirchen zu Püten, Münich-
wald, Mürzze, Engilprechtsdorf, Antissenhofen, Eholving
und St. Martin zu Formbach mit den Zehenten und aller
Zugehör; a. 1188 und 1189 die benachbarte Pfarre Sulzbach mit ihren Filialen und Neukirchen im Forste. A. 1126
war das Schloss Formbach angekauft und zum Kloster
umgebaut worden. Die Stiftskirche wurde in der Ehre der
Himmelskönigin Maria geweiht. Nach der Aufhebung des
Klosters a. 1803 wurde die Kirche Maria am Sand gesperrt,
a. 1831 demolirt, ebenso die vormalige Pfarrkirche zum
heiligen Martin bis auf den vorderen Theil abgetragen.

Weiter rückwärts des Strompasses auf waldiger, steiler
Höhe, hatten sich die Grafen von Formbach, um sich mehr vor
den Ueberfällen der Ungarn zu sichern, eine Burg grösseren
Umfanges erbaut:

**1070, 1120,
1130.**

U. B. I. 778,
625—782, 697.

U. B. II. 158,
181, 237, 412.

U. B. I. 627.
633, 721.

[1]) Der bei Formbach in ein schmales Bett eingeengte Strom bildete am
sogenannten Karpfenstein eine Art für die Schifffahrt gefährlichen
Strudels: „Cataracta Oeni fluminis, scopulisque, Karpfenstein dictus,
cui tristem celebritatem conciliavit frequentia naufragiorum."

Mon boic. IV.

Anno
vel circa annum.

950, 1000,
1120, 1140,
1150, 1170,
1195.

Quellen-Citat.

U. B. L 145,
663, 664, 755.
U. B. II. 344,
452.

Newnbure, Nivvenburch, Nienburch, Niwenburg, Niunbure, Neunburch, Neunburg,
castrum juxta Inum fluvium;

aber auch, um ihre weitgedehnten Besitzungen zu schützen, und die Stromfahrt zu beherrschen, die Burgen: **Windberg, Vichtenstein, Schärding, Ried, Griesbach, Neufels, Wehrnstein.** Denn die Grafen von Formbach-Neuburg besassen ausser dem Comitat Formbach und jenen an der Ilz, auch die Grafschaften Windberg, Schärding, erwarben die Grafschaft Pöten, *(in orientali plaga)* und zwar reichsunmittelbar; kamen durch Heirat in nahe Verwandtschaft mit den Grafen von Wels und Lambach, mit den Markgrafen von Steyer und Oesterreich, ja mit der sächsischen Kaiserfamilie, waren überhaupt die mächtigste Adelsfamilie im östlichen Bojarien; Graf Ekbert III. wird: „nobilissimus comes et vir regalis sanguinis, nobilitate, divitiis ac virtute insignis" bezeichnet. Mit diesem Gr. Ekbert III. erlosch in männlicher Linie der Stamm der Formbächer; die Grafschaft Pöten fiel an den Markgrafen Ottokar von Steyer, die übrigen Besitzungen an die Grafen von Andechs, nachmals Herzoge von Meran. Nach der Aechtung des H. Otto II. von Meran verlieh K. Friedrich II. die Grafschaften Neuburg und Schärding als Reichslehen an den H. Otto von Baiern a. 1248. Doch um den Besitz dieser Grafschaften wurde längere Zeit gefehdet (a. 1257, 1260, 1283), bis sich dahin verglichen wurde, dass Schärding mit Ried bei Baiern verbleiben, Neuburg an Oesterreich fallen sollte. A. 1309 wurde Neuburg von den Baiern durch 10 Wochen belagert, erobert und verwüstet; wieder an Oesterreich zurückgegeben, verblieb es, wiewohl mehrmals zu Lehen gegeben und verpfändet, den österreichischen Landesfürsten. A. 1510 kam Neuburg als Reichslehen an die Grafen von Salm, a. 1654 an die Grafen von Sinzendorf, a. 1698 an die von Hamilton, a. 1731 an das Hochstift Passau; nach dessen Säcularisation a. 1802 fiel die zur oberösterreichischen Landeshauptmannschaft gehörige Grafschaft mit 713 Unterthanen an Baiern; das Schlossgebäude wurde verkauft, und seit dem Brande a. 1810 prangt es als eine grossartige Ruine. Die Schlosscapelle zum heiligen Pankraz ist zu profanen Zwecken verwendet.

Buchners Gesch.
von Baiern,
V. 109.

Neuburg gegenüber, am rechten Innufer, über einem senkrecht aus dem Strome emporstehenden Felsen wurde theils als Vorwerk, theils zur bequemeren Einheischung des Fahrzolles die Veste:

1200, 1235. **Wer, Wehrstein, Wehrenstein, Wernstein, propugnaculum,** *castellum, Purchuta, muta;* | U. B. L. 699, 709.

das, heute theilweise verfallene, Schloss Wernstein, erbaut, und blieb immer ein Appertinens von Neuburg; unferne von diesem Schlosse erhob sich im vierzehnten Jahrhunderte als eine Filiale der Innstadtpfarre die Kirche St. Georgen, seit a. 1700 Pfarre Wernstein.

1075, 1179. **Forestum Niwenburgianum, forestum** *castro* | C. B. R. 113, 357.
Neunburc contiguum;

der königlich bairische Aerarial-Forst: Neuburger-Wald, der im Umfange der ehemaligen Reichsgrafschaft, nord- und nordwestwärts vom Schlosse Neuburg, vom Inn bis zur Donau bis gegen Vilshofen hinüberreicht.

Am südlichen Saume dieses Forstes:

1189. **Niunchirchen in foresto (Schönawe),** *ecclesia* | Mon. boic.
parochialis; | IV. 144.

Neukirchen am Inn, Pfarre zum heiligen Johannes den Täufer, die a. 1189 dem kl. Formbach übergeben worden war. Zwischen diesem Neukirchen und dem Schlosse Neuburg zeigt sich die Lagerstelle einer Veste aus mittelalterlicher oder römischer Vorzeit.

SCHWEINACH-GAU.

828, 860, 903. **Schweinach-Gau, Schweinachgowe,** | Mon boic. XI.
Schwaincouu, Schweinigovv, Sueni- | 147.
gowe, Sweinigowe, *pagus;*

der sich von den Ufern der Donau bis zur Gränze Böhmens, vom Regen-Flusse bis zur Ilz herab erstreckte, und dessen Gaugrafen zeitweilig die Grafen von Formbach waren.

1005. **Winidorf, Winidundorf,** *in pago Sweinigowe, in* | Mon. boic.
comitatu Adalberti; | XXVIII. 265.

Windorf an der Donau wurde zu Anfang des dreizehnten Jahrhunderts von den passauischen Bischöfen zum Markte

erhoben; die Vicariatskirche zum heiligen Jakob war
chevor Filiale von Otterskirchen.

Darüber auf der Höhe stand:

Windperge, Windberch, *castrum et comitatus;*

Schloss und Grafschaft **Windberg**, den Grafen von Formbach gehörend. A. 1207 wurde diese vom Utelbache bis
zur Ilz reichende Grafschaft vom Herzoge Otto I. von Meran
auf Neuburg an das Hochstift Passau um 1800 Mark Silbers
verkauft; später passauisches Pfleggericht, wurde es mit
dem Landgerichte Oberhaus vereiniget; vom einstigen
Schlosse ist nur die Stelle erkennbar.

*1070, 1090,
1100, 1130,
1160.*

U. B. I. 538,
827, 839, 778.
U. B. II. 93.
Mon boic.
XXIX. I. 539.

In hoher Lage zwischen Passau und Vilshofen:

**Ottokarschirchen, Otakerschirchen, Oht-
hartschirchen, Otartschirchen, Otars-
chirin,** *ecclesia et parochia;*

Otterskirchen, alte Pfarre zum heiligen Michael, und passauische
Herrschaft; das Archidiaconat Passau war in die Dekanien:
Otterskirchen und Pfarrkirchen abgetheilt [1]).

*1170, 1200,
1225.*

U. B. I. 662, 762.
U. B. II. 633.

Tiuffenbach, Tiuffenpach, *ecclesia et parochia;*
Tiefenbach, alte Pfarre zur heiligen Margaretha.

1212, 1213.

U. B. I. 431.
U. B. II. 562.

Am rechten Ufer der Ilz auf einem Felsenkegel, eine halbe
Stunde nördlich von der Ilzstadt:

Hals, Halse, Halsen, *castrum;*

das Schloss **Hals,** auf welchem die Reichsfreien, später Grafen
von **Hals** sassen; nach deren Aussterben a. 1375 kam die
Grafschaft an die Leuchtenberge, a. 1485 an die Aichperger, a. 1517 an die Herzoge von Baiern; vom Schlosse
erübrigen noch einige Mauerreste; gegenüber jene des

*1120, 1140,
1222, 1260.*

U. B. I. 505, 540.
U. B. II. 632,
725.

[1]) In der Stiftungsurkunde für kl. St. Nicola erscheint auch Helmingen;
vielleicht darunter auch das heutige Helming mit der alterthümlichen
Severinskirche zu verstehen; Realitäts-Objecte, welche St. Nicola dort hatte,
lassen dieses vermuthen.

1075.

U. B. II. 104,
106, 111.

vormaligen Schlosses Reschenstein. Am Fusse des Fels-
hügels liegt der kleine Markt Hals mit der marianischen
Pfarr- und Wallfahrtskirche zu der früher in der Klosterkirche Niedernburg befindlichen Bacser Gottesmutter; die
ehemalige Pfarrkirche zum heiligen Georgius wurde zu
Profanzwecken umgebaut.

O . A . M . D . GL.

INDEX ALPHABETICUS.

Berichtigungen und Nachträge.

———

Seite 62 letzte Zeile: Der Patron der einstigen Schlosscapelle zu Almeck war der heilige Erasmus.

„ 21 Zeile 11 von unten: Zu Steyer begann a. 1511 der Bau des Bruderhauses und daneben der Kirche zum heiligen Antonius; a. 1570 des Herrenhauses mit der Dreifaltigkeitscapelle (Siechenhauses); a. 1685 des St. Joseph-Lazarethes an der Steyer, so wie a. 1464—1405 die St. Nicolauscapelle im Grünthaler'schen Hause entstanden war. — *Fr. Pritz, Gesch. der St. Steyer. 17, 18, 24.*

„ 72 Zeile 15: Nach Insprugger war Garsten bei Steyer ursprünglich eine Pfarrkirche zum heiligen Laurenz. — *P. Seb. Inspruggers Austr. mappis geograph. distincta. II. B. 47.*

„ 84 Zeile 11 von oben: statt östlichen zu lesen: österreichischen.

„ 98 „ 1: Zum Kloster Mondsee gehörten im fünfzehnten Jahrhunderte auch die Pfarren Steinakirchen und Wieselburg an der Erlaf.

„ 101 Zeile 13: Nahe bei Friedburg stand das Kirchlein zum heiligen Ulrich, welches jedoch a. 1785 der Proscription und Demolation anheimfiel.

„ 105 Zeile 15: Die Wiege der Apfenthaler stand zu Apfetal, Apfeltal, der heutigen Ortschaft Apfenthal bei Neukirchen. — *U. B. I. 222, 230, 241, 258.*

„ 109 Zeile 2: Unweit Haiming sassen auf dem Gute zu Winchelheim, Winkelheim die gleichnamigen Edlen c. a. 1110—1140. — *U. B. I. 631, 211, 223.*

„ 109 Zeile 9: C. a. 1140—1180 sassen zu Rairupuch, Raitenpouch, dem heutigen Rotenbuch am Inn, die von Ratenpuch. — *U. B. I. 222, 229, 241, 253.*

„ 210 Zeile 9: C. a. 1368 befand sich neben der Stiftskirche zu Ranshofen die St. Andreascapelle, und a. 1376 die St. Barbaracapelle; a. 1270 hatte Probst Siegfried vom passauischen Petrus den Zehent des Gotteshauses St. Joannis an der Matich erlangt. — *Churbair. geistl. Calender auf das Jahr 1755. IV. Th. 132.*

„ 113 Zeile 17: statt heilgen zu lesen: heiligen.

„ 113 Quellen-Citat: statt Michelbeuern zu lesen Michaelbeuern.

„ 114 Zeile 4 von unten: statt Laurentii zu lesen: Laurentius.

„ 118 „ 11 „ oben: „ Formbächisches zu lesen: Formbachisches.

„ 119 „ 1 „ unten: „ Domcapitel zu lesen: zum Domcapitel.

„ 120 „ 4 „ oben: „ Walzell zu lesen: Waldzell.

„ 120 „ 1 „ unten: „ für den bewiesenen Muth und Geistesgegenwart zu lesen: für den bewiesenen Muth und seine Geistesgegenwart.

„ 121 Zeile 10 von unten: statt Antelichsfurt zu lesen: Antarichsfurt, so auch in der Charte zu lesen.

„ 121 Zeile 1 von unten: statt Taidings zu lesen: Teidings.

„ 123 „ 18 „ oben: „ Sl. Lamberti zu lesen: St. Lamberti.

„ 123 als Quellen-Citat diene: B. Appels Gesch. v. Reichersberg, S. 81.

„ 122 Zeile 7 und 12: ⎫
„ 124 „ 6 von oben: ⎬ statt Antissen-Flüsschen zu lesen: Antisen-Flüsschen.
„ 125 „ 23 ⎭

„ 124 „ 3 und 14 von oben: ⎫
„ 210 „ 22 ⎬ statt Antissenhofen zu lesen: Antisenhofen.
„ 126 „ 25 von oben: ⎭

„ 127 „ 3 „ unten: ⎫ statt Formbächer zu lesen: Formbacher.
„ 211 „ 18 „ oben: ⎭

„ 120 „ 2 „ unten: statt Schirmvögte waren — — zu lesen: die nachmaligen Schirmvögte waren — —

„ 127 letzte Zeile: Dass die Grafen von Formbach auch Grafen von Schärding hiessen, wird von einigen bezweifelt; doch Dr. Wig. Hundius nennt solche. — *Dr. W. Hundius bair. Stammenb. I. B. 123, 127.*

„ 137 Zeile 17: statt Souverainetaet möge das Wort: Landeshoheit gelten.

„ 140 letzte Zeile: statt Kostersturme zu lesen: Klostersturme.

Seite 142 Zeile 3: statt Passan zu lesen: Passau.

„ 148 „ 22: An der nordwestlichen Spitze des Mühlkreises erhebt sich bis 4350 Fuss über dem Meere der Pleckenstein, der schon in zwei Urkunden von Heinrich dem Heiligen, und H. Heinrich dem Schwarzen vorkömmt. Die Alten machten von diesem Berge folgende Beschreibung: „Mons nominatissimus ob mirabilem, quem ad summitatem continet, lacum, aliosque insolitos naturae effectus, exteris etiam gentibus notus; nam experientia constat, quod ad commotionem hujus lacus seu dum in eum aliquid, ut lapis vel lignum injicitur, illico tempestas oboriatur.

    Dividit hic mons ad partem occidentalem territorium Plagense a Boemia et Bojaria, cujus summitatem vix ulli ascendunt, praeter venatores, et qui curiositate alliciuntur, est enim locus undequaquam impervius, desertus et vastus." *(Hund. p. II. 21. 25.)*

„ 149 letzte Zeile soll heissen: Schlägel wurde später dem Stifte Strahof bei Prag zugetheilt.

„ 156 Zeile 16: statt prafanirt zu lesen: profanirt.

„ 158 „ 2: „ massiven „ „ massivem.

„ 160 „ 13: die Schlosscapelle zu Steyereck war in der Ehre der seligen Gottesmutter Maria, und des heiligen Anton von Padua geweiht, und mit zwei Benefizien bestiftet. Dieselbe Widmung hatte die Kirche der Franziskaner zu Grein. (Seite 175.)

„ 160 Zeile 8 von unten: Als Pulgarn noch dem Orden des heil. Geistes angehörte, bestanden dortselbst zwei abgesonderte Kirchen, und zwei abgesonderte Klostergebäude; das obere auf einer kleinen Anhöhe gelegene Gebäude bewohnten die Frauen, das untere die Priester und die Armen. Jenes verfiel nach dem Aussterben der Frauen und ging zu Grunde, so dass bei der Uebergabe Pulgarns an die Jesuiten ein Theil in Trümmern lag. *(Geschichte des Klosters des heiligen Geist-Ordens zu Pulgarn von J. Stülz. in den Beiträgen zur Landeskunde 1841, S. 94.)*

„ 162 Zeile 6: statt Luitpold zu lesen: Liutpold oder Liupold.

„ 166 „ 17: „ commerzionelle zu lesen: commercielle.

„ 171 „ 19: Graf Joachim Enzmüller von Windhag hatte mit der Stiftung des Dominikaner-Klosters zu Münzbach auch eine Studien-Anstalt, wie auch ein Armen-Spital zu Ehren der heiligen Barbara für 6 Männer und 6 Frauen in Verbindung gebracht. *(Fr. Pritz, Beiträge zur Gesch. von Münzbach und Windhag.)*

„ 171 Zeile 5 von unten: Die einstige Schlosscapelle zu Windhag, in der Ehre des heiligen Petrus geweiht, so wie das sacellum St. Mariae angelorum (Portiuncula-Kirchlein) wurden profanirt.

„ 173 Zeile 10: statt Cystere zu lesen: Cistere.

„ 176 „ 26: Die zu Ehren der seligen Jungfrau Maria und des heiligen Joseph geweihte Kirche in der Nähe von Waldhausen besteht nicht mehr.

„ 179 Zeile 5: statt Pe er Wock zu lesen: Peter Wock.

„ 182 „ 5: zu Ybbs bestand ehedem auch ein Kloster für Cisterzienser-Nonnen.

„ 185 „ 13: statt a. 1362 — — zu lesen: a. 1365 brachte Bischof Paulus aus dem Stamme der Harrach.

„ 198 Zeile 8: statt k. b. Landesgericht zu lesen: k. b. Landgericht.

„ 199 letzte Zeile: Vormals standen in der Nähe von Erlach die zur Pfarre Kirchberg gehörigen Filialen zu Lengdorf zum heiligen Stephan, Aich zum heiligen Achaz, Andersdorf zur heiligen Margaretha und zu Winkelheim zum heiligen Johannes dem Täufer.

„ 204 Zeile 20: statt Marspäcker zu lesen: Marsbacher.

Berichtigungen zur Charte.

Das Zeichen des Schlosses Wolfsecke soll gerade über dem Worte Oteanach stehen. Oberhalb des Wortes: Ittstal sind die heiden Ortsbenennungen Hontarn und Strasschirchen verwechselt, so dass der Name Hontarn nördlich über Strasschirchen stehen sollte.